高等院校互联网+新形态教材·经管系列(二维码版)

成本会计学
(微课版)

孙爱丽　余皓蕾　吴　慧　主　编

清华大学出版社
北京

内 容 简 介

本书是讲述成本会计的基本原理、程序和方法，明确成本会计作用的教材。全书分为12章，主要包括成本会计理论、成本核算及账务处理、成本会计在经营管理中的应用等内容。本书在编写过程中，秉承"实际、实用、实效"的原则，通过运用大量图表和例题来简化理论；每章都设计了案例链接、微课视频、相关案例的课程思政视频和同步测试题，为更好地开展"以学生为中心"的教学模式提供了素材。

本书既可作为高等院校会计专业、审计专业、财务管理专业及相关专业的教材，也可作为政府机构相关部门的培训教材，还可作为从事财会及相关工作人员的参考书。

本书封面贴有清华大学出版社防伪标签，无标签者不得销售。
版权所有，侵权必究。举报：010-62782989，beiqinquan@tup.tsinghua.edu.cn。

图书在版编目(CIP)数据

成本会计学：微课版/孙爱丽，余皓蕾，吴慧主编. —北京：清华大学出版社，2022.8(2023.8 重印)
高等院校互联网+新形态教材. 经管系列：二维码版
ISBN 978-7-302-61302-2

Ⅰ.①成… Ⅱ.①孙… ②余… ③吴… Ⅲ.①成本会计—高等学校—教材 Ⅳ.①F234.2

中国版本图书馆 CIP 数据核字(2022)第 122411 号

责任编辑：梁媛媛
装帧设计：李　坤
责任校对：徐彩虹
责任印制：沈　露

出版发行：清华大学出版社
　　　　　网　　址：http://www.tup.com.cn, http://www.wqbook.com
　　　　　地　　址：北京清华大学学研大厦A座　　邮　编：100084
　　　　　社 总 机：010-83470000　　邮　购：010-62786544
　　　　　投稿与读者服务：010-62776969, c-service@tup.tsinghua.edu.cn
　　　　　质量反馈：010-62772015, zhiliang@tup.tsinghua.edu.cn
　　　　　课件下载：http://www.tup.com.cn, 010-62791865
印 装 者：三河市东方印刷有限公司
经　　销：全国新华书店
开　　本：185mm×260mm　　印　张：17.25　　字　数：427 千字
版　　次：2022 年 10 月第 1 版　　印　次：2023 年 8 月第 2 次印刷
定　　价：49.80 元

产品编号：092410-01

前　　言

"成本会计"是会计学专业、财务管理专业的专业核心课程，具有较强的实践性。本书主要讲述成本会计的基本理论、成本会计的核算及账务处理、成本会计在经营管理中的应用，通过基础的成本核算环节，报告了多项成本信息，是财务会计和管理会计之间的桥梁。

本书是在作者大量阅读国内外成本会计领域研究成果的基础上，根据"成本会计"本科教学的要求并结合多年的教学、实践经验编写而成的，注重应用性。全书共分为12章，总体结构分为三篇：第一、第二章为总论篇，介绍的是成本的概念、制造业成本的构成以及与财务报表的关系，成本会计的含义以及与财务会计和管理会计的关系，成本核算的要求和流程；第三至第九章是成本会计核算篇，介绍了八大要素费用核算和三种基本成本核算方法以及先进间接费用分配方法——作业成本法；第十至第十二章是成本会计在经营管理中的应用篇，介绍了世界普及的标准成本法、成本管理中的本量利分析以及成本报表和分析。

本书的编写特点具体如下。

(1) 吸收国内、国际前沿理论与实践，丰富和完善学科内容和结构。

(2) 运用大量图表和例题，有助于读者理解、掌握成本会计的核算方法。

(3) 运用微课视频的形式，将每章的重要知识点讲明白、讲透彻。

(4) 将课程思政的内容贯穿于每个章节的学习中，通过链接相关案例将知识点和课程思政内容进行融合；同时也在微课视频中讲解了针对具体案例的课程思政思考。

(5) 理论与实践相结合，各章均附设了"同步测试题"，题型多样，覆盖面广，以期通过练习提高学生的应用能力。

本书由上海杉达学院的孙爱丽和余皓蕾、上海立信会计金融学院的吴慧任主编，全书由孙爱丽负责拟定大纲并总撰定稿，具体编写分工是：孙爱丽负责第一章至第八章、第十章至第十二章的编写工作；余皓蕾负责第九章和案例链接的编写工作；吴慧负责全书的编辑、修改工作。

本书在编写过程中参阅了国内外同行的有关论著，在此一并致以诚挚的谢意。限于作者的水平，书中难免有疏漏之处，敬请广大读者批评指正。

编　者

目 录

第一篇 总 论

第一章 成本会计概述 ... 3

第一节 成本 ... 3
 一、成本概述 ... 3
 二、制造成本法下产品成本的构成 ... 4
 三、制造型企业的成本项目与
  财务会计报表的关系 ... 5
 四、成本的分类 ... 6
 五、生产费用与产品成本的关系 ... 7
 六、成本的作用 ... 7

第二节 成本会计 ... 8
 一、成本会计的含义 ... 8
 二、成本会计的发展历程 ... 8
 三、成本会计与财务会计和管理
  会计的关系 ... 9

本章小结 ... 10
案例链接 ... 10
同步测试题 ... 14

第二章 产品成本核算的要求和
一般程序 ... 16

第一节 产品成本核算的基本要求 ... 16
 一、遵守成本开支范围 ... 16
 二、正确划分各种费用界限 ... 17
 三、正确确定财产物资的计价和
  价值结转的方法 ... 18

第二节 成本核算的主要账户 ... 18
 一、"基本生产成本"账户 ... 19
 二、"辅助生产成本"账户 ... 20
 三、"制造费用"账户 ... 20
 四、"废品损失"账户 ... 20
 五、"停工损失"账户 ... 21
 六、"长期待摊费用"账户 ... 21
 七、"管理费用"账户 ... 21
 八、"销售费用"账户 ... 21
 九、"财务费用"账户 ... 21
 十、"研发支出"账户 ... 22

第三节 成本核算的一般流程 ... 22
 一、对企业的各项成本费用支出
  进行审核和控制 ... 22
 二、分配各要素费用 ... 22
 三、辅助生产费用的归集和分配 ... 23
 四、基本生产车间制造费用的归集
  和分配 ... 23
 五、划分完工产品和月末在产品
  成本 ... 23

本章小结 ... 24
案例链接 ... 25
同步测试题 ... 26

第二篇 成本会计核算

第三章 要素费用的归集和分配 ... 31

第一节 要素费用概述 ... 31
 一、要素费用的内容 ... 31
 二、要素费用的核算原则 ... 33

第二节 材料费用的核算 ... 34
 一、材料的分类与成本构成 ... 34

 二、材料盘存制度 ... 36
 三、材料发出成本的确定 ... 37
 四、材料费用的分配 ... 39

第三节 燃料费用的核算 ... 45

第四节 外购动力费用的核算 ... 46
 一、外购动力费用支付的核算 ... 46
 二、外购动力费用的分配 ... 46

第五节 职工薪酬的核算 48
　　一、职工的分类 48
　　二、职工薪酬的内容 49
　　三、职工薪酬费用核算的基础工作 ... 51
　　四、职工薪酬费用的计算 52
　　五、职工薪酬的汇总和结算 55
　　六、职工薪酬费用分配的核算 58
第六节 折旧费和其他要素费用的核算 ... 62
　　一、固定资产折旧费用的核算 62
　　二、利息费用、税金和其他费用的
　　　　核算 66
　　三、跨期费用的核算 67
第七节 废品损失和停工损失的核算 69
　　一、废品损失的含义 69
　　二、废品损失的核算 69
　　三、停工损失 73
本章小结 74
案例链接 74
同步测试题 75

第四章　辅助生产费用的归集和分配 ... 80
　　一、辅助生产费用的归集 80
　　二、辅助生产费用的分配 83
本章小结 93
案例链接 94
同步测试题 94

第五章　制造费用的归集和分配 99
　　一、制造费用的内容 99
　　二、制造费用的归集 100
　　三、制造费用的分配 102
本章小结 107
案例链接 108
同步测试题 109

第六章　生产成本在在产品与完工产品
　　之间的归集和分配 112
　　一、在产品的含义 112
　　二、生产费用在完工产品与在产品
　　　　之间分配的方式 112

　　三、生产费用在完工产品与在产品
　　　　之间分配的方法 114
　　四、完工产品成本的结转 121
本章小结 122
案例链接 122
同步测试题 123

第七章　产品成本计算的基本方法 128
第一节　品种法 128
　　一、品种法的特点及适用范围 128
　　二、品种法的成本核算程序 129
　　三、品种法应用举例 130
第二节　分批法 139
　　一、分批法的特点及适用范围 139
　　二、分批法的成本核算程序 140
　　三、分批法应用举例 141
　　四、简化分批法 144
第三节　分步法 148
　　一、分步法的特点及适用范围 148
　　二、分步法的种类及比较 149
本章小结 163
案例链接 164
同步测试题 165

第八章　产品成本计算的辅助方法 174
第一节　分类法 174
　　一、分类法的特点 174
　　二、分类法的成本核算程序 175
　　三、分类法的费用分配方法 175
　　四、分类法应用举例 176
第二节　联产品、副产品和等级产品的
　　　　成本计算 178
　　一、联产品的成本计算 178
　　二、副产品的成本计算 181
　　三、等级产品的成本计算 184
第三节　成本计算方法的综合运用 184
　　一、在一个企业或车间中几种成本
　　　　计算方法的同时应用 184
　　二、在一种产品中几种成本计算
　　　　方法的结合应用 184

本章小结 ………………………………… 185
案例链接 ………………………………… 185
同步测试题 ……………………………… 186

第九章　作业成本法 …………………… 193

第一节　作业成本法概述 ………………… 193
　一、作业成本法产生的原因 …………… 193
　二、作业成本法的相关概念 …………… 194
　三、作业成本法的成本核算程序 ……… 195

第二节　作业成本法和简单法的比较 …… 196
　一、简单法下的间接成本分配 ………… 196
　二、作业成本法下的间接成本
　　　分配 …………………………………… 197
　三、简单法和作业成本法的比较 ……… 200
本章小结 ………………………………… 201
案例链接 ………………………………… 201
同步测试题 ……………………………… 202

第三篇　成本会计在经营管理中的应用

第十章　标准成本法 ……………………… 209

第一节　标准成本法概述 ………………… 209
　一、标准成本的含义 …………………… 209
　二、标准成本制度的作用 ……………… 210
　三、标准成本的类型 …………………… 211
　四、标准成本制定方法及实施
　　　程序 …………………………………… 212
　五、标准成本各成本项目的制定 ……… 213
第二节　标准成本差异的计算和分析 …… 214
　一、成本差异的种类 …………………… 214
　二、直接材料成本差异的计算和
　　　分析 …………………………………… 215
　三、直接人工成本差异的计算和
　　　分析 …………………………………… 216
　四、变动制造费用成本差异的
　　　计算和分析 …………………………… 217
　五、固定制造费用成本差异的
　　　计算和分析 …………………………… 218
第三节　标准成本法的账务处理 ………… 219
　一、标准成本法的账户设置 …………… 219
　二、标准成本法的账务处理程序 ……… 220
　三、标准成本账务处理举例 …………… 222
本章小结 ………………………………… 225
案例链接 ………………………………… 225
同步测试题 ……………………………… 227

第十一章　本量利分析 …………………… 231

第一节　本量利分析概述 ………………… 231

　一、本量利的概念 ……………………… 231
　二、本量利分析的基本方程式 ………… 232
　三、本量利分析的基本方程式的
　　　变形 …………………………………… 232
　四、贡献毛益 …………………………… 233
第二节　盈亏临界分析 …………………… 234
　一、盈亏临界点的确定 ………………… 234
　二、安全边际 …………………………… 236
第三节　本量利分析的应用 ……………… 237
　一、各因素变动对利润的影响 ………… 237
　二、目标利润的实现 …………………… 238
本章小结 ………………………………… 240
案例链接 ………………………………… 240
同步测试题 ……………………………… 242

第十二章　成本报表与成本分析 ………… 245

第一节　成本报表概述 …………………… 245
　一、成本报表的特点 …………………… 245
　二、成本报表的种类 …………………… 246
　三、成本报表的作用 …………………… 247
　四、成本报表的编制要求 ……………… 248
第二节　成本报表的编制 ………………… 248
　一、全部产品生产成本表的编制 ……… 248
　二、主要产品单位成本报表的
　　　编制 …………………………………… 251
　三、各种费用明细表的编制 …………… 252
第三节　成本分析 ………………………… 254
　一、成本分析的内容 …………………… 255

二、成本分析的方法 255
三、成本计划完成情况的分析..........259
四、费用预算执行情况的分析..........259
本章小结 260

案例链接 260
同步测试题 261

参考文献 265

第一篇 总论

第一章 成本会计概述

【教学目的与要求】
- 掌握理论成本、现实成本的含义和成本的构成。
- 理解成本的分类。
- 了解生产费用与产品成本的关系。
- 理解成本的作用。
- 理解成本会计信息在企业中的作用、内容和任务。
- 了解成本会计的发展历程。
- 正确理解成本会计与财务会计和管理会计的关系。

第一节 成　　本

一、成本概述

(一)成本的含义

所谓成本，就是资源的一种耗费。一般来讲，成本是为实现特定经济目的而发生的可以用货币计量的耗费，或者说是为取得资材或劳务所付出的代价。具体包括以下几层含义。

(1) 成本的发生是为了达到一定的目的，而特定的经济目的是指需要对成本进行单独测量的任何活动，也就是成本对象，如一件产品、一项服务、一项设计、一个作业或者一个部门等。如果成本的发生没有明确的目的，则只能是一种浪费。

(2) 成本必须是可以用货币计量的，否则就无法进行成本的计算。

(3) 成本是为取得资材而付出的代价，如企业购买材料所发生的采购成本、运输费用、整理费用等。

(二)成本的经济实质(理论成本)

成本是商品经济的价值范畴，是商品价值的主要组成部分。按照马克思的成本理论，成本由物化劳动和活劳动的价值所组成，即商品价值 $W=C+V+M$ 中的 $C+V$。这里的 C 是指物化劳动的价值，即已消耗的劳动工具和劳动对象的价值，如机器、厂房、材料等；这里的 V 是指劳动者为自己劳动所创造的价值，如工资等；这里的 M 是剩余价值，是劳动者为社会所创造的价值，如利润、租金、利息等。成本就是生产经营过程中所耗费的生产资料转移的价值(C)和劳动者为自己劳动所创造的价值(V)的货币表现，也就是企业在生产经营中所耗费的资金总和。成本是耗费和补偿的统一体，它既是生产中耗费的反映，又是生产补偿的尺度。成本属于价值范畴：是构成商品价值的重要组成部分，是商品生产中生产要素耗费的货币表现。成本具有补偿的性质：保证企业再生产而从销售收入中得到补偿。成本是价值的牺牲：是实现一定目的而付出的多种资源的价值牺牲。

(三)现实中的成本

在会计实务中，为了加强对成本的管理，防止滥挤成本，国家统一规定了成本开支范围，是以产品成本的实质($C+V$)为基础同时又考虑了加强企业经济核算的要求。一是从资金的补偿角度出发，把某些不形成产品价值的支出(如废品损失，季节性、修理期间的停工损失)和劳动者为社会所创造的某些价值(如提取的职工福利基金、财产保险费等)计入产品成本。二是基于简化成本核算工作的考虑，把按时期发生的期间费用(如销售费用、管理费用、财务费用等)不计入产品成本，而直接计入当期损益。国家统一规定的成本开支范围对于加强成本管理，提高成本指标的综合反映能力，正确评价企业经济效益，保证企业生产和再生产的顺利进行，具有重要的意义。

我国《企业会计准则》规定，工业企业应采用制造成本法计算产品成本，其在生产经营中所发生的全部劳动耗费相应地分为产品制造(生产)成本和期间费用两大部分。在制造成本法下，期间费用不计入产品成本，而是直接计入当期损益。

二、制造成本法下产品成本的构成

制造成本法下，产品成本又称生产成本，是指在生产过程中为生产一定种类(某个订单、某个步骤等)、一定数量的产品所发生的各种生产费用之和，可进一步划分为若干成本项目，用以反映产品生产成本的构成内容。一般可划分为直接材料、直接人工和制造费用三个成本项目。

(一)直接材料

直接材料是指直接用于产品生产，构成产品实体的原料、主要材料以及有助于产品形成的辅助材料费用。

(二)直接人工

直接人工是指直接参加产品生产的工人的薪酬费用。

(三)制造费用

制造费用是指间接用于产品生产的各项费用，以及虽直接用于产品生产，但不便于直接计入产品成本，因而没有专设成本项目的费用(如机器设备的折旧费用)。制造费用包括企业内部生产单位(分厂、车间)的管理人员薪酬费用、固定资产折旧费、租赁费(不包括融资租赁费)、机物料消耗、低值易耗品摊销、取暖费、水电费、办公费、运输费、保险费、设计制图费、试验检验费、劳动保护费、季节性和修理期间的停工损失以及其他制造费用。

企业可根据生产特点和管理要求对上述成本项目作适当调整。对于管理上需要单独反映、控制和考核的费用，以及产品成本中比重较大的费用，应专设成本项目；否则，为了简化核算，不必专设成本项目。例如，如果废品损失在产品成本中所占比重较大，在管理上需要对其进行重点控制和考核，则应单设"废品损失"成本项目。又如，如果工艺上耗用的直接燃料和动力不多，为了简化核算，可将其中的工艺用燃料费用并入"直接材料"成本项目，将其中的工艺用动力费用并入"制造费用"成本项目。制造型企业的成本构成可以归纳成图1-1的形式。

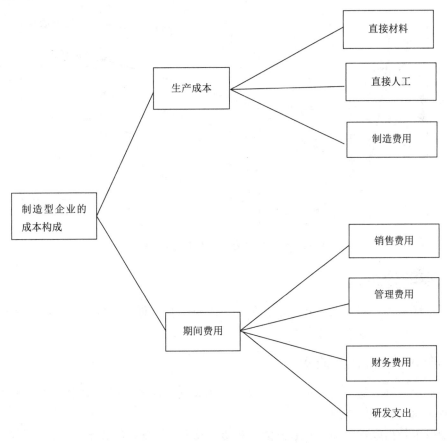

图 1-1 制造型企业的成本构成

三、制造型企业的成本项目与财务会计报表的关系

制造型企业的成本构成包含生产成本和期间费用。从生产过程来看，生产成本通过三大存货，即原材料、在产品和产成品转移到资产负债表中。直接材料成本转移至原材料库存，然后企业投入直接人工成本和制造费用进行生产制造之后，原材料转变成在产品，在产品通过进一步的加工转变为产成品。而产成品则通过企业的销售活动创造收益，因此产成品的成本转入利润表成为销货成本。期间费用一般包括销售费用、管理费用、财务费用

和研发支出,它们则直接计入当期损益,转入利润表中。

制造型企业的成本构成与转化过程可以用图 1-2 表示。

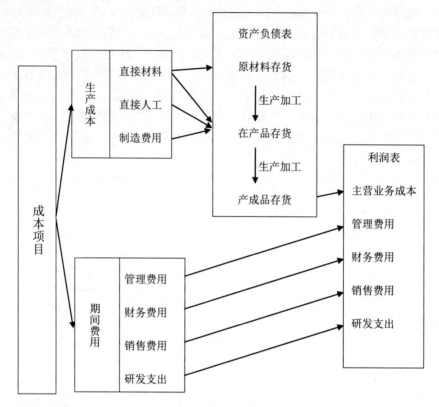

图 1-2　制造型企业的成本构成与转化过程

四、成本的分类

为了适应成本计算和成本控制的需要,寻求进一步降低成本的途径,可依据不同的目的、按不同的标准对成本进行分类。

(一)变动成本和固定成本

按照成本习性分类,可将成本分为变动成本和固定成本。所谓成本习性,就是成本总额与产量(销量)之间的关系。

变动成本是指成本总额随着业务量的变动而成正比例变动的成本。无论产量(销量)如何变化,单位变动成本都是固定的。如直接材料、直接人工等。

固定成本是指成本总额随着业务量的变动不发生变化的成本,也就是说在生产能力范围内,无论产量如何变化都不会导致成本总额变化的成本。如企业的厂房折旧、车间管理人员的工资等都是固定成本。在企业的生产能力范围内,这些成本不随着业务量的变化而变化,相对来说是固定的。若就单位产品而言,这一类成本则是变动的,随着业务量的增加,每一单位产品应负担的成本将随之减少。

(二)直接计入成本和间接计入成本

按照计入产品成本的方式分类,可将成本分为直接计入成本和间接计入成本。

直接计入成本是指生产某一特定产品所发生的消耗与该产品之间具有直接联系,不需要分配,能够直接计入该产品的成本。如直接为生产某种产品而消耗的材料,直接为生产某种产品而消耗的人工工资等。它们可以根据领料单和有关工资凭证直接计入该产品的成本。

间接计入成本是指生产几种产品发生的共同消耗,为了计算每种产品的消耗,必须采用适当的方法、适当的分配标准在几种产品之间进行分配。如几种产品共同耗用的某种材料费用,就可以在几种产品之间按照产量、重量、体积等标准,采用适当的方法进行分配,然后分别计入每种产品的成本。

通常,我们将产品成本构成中的直接材料和直接人工称为直接成本,而将制造费用称为间接成本。

五、生产费用与产品成本的关系

费用是企业生产经营过程中发生的各种耗费。企业为生产产品而发生的直接材料、直接人工和其他直接费用,直接计入产品成本;企业为生产产品而发生的各项间接费用,应当按一定的标准,采用一定的方法分配计入产品成本;企业行政管理部门、销售部门、研发部门为组织和管理生产经营活动而发生的管理费用、财务费用、销售费用、研发费用等,应当作为期间费用,直接计入当期损益。

企业在一定时期内的生产耗费称为生产费用,它通常与一定期间相联系。只有具体发生在一定数量的产品上的生产费用,才能构成该产品的生产成本,它是生产费用的对象化。

六、成本的作用

(一)成本是企业销售收入补偿生产(经营)耗费的计算尺度

企业要持续经营,就必须使企业在产品生产过程中的耗费得到及时、足额的补偿。而足额补偿又必须以产品成本这个客观尺度作为标准,如果企业不能按照成本来补偿生产耗费,就无法保持原有的生产规模,企业资金就会发生困难,持续经营就难以顺利进行,所以补偿份额的大小对企业及整个社会有重要的现实意义。

(二)成本能直接或间接地反映企业的经营质量

企业在生产经营管理各环节中的工作质量都可以直接或间接地在成本上反映出来。例如,原材料的购买、使用是否合理,产品设计、生产流程是否科学,固定资产使用的效率和生产经营管理水平等诸多因素都能通过成本反映出来,所以成本是反映企业工作质量的综合指标,能直接或间接地反映企业的经营质量。

(三)成本是价格设定必不可缺的重要因素

价格是价值的货币表现,成本能间接地反映产品的价值,因此产品成本就成为制定产品价格的重要因素。产品的一般价格是以社会平均成本为基础再加上平均利润构成的。若企业的个别产品成本低于社会平均成本，那么该企业在产品竞争中就占有较大优势。成本是价格设定的基础，产品成本的竞争是企业产品价格竞争的重要手段。

(四)成本是企业家进行经营决策的重要依据

企业要提高在市场上的竞争力，需要进行正确的经营决策。经营决策的核心问题是经济效益的高低，而成本是经济效益分析的基础。也就是说，在价格等因素一定的情况下，成本的高低直接影响企业的盈利状况。因此，企业制定经营策略时必须考虑成本因素。

第二节　成　本　会　计

一、成本会计的含义

成本会计是会计的一个重要分支，是运用会计的基本原理和方法，对企业在生产经营过程中各项费用的发生和产品成本的形成进行预测、决策、计划、核算、控制、分析和考核的一种管理活动。核算是基础，按照成本核算的方法和程序，核算全部的生产成本和费用，得出产品的总成本和单位成本。预测、决策、计划、控制、分析和考核是在核算的基础上的成本管理活动，是企业高层领导为企业可持续发展而降低和控制成本的行为。

成本管理活动的内容是互相配合、互相依存的一个有机整体。成本预测是成本决策的前提；成本决策是成本预测的结果，又是成本计划的依据，在成本会计中居于中心地位；成本计划是成本决策所确定目标的具体化，成本控制是对成本计划的实施进行监督，保证成本决策目标的实现；成本核算是成本会计的最基本内容，即提供企业管理所需要的成本信息资料，同时也是对成本计划是否实现的检验；成本考核和成本分析是实现成本决策和成本计划的有效手段，只有通过成本分析查明原因，才能制定有效的改进措施，实现有效的成本管理活动。

二、成本会计的发展历程

(一)第一阶段：事后分析利用成本信息的成本管理(19—20 世纪初)

成本会计最早在 19 世纪初新英格兰棉纺织厂产生，后来传入美国和其他国家。当时的成本会计仅限于对生产过程中的生产耗费进行系统的汇集和计算，用以确定产品成本和销售成本，是成本记录与普通会计融合的记录型成本会计。

19 世纪中叶美国铁路产业高速发展，发明了成本指标：每吨公里成本等。其中美国钢铁巨头安德鲁·卡耐基建立起了一整套成本核算体系。通过对每一个生产步骤的投入/产出分析控制，及对每一个岗位员工工作效率的精心测度，其产品的平均成本远远低于竞争同行。

这一时期，根据制造业的特点，产生了分批成本计算法和分步成本计算法计算产品成本。

早期研究成本会计的会计专家劳伦斯(W.B.Lawrence)认为："成本会计就是应用普通会

计的原理、原则，系统地记录某一工厂生产和销售产品时所发生的一切费用，并确定各种产品或服务的单位成本和总成本，以供工厂管理当局决定经济的、有效的和有利的产销政策时参考。"

(二)第二阶段：事中控制成本的成本管理

20世纪初，资本主义国家开始推行泰勒的科学管理制度。1911年卡特·哈里逊的标准成本会计制度，使成本管理的重点从事后成本核算进化为事中成本控制。成本会计不只是事后计算产品的生产成本和销售成本，还要事先制定标准，并据此控制日常生产消耗与定期分析成本。成本会计增加了事中控制的新职能。

预算控制作为成本控制制度的另一方面被引进成本会计体系。预算控制开始时是采用固定预算法，但是产量变动使制造费用的预算数和实际数无法比较，影响了预算控制的实际效果。后来提出分别制定弹性预算和固定预算，从而使企业预算合理地控制不同属性的费用支出，提高了预算的控制效果。

相对财务会计而言，成本会计已经具有一定的独立性，它既是财务会计确定在产品成本、产成品成本、销售成本和利润方面的依据，又具有成本预测和控制相对独立的体系。

这一时期的英国会计专家杰·贝蒂(J. Batty)认为："成本会计是用来详细地描述企业在预算和控制它的资源(指资产、设备、人员及所耗的各种材料和劳动)利用情况方面的原理、惯例、技术和制度的一种综合术语。"

(三)第三阶段：事前控制成本的成本管理

第二次世界大战后，企业为了在激烈的竞争中立于不败之地，管理层意识到必须把成本会计发展的重点由如何事中控制成本、事后计算和分析转移到如何预测、决策和规划成本，形成了新型的注重管理的经营性成本会计。其主要内容包括：开展成本预测和决策，实行目标成本管理，实施责任成本，推行质量成本，实行作业成本管理。

20世纪80年代以后，社会经济形态步入了信息经济时代，其主要特征是计算机一体化的先进制造系统的形成和应用。成本会计电算化，适应了现代管理对成本会计的更高要求。随着从工业型经济向服务型经济的转变、全球竞争的加剧、技术的进步，战略成本管理通过对公司成本结构、成本行为的全面了解、控制与完善，通过消除所有不增加产品或服务价值的作业，运用流程再造的成本分析方法，寻找企业长久的竞争优势。成本优势是战略管理的核心。

这一阶段的成本会计是根据会计资料和其他有关资料，对企业生产经营活动过程中所发生的成本，按照成本最优化的要求，系统地、有组织地进行预测、决策、控制、核算、分析和考核，促使企业提高产品质量，降低成本，实现生产经营的最佳运转，不断提高企业经济效益的管理活动。

三、成本会计与财务会计和管理会计的关系

企业会计主要有财务会计和管理会计两大分支，而成本会计是连接财务会计和管理会计的桥梁。

会计信息强调三种不同功能：①向外部利益相关者(如股东、债权人、税务部门等)提供

信息，以帮助他们进行相关投资、贷款、税收等决策；②计量企业提供产品或劳务的成本；③向企业内部的管理层提供有用的信息，帮助他们进行计划、控制、决策和业绩评价等。

财务会计是记录并报告企业的经济交易，并以财务报表(如资产负债表、利润及利润分配表和现金流量表)的形式向股东、银行、客户、供应商、政府监管部门等企业外部的利益相关者报告的会计体系。至少对上市公司而言，信息一般是公开的，可以在公司网站或财经媒体上查阅。财务会计的主要目的是发挥会计信息的社会功能，受公认会计准则的规范，公开披露相关信息。因此，财务会计又称为"对外报告会计"。

管理会计的主要任务是为企业内部人员提供相关的管理信息，主要目的是为企业优化资源配置、做出正确决策提供可靠的依据。管理会计一般不受企业具体会计准则的限制，对来自财务会计、成本会计及其他方面的信息进行加工处理，对日常发生的经济活动进行规划和控制、考核和评价。管理会计强调未来，提供分析报告、预算及预测和其他信息，一般不对外公开披露。

成本会计的主要任务是收集并处理企业获取和消耗资源的成本及相关信息，成本信息是财务会计编制财务报告不可或缺的一部分，同时也为管理会计提供必要的数据。

成本会计既提供财务报表中有关成本的信息，又为管理层提供管理决策所需要的定量的成本方面的信息。成本会计作为管理会计与财务会计之间的桥梁，将两者紧密地联系在一起，形成了一个信息网络。

本 章 小 结

本章是成本会计课程的入门章节，详细介绍了理论上的成本和产品成本的含义、制造业产品成本的一般构成；明确了产品成本核算的范围；讲述了成本的分类和现实中的意义，明确了制造业中生产费用和产品成本的关系。通过归纳成本会计的发展历程，分析了财务会计、管理会计和成本会计的关系，使学生既能对之前所学专业知识融会贯通，又能为后续章节的学习打好理论基础。

案 例 链 接

案例一：苹果公司 iTunes 平台的定价和成本管理

卖更少的东西竟然能实现更大的利润！我们来看看苹果公司是如何实现的。在 2009 年，苹果公司改变了 iTunes 的定价模式，将通过 iTunes 平台出售的歌曲定价模式从固定的 0.99 美元更改为更加多维的定价：0.69 美元、0.99 美元和 1.29 美元。根据过去的经验，在任何一周内，榜单中排名前 200 位的歌曲占数字音乐销量的 1/6 以上。苹果公司开始对这些歌曲(如阿黛尔和卡莉·雷·杰普森)以最高的定价(1.29 美元)收取费用。

在苹果公司实施新的定价模式的 6 个月后，前 200 条曲目的下载量比以往下降了约 6%。但是，从数据上来看尽管下载数量下降了，但较高的价格比旧的定价模式产生的收入更高。这主要是因为 iTunes 平台的成本，如歌曲的成本、网络和交易费用以及其他运营成本不会跟随每次下载的价格变化而有所不同。因此新的定价模式所带来的 30%的利润空间足以弥补下载量下降 6%所带来的损失。

苹果公司也将同样的定价模式原理运用到 iTunes 的电影产品链上。为了进一步增加公司的利润，除了通过价格模式的改变来实现外，苹果公司还开始控制其日常成本。在实际操作中，苹果公司降低了与一些信用卡处理商的交易成本，并且也进行了小范围的裁员来降低其用工成本。

(资料来源：Horngren, Datar, Rajan. Cost accounting a managerial emphasis, Pearson, 2019.)

思考与讨论：
(1) 企业经营的目的是什么？
(2) 还有哪些方法和途径可以提高公司的利润？
(3) 公司还需要在哪些维度进行管控来降低成本？

案例二：丰田汽车的全球召回事件

2010 年 2 月 9 日，由于刹车系统的质量问题，连续三年位居全球汽车产量榜首的丰田汽车集团(以下简称"丰田")在美国召回了共计 15.5 万辆普锐斯、雷克萨斯和凯美瑞轿车。在此后的两个月里，丰田陆续召回了其下属约 10 种车型的问题汽车，召回接二连三地蔓延至欧洲、非洲和亚洲市场，逐渐演变为涉及全球市场的大规模召回事件。丰田由于质量问题包括油门踏板、驾驶座脚垫、刹车等部件的缺陷，先后宣布在全球范围内召回总计超过 800 万辆汽车。

此次"召回门"事件虽源于质量问题，但其根本原因在于过于迅速地全球扩张。2005 年，丰田在美国本土的市场份额赶超美国本土三大汽车巨头通用(General Motors)、福特(Ford)和克莱斯勒(Chrysler)。2007 年，丰田乘用车销量跃居全球车企之首。在金融危机横行的 2009 年，美国通用汽车向联邦政府申请了破产保护，而丰田汽车却依然稳居全球销量榜首。如此迅速而大规模的全球市场扩张，使丰田逐渐丧失了维持质量体系的能力。丰田虽然在 20 世纪后半期创建了"全面质量管理(TQC)"体系，并以其"零缺陷(Zero Defect)"享誉业界，但在大规模的生产扩张之下，其质量管理显得力不从心。

综合各方观点，可以认为此次事件的首要原因在于，在当今乘用车设计日益复杂的大趋势下，丰田过于快速的市场扩张导致设计缺陷增多。雷克萨斯等车型的刹车隐患即源于此。

其次，随着丰田的市场扩张，分布各国的整车组装工厂的数量越来越多，新款产品急剧增加，质量管理人才日益匮乏。此次油门踏板隐患就是由于对油门踏板零部件的质检不到位所致。

再次，随着丰田汽车品牌在北美市场的知名度越来越高，丰田汽车对待消费者的态度越发傲慢，这成为压倒丰田的"最后一根稻草"。随着销量的攀升，丰田管理层对于产品质量过度自信，甚至认为"质量没问题，问题在驾驶技术"，在面对投诉质量问题的消费者时，丰田竟如此傲慢地把他们打发了。

然而，虽然大规模的市场扩张引发了丰田的"召回门"事件，但此次事件并不能抹杀丰田汽车在成本计算和管理领域曾经创下的辉煌。

20 世纪 60 年代，丰田所创立的管理模式，就已被称为"丰田生产方式(Toyota Production

System)"，成为管理学领域中的一个专用语。而其中所包括的"精益管理(Lean Production System)""准时管理(JIT)""全面质量管理(TQC)"等模式更是在当今世界几乎所有的汽车制造企业中广泛普及，并渗透到电子机器等其他制造业。毫无疑问，"丰田生产方式"确实为制造业的成本管理模式带来过深刻的影响，取得过辉煌的成功。"丰田生产方式"的成功，是与其20世纪30年代就开始推行的标准成本管理体系分不开的。

丰田从1937年开始推行生产作业标准化，"标准作业表"逐渐成为一线生产工人必备的资料。为了确保标准不脱离实际，丰田鼓励一线生产工人自己制作自己岗位的"标准作业表"。标准作业中最为重要的是，如何使人和机械以最有效的方式配合操作，从而保证高效率的生产，即"人机作业组合"。无论在哪一道工序，考虑人、机作业组合的"标准作业表"至少包含以下三个要素。

(1) 明确说明一辆汽车的加工作业需要几分几秒来完成，即"单位操作时间"。

(2) 研究人、机配合的最佳方式，每个岗位的操作工人都为自己安排好最为高效的"作业顺序"，以配合机械流水线的运转。

(3) 为保证连续作业不间断，最低限度的零部件、原材料等"标准配件"必须由专人实时搬运到操作工人的作业流水线旁边，随时准备到位。

这样，第一要素"单位操作时间"其实决定了每位工人每天可操作多少辆车，也就是人工工时的标准数量；第二要素"作业顺序"其实决定了机械设备运转的标准工时数量；第三要素"标准配件"则决定了所需要的原材料、零部件的标准数量。

上述"标准作业表"被贯彻到每一道工序。各工序累加起来就是生产每一个产品，即每一辆汽车的生产作业标准。这样得出的"生产作业标准"乘以"市场价格"，就可以得出生产每辆汽车的"标准成本"了。

丰田的标准成本主要用于以下两个方面。第一，利用"标准成本"进行"标准成本管理"，即比较实际作业数量和标准作业数量，找出差异。然后，管理层和一线操作工人共同研究如何减少不利差异，确保每个产品拥有相同的质量水准。第二，会计部门的成本管理科记录"标准成本"和"生产作业标准"，并随时更新，以备查阅。

20世纪中期以来，丰田通过使用上述成本会计核算和管理体系，不仅有效地控制了成本，还为企业内部的经营决策以及业绩评价体系提供了大量的成本会计数据，对之后几十年丰田的做大做强起到了关键性的作用。

可见，成本会计对于企业的经营管理有着无可替代的重要作用。

(资料来源：许丹，孙爱丽. 成本会计[M]. 3版. 大连：大连理工大学出版社，2018: 3-5.)

思考与讨论：

(1) 丰田生产方式的意义是什么？

(2) 丰田是如何运用"标准成本"进行成本控制的？

(3) "召回门"事件的根本原因是什么？

(4) 案例的启示是什么？

案例三：通用汽车申请破产

曾经雄踞美国三大汽车公司之首的美国通用汽车公司(General Motors，GM)于2009年向美国联邦政府申请了破产保护。在通用汽车公司申请破产保护之前，该公司不仅是美国最大的汽车制造企业，而且位居全球最大汽车制造企业的宝座长达80年之久。

进入21世纪以来，全球石油价格的全面上涨，给汽车产业带来巨大影响。由于汽油价格不断创出历史新高，消费者开始转而青睐更为经济节油的小排量汽车，从而使日韩汽车品牌(如丰田、本田、现代、起亚等)在美国的市场份额不断增加，挤压了美国本土汽车企业的市场份额。这直接给生产大排量汽车居多的通用汽车带来极大影响，通用汽车的销量逐年递减。紧接着，源于美国华尔街，后又席卷全球的2008年金融危机犹如压倒骆驼的最后一根稻草，带给通用汽车毁灭性的打击。由于销量剧减，直至2009年，通用汽车的年收益额已无法覆盖其巨额成本，于是拥有4万多名员工的通用汽车公司不得不向美国联邦政府申请了破产保护。

据分析，通用汽车的主要问题在于其巨额的固定成本——一种不会因为其制造和销售的汽车数量减少而减少的成本。而在变动成本方面，即诸如直接材料成本等与其制造的汽车数量成正比的成本方面，通用汽车经过十多年的努力，已经与它的竞争对手——日本汽车制造企业旗鼓相当。然而，对于通用汽车而言，其固定成本中的一大部分是与工会缔结的合同中明确约定的养老金以及退休员工的福利费用。这使得通用汽车无法随便关闭旗下的任何工厂。为了支付巨额的固定成本，通用汽车必须持续维持其汽车产品的高销量。

2001年，通用汽车开始对销售部门进行回扣激励，这一办法仅在最初的一两年有效，却无法持久。2005年通用汽车增长减速，净亏损达104亿美元。无奈之下，通用汽车着手了一项重组计划，其中包括关闭十多个工厂、取消上万个工作岗位、削减4万多名在职员工的养老金和退休福利。

虽然采取了如此多的举措，通用汽车的成本削减速度还是敌不过其销量下滑的速度。随着美国汽油价格突破4美元每加仑，通用汽车生产的家用卡车、SUV越野车以及其他车型都由于油耗太高而被市场冷落。直至2008年年底全球金融危机加剧时，通用汽车才不得不再次宣布通过变卖资产削减成本。例如，通用汽车变卖了其久负盛名的越野车品牌"悍马"。正如当时在任的通用总裁亨德森(Fritz Henderson)所言："我们已在削骨，但鉴于目前的形势，我们认为这是必要的。"

然而，此番努力并没有太多地改变通用汽车的财务状况。截至2008年11月，通用汽车的亏损超过180亿美元，这时美国联邦政府无奈的贷款200亿美元给通用，以确保其能继续经营。然而这也没能挽救通用，其申请破产保护的文件表明，通用汽车公司总资产约823亿美元，而其负债高达1728亿美元。

(资料来源：许丹，孙爱丽. 成本会计[M]. 3版，大连：大连理工大学出版社，2018：17-18.)

思考与讨论：
(1) 固定成本与变动成本的区别是什么？
(2) 固定成本对企业的深层影响是什么？
(3) 分析通用汽车资不抵债的情况。
(4) 通用汽车申请破产案例的启示是什么？

同步测试题

一、单项选择题

1. 财务会计与管理会计都必须依赖(　　)提供的数据。
   A. 管理者　　　B. 销售部门　　　C. 财务部门　　　D. 成本会计

2. 产品成本是企业在产品生产过程中已经耗费的物质资料,用货币表现为制造产品而耗费的物化劳动和活劳动的价值,这种成本称为(　　)。
   A. 管理成本　　　B. 理论成本　　　C. 核算成本　　　D. 制造成本

3. 成本会计最基本、最重要的内容是(　　)。
   A. 成本计划　　　B. 成本控制　　　C. 成本核算　　　D. 成本决策

4. 成本分析一般在(　　)进行。
   A. 事前　　　B. 事中　　　C. 事后　　　D. 事前、事中、事后

5. 下列各项中,属于直接计入成本的是(　　)。
   A. 车间厂房的折旧费　　　B. 车间管理人员薪酬
   C. 生产工人薪酬　　　　　D. 行政管理人员薪酬

6. 按照《企业会计准则》的规定,成本报表是(　　)。
   A. 对外报表
   B. 对内报表
   C. 既是对内报表又是对外报表
   D. 是对内还是对外,由企业决定

7. 会计领域的两大分支是(　　)。
   A. 财务会计和管理会计　　　B. 财务会计和成本会计
   C. 管理会计和成本会计　　　D. 财务会计和税务会计

8. 某自行车厂目前每月生产自行车 10 000 台,该企业每台自行车的财务数据如下:直接材料 60 元,直接人工 10 元,变动制造费用 24 元,固定制造费用 15 元,总成本为 109 元。该企业计划将产量增加到每月 20 000 台(在生产能力范围内),则每台自行车的单位成本将会变为(　　)元。
   A. 101.5　　　B. 109　　　C. 218　　　D. 100

二、多项选择题

1. 成本的作用包括(　　)。
   A. 生产耗费的补偿尺度　　　B. 反映企业工作质量的综合指标
   C. 制定产品价格的重要依据　　　D. 企业制定经营决策的重要依据

2. 成本会计的内容包括成本核算和管理的各个环节,主要包括(　　)。
   A. 成本预测　　　B. 成本控制　　　C. 成本核算　　　D. 成本分析

3. 成本按习性分类可分为(　　)。
   A. 固定成本　　　B. 变动成本　　　C. 作业成本　　　D. 标准成本

4. 当产量是 5 000 件时,单位变动成本是 8 元;当产量增加到 10 000 件(生产限度)时,下列正确的是(　　)。
   A. 单位变动成本为 16 元　　　B. 变动成本总额为 40 000 元

   C. 变动成本总额为 80 000 元   D. 单位变动成本为 8 元

5. 一家汽车制造企业，属于固定成本的有(　　)。

  A. 车间技术人员的工资   B. 销售提成

  C. 车窗玻璃成本   D. 厂房租金

三、判断题

1. 成本核算是成本会计工作的基础，是成本会计的核心内容。   (　　)
2. 产品成本是补偿耗费的尺度，因此在量上与产品价格相等。   (　　)
3. 财务会计是对外报告会计。   (　　)
4. 产品成本包括直接材料、直接人工和制造费用。   (　　)
5. 变动成本与产量成正比例关系，但单位变动成本保持不变。   (　　)

四、简答题

1. 怎样理解成本？
2. 简述产品成本的构成内容。
3. 成本会计的主要内容有哪些？它们之间关系如何？
4. 成本会计与财务会计和管理会计的关系如何？
5. 成本会计是如何从事后控制发展到事中、事前控制的？

微课视频

扫一扫，获取本章相关微课视频及本章同步测试题答案。

1-1 成本会计概述(成本)　　1-2 成本会计概述　　1-3 成本会计概述　　本章同步测试题答案
         (成本项目)　 (课程思政)

第二章 产品成本核算的要求和一般程序

【教学目的与要求】
- 理解成本核算的要求。
- 掌握成本会计主要的总账科目,了解明细账的设置。
- 掌握成本核算的一般流程。

第一节 产品成本核算的基本要求

成本核算是按照国家有关的法规、制度和企业经营管理的要求,对企业生产经营过程中实际发生的各种耗费进行计算,并进行相应的账务处理,提供真实、有用的成本信息。成本核算不仅是成本会计的基本任务,同时也是企业经营管理的重要组成部分。因此,在成本核算工作中,为了充分发挥成本核算的作用,正确核算产品成本,我们应遵循以下要求。

一、遵守成本开支范围

为了使各企业能够正确地计算产品成本,国家以"理论成本"为基础规定了成本开支范围。这样可以使产品成本正确地反映企业生产消耗水平,统一各企业的成本开支口径,以利于同类企业以及企业本身不同时期之间的产品成本的分析对比,也有利于企业报表的正确报告。因此,严格遵守成本开支范围是国家对企业核算产品成本时提出的一项最基本的要求,每个企业都应该遵照执行。

(一)现行财务制度规定应计入产品成本的项目

(1) 生产经营过程中实际消耗的原材料及主要材料、半成品、辅助材料、燃料、动力、包装物、修理用备件和低值易耗品等。

(2) 企业直接从事产品生产的工人的薪酬费用。

(3) 车间房屋建筑物和机器设备的折旧费、租赁费及低值易耗品的摊销等。

(4) 因生产原因发生的废品损失以及季节性和修理期间的停工损失。

(5) 为组织和管理生产而发生的办公费、取暖费、水电费、差旅费、运输费、保险费、设计制图费、试验检验费和劳动保护费。

(二)现行财务制度规定不应计入产品成本的项目

(1) 企业为组织、管理生产经营活动所发生的管理费用、财务费用、销售费用、研发费用。

(2) 购置和建造固定资产的支出、购入无形资产和其他资产的支出。

(3) 对外界的投资、分配给投资者的利润。

(4) 被没收的财物,以及违反法律而支付的各项滞纳金、罚款或企业在税法规定范围之外自愿进行赞助和捐赠的支出。

(5) 国家规定不得列入成本的其他支出。

二、正确划分各种费用界限

为了正确地进行成本核算,正确地计算产品成本和期间费用,要求正确区分下列费用界限。

(一)正确划分经营性支出与非经营性支出的界限

企业发生的各项支出,只有与生产经营相关的经营性支出,才应计入产品成本和期间费用。即用于筹集生产经营资金,用于组织和管理生产经营活动,用于产品生产和销售的各项支出,才应计入产品成本和期间费用。资本性支出以及发生的与企业生产经营无直接关系、偶然性的营业外支出,则不应计入产品成本和期间费用,不得乱挤成本。例如,企业购置和建造固定资产、无形资产而发生的支出以及罚款、税收滞纳金、固定资产盘亏损失等,不应计入产品成本和期间费用。

(二)正确划分生产成本和期间费用的界限

为了正确计算企业各个月份的损益,还应正确划分生产成本和期间费用的界限。其中,生产成本是企业在基本生产或辅助生产过程中消耗的原材料费用、生产工人工资费用及计提、间接生产费用制造费用等。产品成本要在产品完工并销售后才计入企业损益;期间费用是指在会计期间内为企业提供一定生产经营条件,以支持产品销售、企业财务、经营研发、管理等正常运作所发生的费用,包括销售费用、财务费用、管理费用和研发费用。期间费用直接计入当期损益,从当期利润中扣除。应当防止混淆生产成本和期间费用的界限,将应计入产品成本的费用计入期间费用,或者将某些期间费用计入产品成本,借以调节各月产品成本和各月损益的错误做法。

(三)正确划分各会计期间的费用界限

企业应遵循权责发生制的原则,正确划分各个会计期间的费用界限。应由本期负担的费用,应该全部计入本期产品成本和期间费用;对于当期发生的,但受益期在一年及以上的费用,应由本期和以后各期负担,计入"长期待摊费用"科目。按照"谁受益,谁承担"

的原则，将长期待摊费用分别摊销计入本期和以后各期有关成本费用科目。属于企业行政管理部门为管理企业而发生的应计入"管理费用"科目；属于企业生产部门(或车间)为生产产品或提供劳务而发生的应计入"制造费用"科目；属于企业销售环节发生的应计入"销售费用"科目等；本期虽未支付，但本期已经受益的成本、费用，应预提计入本月的成本、费用。应该防止利用费用待摊和预提的办法人为调节各个月份的产品成本和期间费用以及人为调节各月损益的错误做法。

(四)正确划分各种产品的费用界限

为了分析和考核各种产品的成本计划的执行情况，应该分别计算各种产品的成本。应将计入本月产品成本的生产费用在各种产品之间进行划分。属于某种产品单独发生的，能够直接计入该产品成本的生产费用，属于直接计入费用，应该直接计入该种产品的成本。属于几种产品共同发生，不能直接计入某种产品成本的生产费用，属于间接计入费用，应采用合理的分配标准、分配方法，分配计入这几种产品的成本。应该特别注意盈利产品与亏损产品、可比产品与不可比产品之间的费用界限的划分，防止在盈利产品与亏损产品、可比产品与不可比产品之间任意增减费用，以盈补亏，掩盖超支，虚列产品成本的错误做法。

(五)正确划分完工产品和月末在产品的费用界限

月末计算产品成本时，如果某种产品都已完工，这种产品的各项费用之和即为该种产品的产品成本。如果某种产品都未完工，这种产品的各项费用之和就是该种产品的月末在产品成本。如果月末既有完工产品又有在产品，那么这种产品的各项费用之和，还应当采用适当的分配方法在完工产品和月末在产品之间进行分配，分别计算完工产品成本和月末在产品成本。应该防止任意提高或降低月末在产品成本，人为调节完工产品成本的错误做法。

三、正确确定财产物资的计价和价值结转的方法

制造型企业的财产物资大部分是生产资料，它们的价值随着生产经营过程的耗费，转移到生产成本和期间费用中，因此必须正确确定财产物资的计价和价值结转方法。比如，固定资产折旧方法的选择、折旧率的高低和折旧期限的长短等都影响固定资产价值随着消耗而以折旧方式转移到生产成本和期间费用中的金额。

为了正确、及时地计算成本费用，财产物资的计价和价值结转的方法应既合理又简便，国家有统一规定的，应采用国家统一规定的方法。要防止任意改变财产物资的计价和价值结转的方法，借以人为调节成本费用的错误做法。

第二节　成本核算的主要账户

为正确核算成本费用，企业一般需要设置下列账户用于生产成本的核算：基本生产成本、辅助生产成本、制造费用、废品损失、停工损失、长期待摊费用、销售费用、管理费

用、财务费用、研发支出等账户。

"基本生产成本""辅助生产成本"本来是生产成本的明细科目,而在制造型企业中,将其提为一级科目,这样可以减少账户的层次,简化账务处理工作。

一、"基本生产成本"账户

"基本生产成本"账户是为了归集企业进行基本生产所发生的各种生产费用和计算基本生产产品成本而设立的。其借方登记企业为进行基本生产而发生的"直接材料""直接人工"和分配的"制造费用";贷方登记转出的完工入库的产成品成本;期末余额在借方,表示基本生产尚未完工的在产品的成本。

基本生产成本明细账应该按照产品品种、产品批别、产品生产步骤、产品大类等成本对象设置,并分别按不同成本项目归集生产费用,计算产品成本。可以采用多栏式账页,账页内按照产品成本项目设置专栏,并连续记录各月产品生产费用的归集和完工产品成本的结转。

在实际工作中,基本生产成本明细账通常设计为"成本计算单"的形式,按其成本计算对象及成本计算期开设。成本计算单按照成本项目设置专栏,分别反映各成本项目的月初在产品成本、本月生产费用、完工产品成本和月末在产品成本。其格式如表 2-1 和表 2-2 所示。

表 2-1 基本生产成本明细账(成本计算单)(格式一)

产品名称:甲产品　　　　　　　　　　2020 年 4 月　　　　　　　　　　单位:元

月	日	摘要	直接材料	直接燃料及动力	直接人工	制造费用	合计
3	31	月初在产品成本	8 000	2 000	9 000	4 000	23 000
4	30	本月生产费用	16 000	4 500	18 000	9 000	47 500
4	30	生产费用合计	24 000	6 500	27 000	13 000	70 500
4	30	完工产品成本	19 000	5 500	21 000	10 700	56 200
4	30	月末在产品成本	5 000	1 000	6 000	2 300	14 300

表 2-2 基本生产成本明细账(成本计算单)(格式二)

产品名称:甲产品　　　　　　　　　　2020 年 4 月　　　　　　　　　　单位:元

项目	月初在产品成本	本月生产费用	生产费用合计	完工产品成本	月末在产品成本
直接材料	8 000	16 000	24 000	19 000	5 000
直接燃料及动力	2 000	4 500	6 500	5 500	1 000
直接人工	9 000	18 000	27 000	21 000	6 000
制造费用	4 000	9 000	13 000	10 700	2 300
合计	23 000	47 500	70 500	56 200	14 300

表 2-1 和表 2-2 中各项内容之间的关系如下。

生产费用合计=月初在产品成本+本月生产费用

完工产品成本=生产费用合计-月末在产品成本

二、"辅助生产成本"账户

辅助生产是指为企业基本生产单位或其他部门服务而进行的产品生产或劳务供应，如企业内部供电部门、供水部门、运输部门、修理部门等。一些辅助生产部门的产品和劳务，虽然有时也对外销售一部分，但主要任务是服务于企业基本生产部门和其他部门。

企业应该设置"辅助生产成本"账户。该账户的借方登记为进行辅助生产而发生的各种费用；贷方登记供应给基本生产车间和其他部门的辅助产品(如工具、自制材料等)的完工入库成本或服务(或劳务)的分配转出的成本；期末余额在借方，表示辅助生产期末在产品的成本。辅助生产成本科目应该按照辅助生产部门(车间)提供的产品或服务、劳务设置明细分类账，账中按照辅助生产的成本项目或费用项目分设专栏或专行进行明细登记，其格式与基本生产成本计算单相同。

三、"制造费用"账户

"制造费用"账户是用来核算企业各生产单位(如分厂、车间)为组织和管理生产而发生的各项间接费用，包括生产车间除生产工人以外的所有人员(如车间管理人员、车间技术人员、车间辅助人员等)的工资和计提的其他职工薪酬、折旧费、水电费、机物料消耗、季节性和修理期间的停工损失等。该账户的借方登记为生产产品和提供劳务而发生的各项间接费用；贷方登记期末分配结转(转入"基本生产成本"或"辅助生产成本")的制造费用；除季节性生产企业或一些特殊的分配方法(累计分配率法、年度计划分配率法等)之外，该科目应无期末余额。制造费用账户应该按照部门(车间)设置明细账，账内按照各项费用项目设置专栏进行明细核算(见第五章)。

企业行政管理部门为组织和管理生产经营活动所发生的各项费用、企业在销售过程中发生的各项费用、企业在技术研发过程中发生的各项费用，以及企业为筹集生产经营资金所发生的各项费用，都应作为期间费用，不计入"制造费用"账户，而分别计入"管理费用""销售费用""研发费用"和"财务费用"账户。

四、"废品损失"账户

"废品损失"账户用于核算生产单位生产的各种废品带来的经济损失，包括可修复废品损失和不可修复废品的净损失。内部成本管理上要求单独反映和控制废品损失的企业，会计上可以设置专门的"废品损失"账户。该账户的借方登记不可修复废品的生产成本和可修复废品的修复费用；贷方反映废品的残值、残料废料回收的价值、应收的赔款以及计入合格品的废品净损失；期末一般无余额。"废品损失"账户应该按照部门或车间分产品设置明细账，按废品损失构成进行反映。为了简化核算工作，通常辅助生产车间不单独核算废品损失。

五、"停工损失"账户

"停工损失"账户用于核算企业生产车间由于机器设备发生故障、待料、停电、计划减产等停止生产所造成的损失。内部成本管理上要求单独反映和控制停工损失的企业,会计上可以设置专门的"停工损失"账户。该账户借方归集停工期间的工资和计提费用、维护保养设备的消耗、应负担的制造费用等;贷方反映分配结转的停工损失;期末一般无余额。"停工损失"明细账户应按车间设置。

六、"长期待摊费用"账户

"长期待摊费用"账户用于核算企业已经支付但应由本期和以后各期共同负担的、摊销期在一年以上的各项费用,如预付租金、固定资产大修理支出、以经营租赁方式租入固定资产发生的改良支出等。固定资产大修理支出在大修理间隔期内平均摊销;以经营租赁方式租入固定资产发生的改良支出应当在租赁期与租赁资产尚可使用年限两者孰短的期限内平均摊销。

该账户的借方登记实际支付的长期待摊费用;贷方登记分期摊销计入制造费用、管理费用、销售费用等的长期待摊费用;期末余额在借方,表示企业已经支付尚未摊销的长期待摊费用数额。长期待摊费用明细账应按照费用的种类设置。

七、"管理费用"账户

管理费用是指企业的行政管理部门为组织和管理生产经营活动所发生的费用。该账户的借方登记企业本期发生的各项管理费用;贷方登记期末转入"本年利润"账户的管理费用;期末结转后该账户应无余额。"管理费用"明细分类账多采用多栏式账页,按照费用项目设置专栏进行登记。

八、"销售费用"账户

"销售费用"账户核算企业在销售产品、自制半成品和提供劳务过程中发生的费用,以及专设销售机构所发生的各项经费。该账户的借方登记本期发生的各项销售费用;贷方登记期末转入"本年利润"科目的销售费用;期末结转后该账户应无余额。"销售费用"明细分类账多采用多栏式账页,按照费用项目设置专栏进行登记。

九、"财务费用"账户

"财务费用"账户核算企业筹集资金等理财活动而发生的费用,如金融机构手续费、利息支出等。该账户的借方登记企业本期发生的各项财务费用;贷方登记应冲减财务费用的利息收入、汇兑收益以及期末转入"本年利润"账户的财务费用数额;期末结转后该账户应无余额。"财务费用"明细分类账多采用多栏式账页,按照费用项目设置专栏进行登记。

十、"研发支出"账户

"研发支出"账户核算企业进行研究与开发无形资产过程中发生的各项支出。依照会计准则,需要设置一级科目"研发支出",并在其下设置二级科目"资本化"和"费用化"科目。再往下的设置,需要根据企业的具体情况而定。

研发费用根据其性质分为两个阶段:"研究阶段"和"开发阶段"。研究阶段的所有支出全部费用化,即计入"研发支出——费用化"借方科目;开发阶段的支出,符合资本化条件的计入"研发支出——资本化"借方科目,否则也计入"研发支出——费用化"借方科目。

研发费用期末余额,根据其性质有不同的结转去向。费用化项下的余额直接结转入"本年利润"会计科目,并在利润表中单独列示;资本化项下的余额如果已形成无形资产,转入"无形资产"会计科目,并在资产负债表的"无形资产"中列示;资本化项下的余额如果未形成无形资产,在资产负债表的"研发支出"中列示。本科目期末借方余额,反映企业正在进行的研究开发项目满足资本化条件的支出。"研发支出"账户应当按照研究开发项目,区分"费用化支出"和"资本化支出"进行明细核算,按照费用项目设置专栏进行登记。

第三节 成本核算的一般流程

成本核算的一般流程是对企业在生产经营过程中发生的各项成本费用,按照成本核算的要求,逐步进行归集和分配,然后计算出各种产品的总成本和单位成本的过程,也就是前面所述的正确划分五个方面费用界限的过程。各个企业成本核算的一般程序大致相同,可归纳如下。

一、对企业的各项成本费用支出进行审核和控制

以国家有关法律、法规和财政、财务、会计制度及企业内部有关制度和管理办法为依据,审核和控制费用的开支。首先要审核各项开支的真实性、合法性,确定费用应不应该开支,应开支的费用是否应计入生产经营管理费用。然后,将生产经营管理费用划分为应计入产品成本的生产费用和应计入当期损益的期间费用。最后,正确处理跨期摊提费用,将本月支出的成本费用中应该由以后月份摊销的费用,记入待摊费用;将应由本月承担的成本费用但本月尚未支付的,预提计入本月成本费用。因此,费用的审核和控制实际上就是成本核算的基本要求。企业应当严格遵守国家规定的成本开支范围,严格按照企业内部财务会计制度和成本费用核算办法中规定的费用审核标准进行费用的审核和控制。

二、分配各要素费用

对于外购材料、外购燃料、外购动力、职工薪酬、折旧费等要素费用,需要先按照经济用途进行分配(详见第三章)。

分配时，应计入产品成本费用的，属于单设成本项目的费用，如构成产品实体的原材料、产品生产耗用的外购燃料和动力、生产工人的工资等费用，要按用途分配给属于基本生产的各种产品和属于辅助生产的各种产品，并计入有关成本项目，直接按照各种产品的不同成本项目进行归集。未单设成本项目的费用，如车间管理人员和技术人员工资、车间机器设备折旧费用等，应先按生产车间或部门进行归集，形成制造费用，再按一定方法和标准分配计入各种产品。

分配时，应计入期间费用的，如行政管理部门消耗的外购燃料和动力、消耗的机物料、销售机构人员的工资等，筹集资金的利息支出及研发过程中的材料和工资消耗等，应该在管理费用、销售费用、财务费用和研发支出中分别进行归集。

三、辅助生产费用的归集和分配

企业辅助生产发生的各项费用，属于单设成本项目的，如直接材料、直接人工等，应在以上各项要素费用分配中直接计入辅助生产产品或劳务的成本。对完工入库的辅助生产产品，应将其生产成本转为存货成本。由于辅助生产车间是为基本生产车间和行政管理部门提供产品或劳务的，所以辅助生产车间所发生的费用，应根据其提供的劳务数量、发生的费用和各部门耗用辅助生产部门产品或劳务的数量，区分辅助生产产品和劳务种类，采用一定的分配方法，按"谁受益，谁负担"的原则在各受益对象之间进行分配。

四、基本生产车间制造费用的归集和分配

基本生产车间若生产多种产品，则应将各要素费用分配后归集于基本生产车间"制造费用明细账"上的制造费用总额，采用适当的分配方法和合理的分配标准，分别在应负担的不同产品之间进行分配，以制造费用成本项目计入各种产品成本。

五、划分完工产品和月末在产品成本

通过以上各步骤费用的审核和分配，每种产品本期所负担的生产费用已按不同成本项目分别归集，逐项与期初在产品成本相加，即为该种产品全部生产费用(即月初在产品成本加上本期发生的生产费用)。如果当期产品全部完工，所归集的全部生产费用即为完工产品成本；如果全部未完工，则全部生产费用为期末在产品成本；如果当期既有完工产品又有月末在产品，则需分别按成本项目在完工产品和在产品之间分配，从而确定各成本核算对象本期完工产品的实际总成本，然后用总成本除以总产量，就可以求得完工产品的单位成本。

关于综合产品成本核算的主要会计账户和基本流程，图2-1列示了制造型企业成本核算及其账务处理的一般程序。通过该图，我们可以对成本核算的一般程序有全面而概括性的了解，同时也可以进一步理解成本核算的账务处理程序。

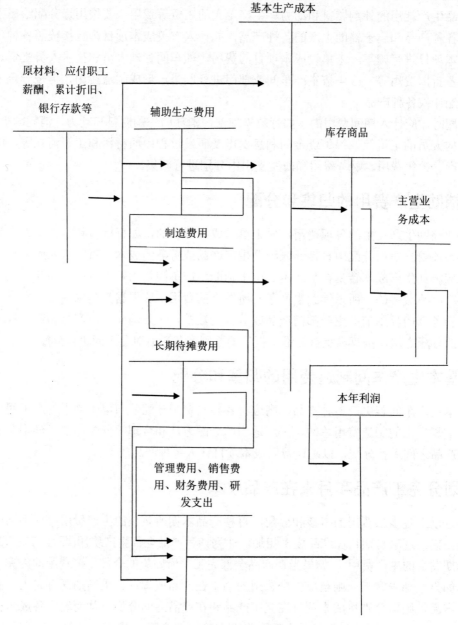

图 2-1 制造型企业成本核算及其账务处理的一般程序

本 章 小 结

本章在第一章成本会计概述的基础上,进一步介绍产品成本核算的基本要求:理解遵循成本核算要求的必要性,掌握在成本核算中涉及的主要会计账户及相关的账务处理,从框架上掌握成本核算的一般流程,为后续章节的学习打下基础。

案例链接

案例一：参仙源造假案——费用资本化

2013年参仙源少计成本55 382 210元，导致虚增利润55 382 210元。

参仙源在2013年与仲某同、佳业山货庄签订多份人参抚育协议，支付金额55 382 210元，但上述款项的实际用途为购买由仲某同、佳业山货庄联系货源的野山参。两者合计购买整参126 080支、碎参5 410.37斤，金额为55 382 210元。参仙源通过虚构协议，将上述外购野山参的成本55 382 210元以支付人参抚育费的名义支付给佳业山货庄和仲某同等人，计入了"管理费用"，后该笔"管理费用"被调整至"生产性生物资产"科目。最终销售时，参仙源未对外购野山参的成本进行结转，少计成本55 382 210元，虚增利润55 382 210元。

2013年参仙源虚增收入73 729 327元，导致虚增利润73 729 327元。

参仙源与辽宁参仙源酒业有限公司(以下简称参仙源酒业)于2012年12月15日签订购销协议，就参仙源长期向参仙源酒业供应野山参达成3年有效期协议，明确了人参数量、单价等。该合同签订之时，参仙源和参仙源酒业同受北京碧水投资有限公司(以下简称碧水投资)控制，两个公司的法定代表人同为于成波，于成波还是碧水投资的董事长。2013年7月1日，碧水投资持有的参仙源酒业股份由100%变为49%(北大国际医院集团有限公司持股51%)，参仙源总经理由碧水投资实际控制人于成波担任，依旧对参仙源酒业施加重大影响。2014年11月1日碧水投资恢复持有参仙源酒业的100%股份。

2013年参仙源与参仙源酒业构成关联方，两者之间的交易构成关联交易。2013年参仙源向参仙源酒业销售的野山参绝大部分是外购的野山参，参仙源按照整参每支800元、碎参每斤2 000元的价格确认了对参仙源酒业的销售收入，销售价格高于其从上述独立第三方采购的成本近一倍，销售价格虚高、不公允。参仙源《公开转让说明书》中2013年度财务报告显示：该公司2013年主营业务收入197 698 264.28元，主营业务成本55 010 532.41元。其中，野山参销售收入为141 582 800元，成本为11 236 681.71元。根据销售明细，销售给参仙源酒业的野山参收入为141 568 800元。所有被销售的野山参来源均显示为自产人参，实际上绝大部分为前文所述的外购野山参。依照参仙源采购野山参的市场价计算，其销售给参仙源酒业的野山参合计可确认收入实际为67 839 473元，参仙源虚增收入73 729 327元，导致虚增利润73 729 327元。

综上，2013年参仙源通过少计成本的方式虚增利润55 382 210元，通过不公允的价格关联交易虚增收入从而虚增利润73 729 327元，合计虚增利润129 111 537元。2014年12月8日，参仙源在全国中小企业股份转让系统挂牌，其在《公开转让说明书》中披露了虚增的2013年利润。

(资料来源：中国证监会行政处罚决定书〔2016〕83号)

思考与讨论：

(1) 费用资本化的含义是什么？
(2) 费用资本化的后果是什么？
(3) 关联交易的定价要求是什么？

案例二：金亚科技通过调整营业成本、期间费用，虚增收入、利润

金亚科技 2013 年大幅亏损，为了扭转公司的亏损，避免 ST(Special Treatment，特别处理)，时任董事长周旭辉在 2014 年年初定下了公司当年利润为 3 000 万元左右的目标。每个季末，金亚科技时任财务负责人(2014 年 6 月 20 日之前是张法德，之后是丁勇和)会将真实利润数据和按照年初确定的年度利润目标分解的季度利润数据报告给周旭辉，最后由周旭辉来确定该季度对外披露的利润数据。

首先是 2014 年年度报告虚增利润总额 80 495 532.40 元。金亚科技通过虚构客户、伪造合同、伪造银行单据、伪造材料产品收发记录、隐瞒费用支出等方式虚增利润。经核实，金亚科技 2014 年年度报告合并财务报表共计虚增营业收入 73 635 141.10 元、虚增营业成本 19 253 313.84 元、少计销售费用 3 685 014 元、少计管理费用 1 320 835.10 元、少计财务费用 7 952 968.46 元、少计营业外收入 19 050.00 元、少计营业外支出 13 173 937.58 元、虚增利润总额 80 495 532.40 元，占当期披露的利润总额的 335.14%。上述会计处理使金亚科技 2014 年年度报告利润总额由亏损变为盈利。

其次是 2014 年年度报告虚增银行存款 217 911 835.55 元。2014 年年末，金亚科技中国工商银行成都高新西部园区支行账户银行日记账余额为 219 301 259.06 元，实际银行账户余额为 1 389 423.51 元，该账户虚增银行存款 217 911 835.55 元，占当期披露的资产总额的 16.46%。

最后，为了配合现金流，2014 年年度报告虚列预付工程款 3.1 亿元。2014 年，金亚科技的子公司成都金亚智能技术有限公司建设项目，由四川宏山建设工程有限公司施工，建设面积为 385 133 平方米，每平方米造价约 2 000 元，按 40%的预付比例估算需要预付工程款 3.1 亿元。为此金亚科技制作了假的建设工程合同，填制了虚假银行付款单据 3.1 亿元，减少银行存款 3.1 亿元，同时增加 3.1 亿元预付工程款。

(资料来源：证券市场周刊，2018-03-09)

思考与讨论：
(1) 金亚科技为避免 ST，采取的造假手段是什么？
(2) 金亚科技全面造假的影响是什么？

同步测试题

一、单项选择题

1. 基本生产车间计提的固定资产折旧费，应借记(　　)。
　　A. "基本生产成本"科目　　　　B. "管理费用"科目
　　C. "制造费用"科目　　　　　　D. "财务费用"科目
2. 对于一家汽车生产企业来说，期间费用包括(　　)。
　　A. 流水线成本　　　　　　　　B. 广告成本
　　C. 汽车方向盘成本　　　　　　D. 流水线上工人工资
3. "长期待摊费用"属于(　　)科目。

A. 资产类 B. 负债类
C. 费用类 D. 成本类
4. "基本生产成本"属于( )科目。
A. 资产类 B. 负债类
C. 费用类 D. 成本类
5. 如果把本应计入生产成本的费用计入了期间费用,会导致当期的利润( );会导致( )缴纳企业所得税。
A. 虚高 B. 虚低 C. 多 D. 少

二、多项选择题

1. 一家汽车生产企业中,属于生产成本的有( )。
   A. 车间技术人员的薪酬 B. 车间生产工人工资
   C. 车窗玻璃成本 D. 车间耗用的机物料
2. 下列项目中,属于产品成本核算项目的是( )。
   A. 废品损失 B. 制造费用 C. 燃料和动力 D. 研发支出
3. 关于辅助生产成本,下列说法中正确的是( )。
   A. 辅助生产是为基本生产和其他部门提供辅助产品或劳务
   B. 辅助生产车间的生产原理与基本车间相似
   C. 辅助生产车间不需要设置制造费用科目
   D. 辅助生产成本是成本类科目
4. 现行财务制度规定,不应计入产品成本的项目有( )。
   A. 企业为组织、管理生产经营活动所发生的管理费用、财务费用、销售费用、研发费用
   B. 购置和建造固定资产的支出、购入无形资产和其他资产的支出
   C. 对外界的投资、分配给投资者的利润
   D. 被没收的财物,以及违反法律而支付的各项滞纳金、罚款或企业在税法规定范围之外自愿进行赞助和捐赠的支出
5. 现行财务制度规定应计入产品成本的项目有( )。
   A. 因生产原因发生的废品损失以及季节性和修理期间的停工损失
   B. 为组织和管理生产而发生的办公费、取暖费、水电费、差旅费、运输费、保险费、设计制图费、试验检验费和劳动保护费
   C. 企业直接从事产品生产的工人的薪酬费用
   D. 车间的房屋建筑物和机器设备的折旧费、租赁费及低值易耗品的摊销等

三、判断题

1. 合理确定成本计算对象是正确计算产品成本的前提。 ( )
2. 一般情况下,本期发生的生产费用与本期产品成本在数量上基本相等。 ( )
3. 制造型企业的成本项目包括生产成本和制造费用。 ( )
4. "研发支出"一般有"研发支出——费用化"和"研发支出——资本化"两个二级科目。 ( )

5. 固定资产折旧方法的选择、折旧率的高低和折旧期限的长短等都影响固定资产价值随着消耗而以折旧方式转移到生产成本和期间费用中的金额。（ ）

四、简答题

1. 制造型企业进行成本核算时，应划清哪几种费用界限？
2. 产品成本核算应设置哪些账户？
3. 举例说明确定财产物资的计价和价值结转的方法的重要性。
4. 简述成本核算的一般流程。
5. 简述不能正确划分各个产品的费用界限对报表所产生的影响。

微课视频

扫一扫，获取本章相关微课视频及本章同步测试题答案。

2-1 产品成本核算要求和一般程序(成本核算要求)　　2-2 产品成本核算要求和一般程序(账户)　　2-3 产品成本核算要求和一般程序(课程思政)　　本章同步测试题答案

第二篇　成本会计核算

第三章 要素费用的归集和分配

【教学目的与要求】
- 掌握要素费用的内容。
- 理解要素费用的核算原则。
- 掌握材料费用、职工薪酬、外购动力费用和其他要素费用的归集和分配。

第一节 要素费用概述

一、要素费用的内容

制造型企业生产经营过程中的耗费是多种多样的,为了科学地进行成本管理,正确计算产品成本和期间费用,需要对种类繁多的费用进行合理分类。费用可以按不同的标准进行分类,具体如下。

(一)费用按经济内容分类

企业在生产经营过程中发生的费用,按其经济内容分类,可划分为以下八个费用要素。

(1) 外购材料。它是指企业为进行生产经营而耗用的一切从外单位购进的原料及主要材料、半成品、辅助材料、包装物、修理用备件和低值易耗品等。

(2) 外购燃料。它是指企业为进行生产经营而耗用的一切从外单位购进的各种固体、液体和气体燃料。

(3) 外购动力。它是指企业为进行生产经营而耗用的从外单位购进的各种动力。

(4) 职工薪酬。它是指企业为进行生产经营而发生的各种职工薪酬,包括职工工资、奖金、津贴和补贴,职工福利费,医疗保险费、工伤保险费和生育保险费等各项社会保险费,住房公积金,工会经费和职工教育经费等。

(5) 折旧费。它是指企业按照规定的固定资产折旧方法,对用于生产经营的固定资产所计算提取的折旧费用。

(6) 利息支出。它是指企业应计入财务费用的借入款项的利息支出减利息收入后的净额。

(7) 税金。它是指应计入企业管理费用的各种税金，如房产税、车船税、土地使用税、印花税等。

(8) 其他支出。它是指不属于以上各要素，但应计入产品成本或期间费用的费用支出，如差旅费、租赁费、外部加工费以及保险费等。

按照以上费用要素反映的费用，称为要素费用。将费用划分为若干要素分类核算的作用是，可以反映企业一定时期内在生产经营中发生了什么费用，金额是多少，据以分析企业各个时期各种费用的构成和水平。这种分类反映了企业生产经营中外购材料和燃料费用以及职工薪酬的实际支出，因而可以为企业核定储备资金计划、考核储备资金的周转速度，以及编制材料采购资金计划和劳动工资计划提供资料。但是，这种分类不能说明各项费用的用途，因而不便于分析各种费用的支出是否节约、合理。

(二)费用按经济用途分类

如第一章所述，制造型企业在生产经营中发生的费用，可以分为计入产品成本的生产成本和直接计入当期损益的期间费用两类。下面分别讲述这两类费用按照经济用途的分类。

1. 生产成本按经济用途分类

计入产品成本的生产成本在产品生产过程中的用途也不尽相同，有的直接用于产品生产，有的间接用于产品生产。因此，为具体反映计入产品成本的生产成本的各种用途，提供产品成本构成情况的资料，还应将其进一步划分为若干个项目，即产品生产成本项目。产品生产成本项目，简称产品成本项目或成本项目，就是生产成本按其经济用途分类核算的项目。制造型企业一般应设置以下几个成本项目。

(1) 直接材料。它是指直接用于产品生产，构成产品实体的原料、主要材料以及有助于产品形成的辅助材料费用。例如做家具使用的木料、生产床品使用的布料、制造汽车所用的钢铁等。

(2) 直接燃料和动力。它是指直接用于产品生产的各种直接燃料和动力费用。直接燃料和动力费用一般也可列入直接材料中核算，但当该项目金额较高时，可根据企业的需要单独核算。

(3) 直接人工。它是指直接参加产品生产的工人的薪酬费用，包括职工工资、奖金、津贴和补贴，以及按规定比例提取的职工福利费、医疗保险费、工伤保险费和生育保险费等各项社会保险费以及住房公积金、工会经费、职工教育经费等。例如服装厂流水线上的生产工人、航空公司的飞行员等的薪酬费用都是直接人工。

(4) 制造费用。它是指间接用于产品生产的各项费用，以及虽直接用于产品生产，但不便于直接计入产品成本，因而没有专设成本项目的费用(如机器设备的折旧费用)。制造费用包括企业内部生产单位(分厂、车间)管理人员的薪酬费用、固定资产折旧费、租赁费(不包括融资租赁费)、机物料消耗、低值易耗品摊销、取暖费、水电费、办公费、运输费、保险费、设计制图费、试验检验费、劳动保护费、季节性和修理期间的停工损失以及其他制造费用。

企业可根据生产特点和管理要求对上述成本项目作适当调整。对于管理上需要单独反映、控制和考核的费用，以及产品成本中比重较大的费用，应专设成本项目；否则，为了简化核算,不必专设成本项目。例如,如果废品损失在产品成本中所占比重较大,在管理上需要对其进行重点控制和考核,则应单设"废品损失"成本项目。又如,如果工艺上耗用的直接燃料和动力不多,为了简化核算,可将其中的工艺用燃料费用并入"直接材料"成本项目,将其中的工艺用动力费用并入"制造费用"成本项目。

2. 期间费用按经济用途分类

制造型企业的期间费用按照经济用途可分为销售费用、管理费用、财务费用和研发支出。

(1) 销售费用。销售费用是指企业在产品销售过程中发生的费用,以及为销售本企业产品而专设的销售机构的各项经费,包括运输费、装卸费、包装费、保险费、展览费和广告费,以及为销售本企业商品而专设的销售机构(含销售网点、售后服务网点等)的职工薪酬费用、类似职工薪酬性质的费用、业务费等销售费用。

(2) 管理费用。管理费用是指企业为组织和管理企业生产经营所发生的各项费用,包括企业的董事会和行政管理部门在企业的经营管理中发生的,或者应由企业统一负担的公司经费(包括行政管理部门职工薪酬费用、修理费、机物料消耗、低值易耗品摊销、办公费和差旅费等)、工会经费、社会保险费、劳动保险费、董事会费(包括董事会成员津贴、会议费和差旅费等)、聘请中介机构费、咨询费(含顾问费)、诉讼费、业务招待费、房产税、车船税、土地使用税、印花税、技术转让费、矿产资源补偿费、无形资产摊销、职工教育经费、排污费、存货盘亏或盘盈(不包括应计入营业外支出的存货损失)等。

(3) 财务费用。财务费用是指企业为筹集生产经营所需资金而发生的各项费用,包括利息支出(减利息收入)、汇兑损失(减汇兑收益)以及相关手续费等。

(4) 研发支出。研发支出就是研究和开发费用,即研究和开发某项目所支付的费用,一般是指用于研发活动的设备设施费、材料费、人工费、合同服务费、外购无形资产以及有关间接费用等。

费用按经济用途分类,能清楚地反映企业发生的费用哪些计入产品成本,哪些计入损益,进一步反映直接用于产品生产的材料费用是多少,直接从事产品生产的工人工资是多少,用于组织生产的耗费是多少等。这有利于考核各项成本项目的耗费水平,考核各个部门的效率和责任。

二、要素费用的核算原则

各项要素费用应按其用途和发生地点,进行归集和分配。

(一)对于基本生产车间直接用于产品生产,并且专设成本项目的各项费用

如构成产品实体的原材料费用、产品生产工人的薪酬费用等,应记入"基本生产成本"总账,并直接记入或分配记入有关产品成本明细账的相关成本项目,即凡是能够根据原始凭证直接认定是某种产品消耗的费用,应直接记入该种产品成本明细账的相关成本项目;凡是几种产品共同耗用,不能直接确认各种产品消耗数额的费用,则应采用适当的方法,在有关产品之间进行分配,根据分配结果登记在有关产品的成本明细账的相关成本项目。

(二)对于基本生产车间直接用于产品生产，但没有专设成本项目的各项费用

对于基本生产车间直接用于产品生产，但没有专设成本项目的各项费用(如机器设备的折旧费用)以及间接用于产品的费用(如车间管理人员的薪酬费用)应先记入"制造费用"科目及所属明细账有关的费用项目，然后通过一定的分配程序，转入或分配转入"基本生产成本"总账及所属明细账的"制造费用"成本项目。

(三)对于用于辅助生产的费用，应区分不同情况进行处理

(1) 若辅助生产车间设有"制造费用"明细账，则其费用的处理可以比照上述基本生产车间费用的处理办法进行。

(2) 若辅助生产车间未设"制造费用"明细账，则对于直接或间接用于辅助生产的各项费用，均记入"辅助生产成本"总账及其所属明细账的相关费用项目。

辅助生产成本应按照其用途，采用一定的方法进行分配。

(四)对于各项间接计入费用，应该选择适当的方法进行分配

所谓分配方法适当，是指分配所依据的标准与分配对象有比较密切的联系，因而分配结果比较合理，而且分配标准的资料比较容易取得，计算比较简便。分配间接计入费用的标准主要有以下几个。

(1) 成果类，如产品的重量、体积、产量、产值等。
(2) 消耗类，如生产工时、生产工资、机器工时、原材料消耗量或原材料费用等。
(3) 预算类，如预算消耗量、预算费用等。

分配费用的计算公式可以概括为

$$费用分配率 = \frac{待分配费用总额}{分配标准总额}$$

某分配对象应分配的费用 = 该对象的分配标准额 × 费用分配率

在生产经营过程中发生的用于产品销售的费用、行政管理部门的费用，以及筹集资金活动中发生的费用等各项期间费用，不计入产品成本，而应分别记入"销售费用""管理费用""财务费用"的总账科目及其所属明细账的相关费用项目，然后转入"本年利润"科目，计入当期损益。各项要素费用的分配是通过编制各种费用分配表进行的，根据分配表据以登记各种成本、费用总账科目及其所属明细账。

第二节 材料费用的核算

一、材料的分类与成本构成

(一)材料的分类

材料是工业生产过程中的劳动对象，材料费用是产品成本的构成要素之一。由于它们在生产中所起的作用不同，一般按材料的用途划分为以下几类。

(1) 原料及主要材料，是指生产过程中构成产品实体的原料和材料，如纺纱用的原棉、

机械制造用的钢材等。

(2) 辅助材料,是指虽不构成产品的主要实体,但有助于产品实体形成的各种材料,如制造家具用的油漆,加工服装用的线、扣等。另外,被劳动资料消耗的材料,如机器用的润滑油、冷却液等;为创造劳动条件而消耗的材料,如照明用的灯泡、清洁卫生用具等,也列入辅助材料。

(3) 外购半成品,是指企业购入已经过外单位加工的半成品,如汽车制造厂购入的发动机、各种汽车仪表等。

(4) 修理用备件,是指为修理本企业的机器设备和运输设备的备用件,如齿轮、轴承等。此类材料虽然用量不大,但它是使设备能正常运转而必备的,且种类多,所以单列一类。

(5) 燃料,是指工艺用或其他用途的各种固体、液体、气体等燃料。燃料按其在生产中的作用可归入辅助材料类,但能源在国民经济中的地位越来越重要,国家强调燃料的管理单独划分为一类。

(6) 包装物,是指为包装本企业产品的各种包装容器,如桶、箱、瓶、罐、坛、袋等。

(7) 低值易耗品,是指单位价值较低,容易耗损的各种工具、管理用具、玻璃器皿以及劳保用品等。从性质上看,低值易耗品并不是劳动对象,而是劳动资料,但由于它不具备固定资产的条件,因而把它列为材料的一类。

如果企业所需的修理用备件或包装物的数量不大,资金占用不多,也可以将其归为辅助材料类。企业通常设置"原材料""包装物""低值易耗品"等账户对上述各种材料进行核算。

(二) 材料成本的构成内容

材料成本应以企业取得或加工生产该种材料所发生的实际支出为基础来计算。由于企业材料来源不同,其成本构成的具体内容也不同。

1. 外购材料成本

外购材料的采购成本主要由以下几项构成。

(1) 买价,是指国内购买供货单位开出的发票价格,进口材料则是材料物资的清算标价和进口税费。

(2) 运杂费,即从销货单位运达企业仓库前发生的包装、运输、装卸搬运、保险及仓储等费用,进口材料成本包括国外运杂费、关税及国内运杂费。

(3) 运输途中的合理损耗。

(4) 入库前整理挑选费用,包括整理挑选过程中发生的工、费支出和必要的损耗,并扣除回收的残料价值。

(5) 其他,即与采购材料有关的其他费用支出。

2. 委托加工材料成本

委托外单位加工本企业所需要的材料物资,其成本包括:加工中耗用材料物资的实际成本、支付的加工费用、为加工材料物资支付的往返运杂费等。

3. 自制材料成本

自制材料成本即自制材料的生产成本,包括在制造过程中发生的直接材料费、直接人工费以及其他间接费用。

二、材料盘存制度

要正确计算材料成本费用，首先应正确计算与确定生产中材料的消耗量，并做好消耗的原始记录。

(一)材料消耗的原始记录

记录生产中材料消耗的原始凭证有限额领料单、领料单、领料登记簿等。

1. 限额领料单

限额领料单是由生产计划部门和供应部门，根据生产计划和材料消耗预算等资料核定并编制的一种多次有效凭证。限额领料单中事先填明领料单位、材料用途、领料限额，以便能够有效地控制材料消耗。限额领料单适用于经常领用并有消耗限额的材料领用。

2. 领料单

领料单是由领料单位填写的，一式三联，一联留存领料单位备查，其余两联一联留存发料仓库登记材料明细账，另一联送交会计部门据以进行材料收发和材料费用的核算。它是一种一次有效使用凭证，适用于难以用消耗预算控制和不经常领用的材料领用。

3. 领料登记簿

每一领料单位每月对于同种材料的多次领取，只需填制一张领料登记表。领料单位领料时，应在登记表中填明领料日期、当时领料数量、累计领料数量。采用领料登记簿记录经常领用的消耗材料，可以大大减少日常领料凭证的填制工作，而且便于月末耗用材料的汇总工作。

(二)定期盘存制和永续盘存制

计算材料消耗量有两种方法，即定期盘存制和永续盘存制。

定期盘存制是用会计期间结束时清点实物的方法来确定材料期末结存数量，发出的数量就等于期初结存实物数量加本期增加的实物数量减期末结存数量。定期盘存制对每一次发出数量不填凭证、不登记账簿，只在期末将盘点数量作为账面结存数量，并根据计算出的材料消耗数量一次填单记账，核算工作较简便，但将各种因非正常发出(毁损、盗窃及自然损耗等)而减少的数量隐含在发出数量之中，不利于材料的管理。材料消耗量的计算公式为

$$材料消耗量=期初结存+本期增加-期末结存$$

永续盘存制是对各种材料的增加和减少数量都根据相应的会计凭证在有关账簿中进行连续登记，并随时在账簿中反映每种材料的收发结存情况。永续盘存制要求随时填制领料单，并随时在账簿上登记增加、减少和结存数量，有利于实物的管理和监督，但工作量较大。采用这种方法的，也要定期全面地进行实地盘点，对一些价值较高或容易发生记录错误的材料，核对每种材料的实有数和账面数，账实不符的要查明原因，并予以调整。

由于永续盘存制便于材料的日常核算，有利于材料的计算与控制，又能通过实物盘点及时发现和处理各种不正常的损失，因而是当前国内外企业，特别是大中型企业材料核算所广泛采用的办法。至于定期盘存制方法，只适用于材料收发业务较为简单的小型企业，

或因某些原因难以采用永续盘存制的企业。

三、材料发出成本的确定

(一)按实际成本计价确定发出材料成本

材料在采购入库后，就面临发出耗用的问题，因为企业采购或加工入库材料种类繁多，即使同一种质量、规格和功能相同的材料，也会由于不同时间、地点、批次购进或加工的单位成本的差异而有不同的实际采购成本，所以需要将种类繁多的材料的实际成本在库存材料和发出已耗材料之间进行分配。

从理论上来讲，购入材料的实际成本应随该材料发出耗用而结转。但是这种对购进批次逐一辨认的方法，在具体操作过程中难度较大(除十分贵重、量少的材料可采用外)。在实际工作中，较为普遍的情况是企业的材料进出量大，同种材料的单位成本不一致，大量的材料发出难以保证其实物流动与成本流动相一致。由于同样的材料都能满足生产需要，成本流转的顺序与实物流转的顺序可以分离，那么可供发出耗用材料总成本与库存材料成本加已耗用材料的成本之和相等。

对不同材料成本流动顺序的选择，就形成了确定材料发出或库存材料单位价值的不同方法，关系企业资产负债表中存货价值和损益表中净利润的高低。因此，选择材料的不同计价方法，是企业影响成本信息的重要会计选择。

1. 发出材料计价方法

(1) 先进先出法。假定各单位材料按照其收进次序进行使用，期末库存必然是最后购买的材料。无论何时发出材料，发出价都将根据最早的批量库存价格计算，在没有许多小批量不同价格购进时，这种方法是简易的。库存结余大致反映现时成本，所耗库存的成本可以根据库存的运用相应地进行分摊。价格的突然变化会导致由于所用的材料成本不同而费用不等；同时如果库存周转缓慢，价格发生重大变化，期末材料成本在账面记录过于繁杂，增加了核算工作量。

(2) 加权平均成本法。假定同一类型的所有材料是混在一起的，人们不可能发出某一批购进的材料，则成本只能按全部供给的平均成本计算。当购进批次过多时，逐次计算加权平均单价的工作量会增加，不利于简化、加速成本核算，企业可改用月末一次加权平均法计算发出单价，其计算公式为

$$移动加权平均单位成本 = \frac{移动前结存材料的实际成本 + 本批收入材料实际成本}{移动前结存材料的数量 + 本批收入材料的数量}$$

$$发出材料成本 = 发出材料数量 \times 移动加权平均单位成本$$

$$全月一次加权平均单价 = \frac{期初材料成本 + 本月购入材料成本}{期初材料数量 + 本月购入材料数量}$$

$$发出材料成本 = 发出材料数量 \times 全月一次加权平均单价$$

$$移动加权平均单位成本 = \frac{移动前结存材料的实际成本 + 本批收入材料的实际成本}{移动前结存材料的数量 + 本批收入材料的数量}$$

$$发出材料成本 = 发出材料数量 \times 移动加权平均单位成本$$

这种方法较为简单，但是在物价变动较大时，计算的发出成本和期末结存成本与实际

情况可能有较大差别,计算结果不准确,会影响多个周期的成本计算。

(3) 个别计价法。个别计价法又称分批计价法,它是以原来收入材料时的实际单位成本作为该批发出材料的单位成本,从而计算发出材料实际成本的一种方法。采用这种方法一般须具备以下两个条件:材料项目、批次必须是可以辨别认定的;要有详细的记录,可了解每批(次)材料的具体情况。

从理论上讲,这种方法能够真实地反映发出材料的实际成本,但这种方法核算工作量大,而且对存货管理的要求较高。

2. 发出材料计价方法的选择

应用不同的材料流动方法,会对企业已发出材料的成本和期末库存材料成本产生不同的影响。材料计价方法的选择,会产生不同的企业成本、利润。因此,在实际工作中选择材料发出计价方法时,并不强调与材料实物流动之间的必然联系,而主要考虑以下原则。

(1) 适用性。企业应从其业务特点出发,根据材料收发的批次、数量、种类、价格等因素来选择适合企业的材料计价方法。

(2) 谨慎原则。一般情况下,从谨慎的角度出发,企业更愿意选择少计期末材料价值,高估发出材料成本的方法,以便确定企业利润的真实性。

(3) 税收利益。在会计准则和税法认可的材料计价方法中,企业有权选择少计当期利润,从而享受递延税收利益的方法。

(4) 一致性。由于不同的材料计价方法会对企业经营绩效产生不同的影响,因而计价方法一经确定就不应随意变更。倘若确实需要变更,也要在财务报表的附注中作为会计政策的变更加以揭示。

(5) 简便。企业应结合自身的材料收发特点,选择既能有利于正确表现财务与绩效信息,又能简化工作量的材料计价方法。

(二)按计划成本计价确定发出材料成本

采用计划成本计价情况下发出材料的实际成本,是根据发出材料的计划成本经成本差异调整后求得的。为了保证发出材料实际成本计算的正确性,采用计划成本,必须遵循以下两点。

1. 必须合理地制定材料的计划成本

采用计划成本计价,从一定意义上说,是一种平均成本计价。在同一差异类别中,某种材料超支或节约的差异过大,就会由其他材料分担,影响其他材料成本的正确性,也就直接影响产品成本。因此,必须合理地制定材料的计划成本,不能与实际成本相差过大。计划成本制定后,如果某种材料购入时的成本差异经常在5%以上,那么就应及时调整计划成本,以保证产品成本的正确性。

2. 恰当地设置材料成本差异明细账户

由于在计划成本计价下,材料的实际成本是同一材料成本差异类别的一种平均成本,因此差异分类不能过粗,否则会影响成本的正确性;当然也不能过细,否则会使核算工作量过大。

其具体计算的原则是:按照入库材料所形成的差异额和差异率,将生产中耗用的材料

计划成本调整为实际成本。其计算公式为

$$发出材料的实际成本=发出材料的计划成本+发出材料分摊的成本差异$$

其中：

$$发出材料的计划成本=发出材料数量×单位计划成本$$

$$发出材料分摊的成本差异=发出材料的计划成本×材料成本差异率$$

$$材料成本差异率=\frac{月初结存材料成本差异+本月收入材料成本差异}{月初结存材料计划成本+本月收入材料计划成本}×100\%$$

由上述可知，采用计划成本核算时，不仅能随时进行收入、发出、结存的数量和金额核算，而且不用计算收入和发出单价，核算工作量小，核算手续简单。但在这种方法下，发出材料和库存材料的成本不可能完全等于实际价格。如果计划价格的计算较为准确(接近实际价值)，且差异的核算尽量细化，计入当期费用的价值就会接近实际价值。

总之，计划成本使当期的净损益有偏离实际水平的可能，在物价上涨的情况下，这种偏离不利于企业的稳健经营。这种计价方法通常适用于材料实际成本变动较大、品种多、收发料频繁的企业，可以减少材料日常收发核算的工作量。

四、材料费用的分配

(一)材料费用分配原则

直接投入产品生产的材料费用是直接材料成本，一般根据生产车间的领用单据、原材料出库单据中所示的数量乘以原材料单价即可得到用于某种产品的直接材料成本，因而无需分配。然而，当同一次领用的材料用于多种产品时，就需要分配了。

也就是说，材料费用中构成产品实体的原料及主要材料，一般由生产车间按产品领用，这些费用可以根据领料凭证直接归集到有关成本计算对象，计入该产品成本计算单的"直接材料"项目中，这样就无需分配。可是，原料及主要材料也有不能分产品领用的，如生产中为几种产品共同耗用的原料，这些原料是这几种产品的共同费用。对于这些共同费用则要采用适当的方法进行分配。

直接用于某种产品生产、有助于某种产品形成的辅助材料，应该直接计入该种产品成本的"直接材料"项目，如织布用的染料。例如，属于多种产品共同耗用的辅助材料(如油漆、染料等)，则需采用一定的方法在几种产品中分配。

分配材料费用，常用的分配标准有产品的重量、体积和材料的消耗等。选择分配标准时，要从合理、简便的原则出发。所谓分配方法的合理，是指这种分配方法的分配标准与费用多少有密切联系。例如，生产车间材料的耗用量与产品的体积有密切关系，因此可以用产品的体积作为分配标准。所谓分配方法的简便，是指分配标准的资料比较容易取得，而且尽量采用单一的分配标准。

(二)材料费用的分配方法

1. 产品重量(或体积、产量)分配法

产品重量(或体积、产量)分配法是以产品的自身重量(或体积、产量)作为分配标准分配材料费用。它主要适用于不同产品的消耗与自身重量(或体积、产量)比较匹配的情况，其计

算公式为

$$材料费用分配率 = \frac{材料费用总额}{\sum 各种产品的重量(或体积、产量)}$$

各种产品应负担的材料费用=该种产品的重量(或体积、产量)×材料费用分配率

【例题3-1】某企业生产甲、乙、丙三种产品，共同耗用A材料72 000元，甲、乙、丙三种产品的重量分别为120千克、80千克和300千克。

该企业按产品重量分配A材料的计算如下。

A材料费用分配率=72 000÷(120+80+300)=144(元/千克)

甲产品负担材料费用=120×144=17 280(元)

乙产品负担材料费用=80×144=11 520(元)

丙产品负担材料费用=300×144=43 200(元)

2. 预算(或标准)耗用量比例分配法

预算是企业的管理层对在特定时期内需要实施的一项计划的定量表述，是对计划的量化。预算耗用量比例分配法是在材料消耗预算资料比较健全的企业，以各种产品的材料预算消耗量的比例或材料预算费用的比例分配材料费用的一种方法。预算耗用量也可以是企业每年制定标准成本时的标准耗用量，以下相同。其计算公式为

某种产品材料预算消耗量=该种产品实际产量×单位产品材料消耗预算

$$材料消耗量分配率 = \frac{材料实际消耗量}{各种产品材料预算消耗量之和}$$

某种产品应分配的材料数量=该种产品的材料预算消耗量×材料消耗量分配率

某种产品应分配的材料费用=某种产品应分配的材料数量×材料单价

公式中的消耗预算是指单位产品消耗数量的限额，预算消耗量是在生产多件产品时按消耗预算计算的消耗量限额。

【例题3-2】某车间生产甲、乙、丙三种产品，共同领用A材料20 900千克，每千克单价4元，材料费用共计83 600元。甲产品500件，消耗预算2千克；乙产品100件，消耗预算8千克；丙产品50件，消耗预算2千克。材料费用分配如下。

甲产品材料预算消耗量=500×2=1 000(千克)

乙产品材料预算消耗量=100×8=800(千克)

丙产品材料预算消耗量=50×2=100(千克)

材料消耗量分配率=20 900÷(1 000+800+100)=11

甲产品应分配的材料数量=1 000×11=11 000(千克)

乙产品应分配的材料数量=800×11=8 800(千克)

丙产品应分配的材料数量=100×11=1 100(千克)

甲产品应分配的材料费用=11 000×4=44 000(元)

乙产品应分配的材料费用=8 800×4=35 200(元)

丙产品应分配的材料费用=1 100×4=4 400(元) .

先分配材料实际消耗量，再乘以材料单价的计算方法，可以考核材料消耗预算的执行情况，有利于成本控制。从减少计算程序来看，也可以采用按预算消耗量的比例直接分配材料费用的方法。

【例题 3-3】接例题 3-2,按预算耗用量比例分配法计算如下。

材料费用分配率=83 600÷(1 000+800+100)=44(元/千克)

甲产品应分配的材料费用=1 000×44=44 000(元)

乙产品应分配的材料费用=800×44=35 200(元)

丙产品应分配的材料费用=100×44=4 400(元)

在几种产品共同耗用原材料的种类比较多的情况下,为简化分配计算工作,也可以按照各种材料的预算费用的比例分配材料实际费用,计算公式为

某种产品某种材料预算费用=该种产品实际产量×单位产品该种材料费用预算

=该种产品实际产量×单位产品该种材料消耗预算×该种材料计划单价

$$材料费用分配率 = \frac{各种材料实际费用总额}{各种产品各种材料预算费用之和} \times 100\%$$

某种产品应分配的材料费用=该种产品各种材料预算费用之和×材料费用分配率

公式中的费用预算是指单位产品消耗费用的限额,也是消耗预算的货币表现;预算费用则是指生产各种产品时按费用预算计算的消耗费用的限额,也是预算消耗量的货币表现。

【例题 3-4】假定例题 3-2 中甲、乙、丙三种产品共同领用 A、B 两种材料,共计费用 288 400 元。甲、乙、丙三种产品产量不变,A 材料的消耗预算不变。B 材料的消耗预算:甲产品为 15 千克,乙产品为 80 千克,丙产品为 50 千克。A、B 材料的计划单价分别为 38 元和 4 元。材料费用分配如下。

甲产品 A 材料预算费用=500×2×38=38 000(元)

甲产品 B 材料预算费用=500×15×4=30 000(元)

合计=68 000(元)

乙产品 A 材料预算费用=100×8×38=30 400(元)

乙产品 B 材料预算费用=100×80×4=32 000(元)

合计=62 400(元)

丙产品 A 材料预算费用=50×2×38=3 800(元)

丙产品 B 材料预算费用=50×50×4=10 000(元)

合计=13 800(元)

材料费用分配率=288 400÷(68 000+62 400+13 800)=2

甲产品应负担的材料费用=68 000×2=136 000(元)

乙产品应负担的材料费用=62 400×2=124 800(元)

丙产品应负担的材料费用=13 800×2=27 600(元)

3. 标准产量比例分配法

标准产量比例分配法是将各种产品的产量按系数折算成标准产量,再以标准产量的比例分配材料费用。在这里系数是标准产品与各种产品在量上的一种比例关系,如消耗预算、实际产量、面积、体积的比例。标准产品可以选择系列产品中的中间产品,也可以选择正常、大量生产的产品作为标准产品。其计算公式为

$$各种产品折合标准产量 = \sum(某种产品产量 \times 该种产品系数)$$

$$单位标准产品的材料费用 = \frac{材料费用总额}{各种产品的标准产量之和}$$

某种产品应分配的材料费用=该种产品标准产量×单位标准产品的材料费用

【例题 3-5】 假设某制造企业第三车间 202×年 3 月生产甲、乙、丙三种产品,甲产品产量 400 台,乙产品产量 800 台,丙产品产量 200 台。以甲产品为标准,生产一台乙产品相当于 0.85 台甲产品,生产一台丙产品相当于 1.5 台甲产品。第三车间生产甲、乙、丙三种产品共领用 A 材料 82 800 元。

该企业按标准产量比例分配 A 材料的计算如下。

(1) 标准产量的计算。

甲产品折合标准产量=400×1=400(台)

乙产品折合标准产量=800×0.85=680(台)

丙产品折合标准产量=200×1.5=300(台)

(2) 单位标准产品的材料费用计算。

单位标准产品的材料费用=82 800÷(400+680+300)=60(元/台)

(3) 各种产品耗用 A 材料的计算。

甲产品应分配材料费=400×60=24 000(元)

乙产品应分配材料费=680×60=40 800(元)

丙产品应分配材料费=300×60=18 000(元)

对于直接用于产品生产的辅助材料,如果是直接费用,应直接计入各种产品成本"原材料"项目。若辅助材料属于几种产品共同耗用的,就需要采用一定的标准进行分配,可分以下几种情况:①对于直接耗用的辅助材料,如油漆、染料等,可按原材料的耗用数额比例分配;②对于与产品产量有直接联系的辅助材料,可按产品产量比例分配,如包装用纸等;③辅助材料制定消耗预算的,可以用辅助材料的预算消耗量或预算成本比例分配。

注意在分配材料费用时,要将本月生产中的余料和废料回收退库数从领料余额中扣除或者办理假退料手续。

(三)材料费用分配表的编制

制造型企业在生产过程中耗用的各种材料,应根据审核无误的领、退料凭证,按照耗用材料的不同用途进行归类。其中,直接用于产品生产的各种原材料费用,记入"基本生产成本"账户;用于辅助生产的原材料费用,记入"辅助生产成本"账户;用于基本生产车间消耗的原材料费用,记入"制造费用"账户;用于厂部组织和管理生产经营活动等方面的原材料费用,记入"管理费用"账户;用于在建工程消耗的原材料费用,记入"在建工程"账户等。

各种材料费用的分配是通过编制"材料费用分配表"进行的。材料费用分配表是按车间、部门和材料类别,根据归集后的材料领用凭证及退料凭证编制的。它可以按实际成本或计划成本编制,视企业材料耗用日常会计处理采用实际成本还是计划成本而定。在按实际成本编制时,可根据领退料凭证上的实际成本加总计入;按计划成本编制时,表中应分计划成本、差异额(可参见表 3-2)和实际成本三栏列示。

1. 材料按实际成本编制费用分配表

材料费用分配表按实际成本编制的格式和举例,如表 3-1 所示。

【例题 3-6】九岳工厂在 5 月份根据发料领退料凭证编制材料费用分配表(见表 3-1)

表 3-1 原材料费用分配表(1)

九岳工厂			20××年5月				单位:元
应借账户		成本(费用)项目	直接计入	分配计入			合计
				分配标准	分配率	分配金额	
基本生产成本	甲产品	直接材料	56 000	1 000	22	22 000	78 000
	乙产品	直接材料	36 000	2 000	22	44 000	80 000
	小计		92 000		66 000		158 000
辅助生产成本	机修车间	材料费	4 000				4 000
	运输车间						
	小计		4 000				4 000
制造费用	基本车间	机物料	6 000				6 000
	机修车间	机物料	900				900
	运输车间	机物料	1 200				1 200
	小计		8 100				8 100
管理费用	行政部门	其他	500				500
合计			104 600		66 000		170 600

甲、乙产品需要分配计入的材料费用为 66 000 元,按甲、乙产品的产量比例进行分配。甲产品的产量为 1 000 件,乙产品的产量为 2 000 件。

根据材料费用分配表,编制转账凭证,据以登记总账和明细账。作如下会计分录。

借:基本生产成本——甲产品　　　　78 000
　　　　　　　　——乙产品　　　　80 000
　　辅助生产成本——机修车间　　　　4 000
　　制造费用——基本车间　　　　　　6 000
　　　　　　——机修车间　　　　　　900
　　　　　　——运输车间　　　　　1 200
　　管理费用　　　　　　　　　　　　500
　　贷:原材料　　　　　　　　　170 600

2. 材料按计划成本编制费用分配表

材料费用分配表按计划成本编制的格式和举例,如表 3-2 所示。

【例题 3-7】三姗工厂在 6 月份根据发料领退料凭证编制材料分配表(见表 3-2)。

表 3-2　原材料费用分配表(2)

三姗工厂　　　　　　　　　　　　　　　20××年6月　　　　　　　　　　　　　　　单位：元

应借账户		成本(费用)项目	直接计入	分配计入			合计(计划成本)	差异额(差异率1%)	实际成本
				分配标准	分配率	分配金额			
基本生产成本	甲产品	直接材料	10 000	18 000	2	36 000	46 000	460	46 460
	乙产品	直接材料	5 000	15 000	2	30 000	35 000	350	35 350
	小计		15 000	66 000			81 000	810	81 810
辅助生产成本	机修车间	材料费	4 000				4 000	40	4 040
	运输车间	材料费	500				500	5	505
	小计		4 500				4 500	45	4 545
制造费用	基本车间	机物料	2 000				2 000	20	2 020
	机修车间	机物料	5 000				5 000	50	5 050
	运输车间	机物料	4 000				4 000	40	4 040
	小计		11 000				11 000	110	11 110
管理费用	行政部门	其他	3 000				3 000	30	3 030
合计			33 500	66 000			99 500	995	100 495

甲、乙产品需要分配计入的材料费用计划成本为 66 000 元，按甲、乙产品的重量比例进行分配。甲产品的重量为 18 000 千克，乙产品的重量为 15 000 千克。材料成本差异率为1%。

根据原材料费用分配表，编制发出材料计划成本和调整材料成本差异的会计分录如下。

借：基本生产成本——甲产品　　　　　46 000
　　　　　　　　　——乙产品　　　　　35 000
　　辅助生产成本——机修车间　　　　　4 000
　　　　　　　　——运输车间　　　　　500
　　制造费用——基本车间　　　　　　　2 000
　　　　　　——机修车间　　　　　　　5 000
　　　　　　——运输车间　　　　　　　4 000
　　管理费用　　　　　　　　　　　　　3 000
　　贷：原材料　　　　　　　　　　　　　　99 500
借：基本生产成本——甲产品　　　　　460
　　　　　　　　——乙产品　　　　　350
　　辅助生产成本——机修车间　　　　40
　　　　　　　　——运输车间　　　　5
　　制造费用——基本车间　　　　　　20
　　　　　　——机修车间　　　　　　50
　　　　　　——运输车间　　　　　　40
　　管理费用　　　　　　　　　　　　30
　　贷：材料成本差异　　　　　　　　　　995

一般来说，材料品种繁多的企业多采用计划成本进行日常核算，而规模较小、材料品种较少、采购业务不多的企业，则多采用实际成本进行日常核算。企业在选用材料核算方法后，不得随意变更；如需变更，应按变更会计政策的原则进行处理。

第三节 燃料费用的核算

外购燃料是指企业为进行生产经营而耗用的从外单位购进的固体、液体和气体燃料。

燃料也是材料,在实际工作中企业可将燃料并入"原材料"账户核算。但在燃料费用比重较大,与动力费用一起专门设置"燃料与动力"成本项目的情况下,就应增设"燃料"账户,将燃料从"原材料"账户分出单独进行核算。

燃料费用的分配程序和方法与原材料费用的分配程序和方法类似。生产产品直接耗用的燃料费用,如果是直接计入费用,可根据领、退料凭证直接计入某种产品成本的"燃料与动力"项目,计入"基本生产成本"账户;如果是几种产品共同耗用的间接计入费用,应采用适当的分配方法分配计入各有关产品成本的"燃料与动力"项目,计入各有关产品的"基本生产成本"账户;车间管理消耗的燃料费用、辅助生产消耗的燃料费用、厂部进行生产经营管理消耗的燃料费用、进行在建工程消耗的燃料费用等,应分别计入"制造费用""辅助生产成本""管理费用""在建工程"等账户。已领用的燃料费用总额,应计入"燃料"(燃料费用在产品成本中比重较大)或"原材料"(燃料费用在产品成本中比重较小)账户的贷方。

对于几种产品共同消耗的燃料费用,可以采用重量比例分配法、实际产量比例分配法、产品生产工时比例法、预算消耗量比例法等符合企业实际情况的分配方法。

【例题3-8】九岳工厂20××年5月生产甲、乙两种产品共同耗用燃料33 300元。甲产品本月生产250件,燃料消耗预算10千克;乙产品本月生产600件,燃料消耗预算2千克。按燃料预算消耗量比例分配如下:

甲产品燃料预算消耗量=250×10=2 500(千克)

乙产品燃料预算消耗量=600×2=1 200(千克)

燃料费用分配率=33 300÷(2 500+1 200)=9(元/千克)

甲产品应分配燃料费用=2 500×9=22 500(元)

乙产品应分配燃料费用=1 200×9=10 800(元)

根据九岳工厂本月燃料的领、退料凭证和上述燃料费用分配的计算结果,编制的燃料费用分配表,如表3-3所示。

表3-3 燃料费用分配表

九岳工厂　　　　　　　　　　20××年5月　　　　　　　　　　单位:元

应借科目		成本或费用项目	直接计入	分配计入		燃料费用合计
				预算消耗量	分配金额(分配率9)	
基本生产成本	甲产品	燃料与动力		2 500	22 500	22 500
	乙产品	燃料与动力		1 200	10 800	10 800
		小计		3 700	33 300	33 300

续表

应借科目		成本或费用项目	直接计入	分配计入		燃料费用合计
				预算消耗量	分配金额(分配率9)	
辅助生产成本	运输	燃料与动力	12 000			12 000
管理费用		其他	6 600			6 600
合计			18 600	—	33 300	51 900

根据燃料费用分配表,编制会计分录如下。

借:基本生产成本——甲产品　　22 500
　　　　　　　　——乙产品　　10 800
　　辅助生产成本——运输车间　12 000
　　管理费用　　　　　　　　　6 600
　贷:燃料　　　　　　　　　　51 900

第四节　外购动力费用的核算

外购动力费是指从外单位购买电力、蒸汽等动力所支付的费用。

一、外购动力费用支付的核算

由于外购动力费用一般不是在每月月末支付,而是在每月下旬的某日支付,每月支付的动力费用并不是本月应负担的动力费用。因此,应将实际付款先作为暂付款处理,借记"应付账款"科目,贷记"银行存款"科目;在月末按照本月外购动力的金额和用途归集与分配费用时,再借记有关成本、费用科目,贷记"应付账款"科目。

如果每月支付动力费用的日期固定,而且每月付款日到月末的应付动力费用相差不多,就可将本月支付的动力费用作为本月应负担的动力费用处理,在付款时借记有关成本、费用科目,贷记"银行存款"科目。

二、外购动力费用的分配

(一)外购动力费用分配概述

外购动力有的直接用于产品生产,有的用于照明、取暖等,企业应根据不同用途、发生地点等分配计入产品成本或有关费用。

对于基本生产车间直接用于产品生产的外购动力消耗应计入"基本生产成本"有关明细账,在"动力"成本项目或"燃料与动力"成本项目中反映,生产某一产品单独耗用的动力费用应直接计入该产品成本明细账,生产几种产品共同耗用的动力费用应按合理的标准分配计入有关产品成本。对于辅助生产车间耗用的外购动力,应计入"辅助生产成本"有关明细账,为组织和管理各生产单位生产发生的动力消耗,应计入"制造费用"有关明细账。

(二)外购动力费用的分配方法

外购动力费用应根据各车间、部门计量仪表记录的实际耗用量进行计算。生产车间的外购动力费用在各产品之间的分配方法主要有以下几种。

1. 机器工时分配法

它是以机器工时为标准分配动力费用的一种方法,其计算公式为

$$分配率 = \frac{耗用外购动力费用总额}{各种产品耗用机器工时总数} \times 100\%$$

某产品应分配的外购动力费=该种产品耗用机器工时×分配率

一般情况下,机器工作时间与动力消耗密切相关,但是在各种机器的功率相差较大时,分配动力费仅考虑机器工作时间一个因素,分配结果就不够准确。

2. 机器功率时数分配法

它是以机器功率时数为标准分配动力费用的一种方法,其计算公式为

$$分配率 = \frac{耗用外购动力费用总额}{各种产品的机器功率时数之和} \times 100\%$$

某产品应分配的外购动力费=该种产品机器功率时数×分配率

式中,机器功率时数是指机器的标牌功率与机器开动工时的乘积。这种分配方法,不仅考虑机器工时,而且考虑机器功率,所以分配结果较为准确。

3. 预算耗用量分配法

它是以预算耗用量为标准分配动力费用的一种方法,其计算公式为

$$分配率 = \frac{耗用外购动力费用总额}{各种产品的预算耗用量之和} \times 100\%$$

某产品应分配的外购动力费用=该种产品的预算耗用量×分配率

采用预算耗用量作为分配标准进行分配,方法简便,但企业必须具备比较准确的动力消耗预算,否则影响分配结果的准确性。

外购动力费用的分配,应通过编制"外购动力费用分配表"进行。

【例题3-9】九岳工厂20××年5月生产甲、乙两种产品共同耗用电力费用10 000元。甲产品本月生产500件,消耗机器工时1 500工时;乙产品本月生产300件,消耗机器工时1 000工时。按消耗机器工时比例分配如下。

电力费用分配率=10 000÷(1 500+1 000)=4(元/机器工时)
甲产品应分配电力费用=1 500×4=6 000(元)
乙产品应分配电力费用=1 000×4=4 000(元)

九岳工厂在5月份根据有关凭证编制动力分配表,如表3-4所示。

外购动力费用分配的账务处理应根据外购动力费用分配表进行。现根据表3-4编制有关会计分录如下。

借:基本生产成本——甲产品　　　6 000
　　　　　　　　——乙产品　　　4 000

辅助生产成本——机修车间　　　　800
制造费用——基本车间　　　　　　500
　　　　——机修车间　　　　　　400
　　　　——运输车间　　　　　　900
管理费用　　　　　　　　　　　　500
　贷：应付账款　　　　　　　　13 100

表 3-4　外购动力费用分配表

九岳工厂　　　　　　　　　　20××年 5 月　　　　　　　　　　单位：元

应借账户		分配标准/(机器工时)	分配率	分配额	直接计入	合计
生产成本	基本生产成本	甲产品	1 500	4	6 000		6 000
		乙产品	1 000	4	4 000		4 000
		小计	2 500		10 000		10 000
	辅助生产成本	机修				800	800
		运输					
		小计				800	800
制造费用	基本车间					500	500
	机修车间					400	400
	运输车间					900	900
	小计					1 800	1 800
管理费用						500	500
合计					10 000	3 100	13 100

根据会计核算重要性原则，如果管理层认为没有必要单独设置"燃料及动力"成本项目，应将用于产品生产的动力费用计入"制造费用"成本项目，作为制造费用进行核算，期末再按一定标准分配计入"基本生产成本"账户。

第五节　职工薪酬的核算

一、职工的分类

　　人工费用核算是对企业在生产经营过程中发生的直接人工费用进行归集和分配。在制造型企业中，人工是产品成本及期间费用的重要组成部分，应按其发生地点进行计算，定期汇总，并分别按其用途分配计入产品成本和期间费用。对产品成本及期间费用中人工费用的核算与分析，直接影响损益的计算及劳动者生产经营积极性的调动。

　　为了加强劳动管理，合理组织和配备劳动力，正确组织工资核算，有必要对企业的职工进行科学的分类。企业的职工可以根据不同的要求，按照不同的标准进行分类。

(一)按工作岗位划分

(1) 工人：是指企业中直接从事物质生产，包括从事工业生产和非工业生产(如厂外运输、房屋建筑物大修理)的全部工人。

(2) 学徒：是指在熟练工人的指导下，在生产劳动中学习生产技术，并享受学徒待遇的人员。

(3) 工程技术人员：是指具有工程技术能力并从事工程技术工作的人员。

(4) 管理人员：是指在企业的各级职能机构及各车间从事行政、生产、经营管理和政治思想工作的人员。

(5) 服务人员：是指间接服务于生产和服务于职工生活的人员，如勤杂人员、警卫人员、消防人员、文教卫生人员、生活福利人员等。

(6) 其他人员：是指由企业支付工资，但与企业生产基本无关的各种人员，如出国援外人员、脱产6个月以上的长期学习人员、病伤休养6个月以上的人员、编外人员等。

企业职工的上述分类，便于归集人工费用，为产品成本计算提供必要条件。

(二)按其与生产的关系划分

(1) 工业生产人员：是指直接参加工业生产，领导工业生产和服务生产的工人、工程技术人员、管理人员、勤杂人员、警卫消防人员，以及房屋建筑物的大修理人员等。

(2) 非工业生产人员：是指与工业生产没有直接关系的文教卫生人员、生活福利人员等。

(3) 其他人员：是指以上两类以外的其他人员，如6个月以上的脱产学习人员、援外人员、病伤休养时间在6个月以上的人员、编外人员等。

职工的这种分类，有利于人工费用的分配，正确地计算产品的成本。

(三)按任用期限的长短划分

(1) 固定职工：是指经过上级有关部门正式分配或批准录用，如无重大过失，可以在企业中一直工作到退休为止，无规定任用期限的职工。

(2) 合同制工人：是指在国家劳动计划内，通过签订劳动合同，考核录用，可以按合同期限在企业中工作到合同期满，合同期满后允许用人单位辞退或劳动者本人辞职的职工。

(3) 临时职工：是指适应企业生产和工艺特点的需要而聘用的从事季节性或临时性工作，不需要时可以辞退的职工。

这种分类可以反映企业中固定职工、合同制职工和临时职工的构成，便于工资总额的控制。

二、职工薪酬的内容

职工薪酬是指企业为获得职工提供的服务，根据有关规定应付给职工的各种报酬以及其他相关支出，包括职工工资、奖金、津贴和补贴，职工福利费，医疗保险、养老保险、失业保险、工伤保险、生育保险等社会保险费，住房公积金，工会经费，职工教育经费，非货币性福利等因职工提供服务而应尽的义务。从广义上讲，职工薪酬是企业必须付出的人力成本，是吸引和激励职工的重要手段也就是说，职工薪酬既是职工对企业投入劳动获得的报酬,也是企业的成本费用。具体而言,职工薪酬主要包括以下几个方面的内容。

(一)职工工资、奖金、津贴和补贴

职工工资、奖金、津贴和补贴是指依据国家统计局《关于职工工资总额组成的规定》,构成工资总额的计时工资、计件工资、支付给职工的超额劳动报酬和增收节支的劳动报酬、为了补偿职工特殊或额外的劳动消耗和因其他特殊原则支付给职工的津贴,以及为了保证职工工资水平不受物价影响支付给职工的物价补贴等。企业按规定支付给职工的加班加点工资以及根据国家法律、法规和政策规定,企业在职工因病、工伤、产假、计划生育假、婚丧假、事假、探亲假、定期休假、停工学习、执行国家或社会义务等特殊情况下,按照计时工资或计件工资标准的一定比例支付的工资,也属于职工工资范畴,在职工休假或缺勤时,不应当从工资总额中扣除。

在一定时期内以货币形式和实物形式支付给职工的劳动报酬总额,称为工资总额。企业工资总额的具体内容,因其所执行的工资制度不同而不同。我国现行的工资制度是计时工资为主,计件工资为辅,计时加奖励的工资制度。

按现行制度的规定,制造型企业的工资总额由以下几个方面的内容构成。

(1) 基本工资:基本工资是工资总额的主要组成部分,是职工的基本收入。它一般按照职工工作能力、劳动熟练程度、劳动复杂和轻重程度,以及所负责任的大小等规定工资级别或标准支付。基本工资包括计时工资和计件工资。计时工资是指按计时工资等级标准和出勤时间计算和支付的工资;计件工资是指按完成数量和计件单价计算和支付的工资。

(2) 加班加点工资:如节假日加班加点工资。

(3) 经常性奖金:是指为了鼓励职工的生产积极性,更好地完成生产任务而给予的一种工资性质的奖金。

(4) 工资性津贴和补贴:是指按国家规定,为了补偿职工额外或特殊劳动消耗,以及为了保障职工生活水平不受特殊条件的影响而发给职工的各种津贴或补贴。如夜班津贴、井下作业津贴、野外作业津贴、高空作业津贴、职务津贴、粮价津贴、副食品价格补贴等。

(5) 非工作时间的工资:是指根据国家规定,支付给职工的非工作时间的工资。如产假、病假、伤假、丧假、婚假、探亲假等假期的工资,以及因公不参加工作的时间的工资。

上述凡属构成工资总额的工资都应计入工资总额,不得漏计或任意加计。正确计算工资总额是为了控制工资支出。

(二)职工福利费

职工福利费是指企业为职工集体提供的福利,如补助生活困难职工等。

(三)医疗保险费、养老保险费、失业保险费、工伤保险费和生育保险费等社会保险费

医疗保险费、养老保险费、失业保险费、工伤保险费和生育保险费等社会保险费是指企业按照国家规定的基准和比例计算,向社会保险经办机构缴纳的医疗保险金、基本养老保险金、失业保险金、工伤保险费和生育保险费,以及根据《企业年金试行办法》《企业年金基金管理试行办法》等相关规定,向有关单位(企业年金基金账户管理人)缴纳的补充养

老保险费。此外,以商业保险形式提供给职工的各种保险待遇也属于企业提供的职工薪酬。

(四)住房公积金

住房公积金是指企业按照国家《住房公积金管理条例》规定的基准和比例计算,向住房公积金管理机构缴存的公积金。

(五)工会经费和职工教育经费

工会经费和职工教育经费是指企业为了改善职工文化生活、提高职工业务素质,用于开展工会活动和职工教育及职业技能培训,根据国家规定的基准和比例,从成本费用中提取的金额。

(六)非货币性福利

非货币性福利包括企业以自己的产品或其他有形资产发放给职工作为福利,企业向职工提供无偿使用自己拥有的资产(如提供给企业高级管理人员的汽车、住房等),企业为职工无偿提供商品或类似医疗保健的服务等。

(七)因解除与职工的劳动关系给予的补偿

比如,因解除与职工的劳动关系给予的补偿(又称辞退福利),即由于实施主辅分离、辅业改制分流安置富余人员,实施重组、改组计划,职工不能胜任等原因,企业在职工劳动合同到期之前解除与职工的劳动关系,或者为鼓励职工自愿接受裁减而提出补偿建议的计划中给予职工的经济补偿。对于这些其他职工薪酬的内容,本书暂不涉及。

(八)其他与获得职工提供的服务相关的支出

应付职工薪酬是企业根据有关规定应付给职工的各种薪酬,按照"工资,奖金,津贴,补贴""职工福利""社会保险费""住房公积金""工会经费""职工教育经费""解除职工劳动关系补偿""非货币性福利""其他与获得职工提供的服务相关的支出"等应付职工薪酬项目进行明细核算。

特别说明,本书二级科目"其他职工薪酬"是指在工资基础上计提的职工福利费,医疗保险费、养老保险费、失业保险费、工伤保险费和生育保险费等社会保险费,住房公积金,工会经费和职工教育经费等。

三、职工薪酬费用核算的基础工作

要做好人工费用的归集和分配,必须做好产量记录和工时记录等基础工作。这就要求企业根据生产工艺特点及企业管理的要求,合理设计有关产量凭证和工时记录的格式并规定其传递程序,使之能充分反映产量和质量的情况及完成程度。制造型企业中与工资核算有关的原始凭证,主要有考勤记录、产量和工时记录以及其他凭证。

(一)考勤记录

考勤记录是反映职工出勤和缺勤的记录,可作为计算职工工资的原始凭证之一,对正确计算职工工资有着重要的意义。

考勤记录可采用考勤簿、考勤卡片的形式。考勤簿一般按车间、部门或小组设置，每月一张，由考勤人员按上月考勤簿上所列人员及本月有关人员变动情况设立。考勤卡片于每年年初或职工调入时按人设置，一个会计年度一张。年度内发生人员调动时，卡片应作相应的变动。年度内人员调出时，应根据有关资料注销有关卡片。

考核职工出勤、缺勤的方法可采用考勤号牌、考勤钟或登记卡片等形式以示职工出勤、缺勤及迟到、早退等情况。对于加班加点、夜班工作以及公、伤、病、产、探亲假等情况，考勤人员必须根据有关部门开出或签发的证明进行记录。每月终了，考勤人员应在考勤记录上加计每人全月出勤、缺勤情况，并经有关人员签章后，送交会计部门或车间核算员，作为计算职工工资的依据。

(二)产量及工时记录

产量记录是记载工人或小组在实际工作时间内产品产量完成情况及单位产品实用工时情况的原始记录。它是考核劳动生产率的依据，也是计算计件工资及计算产品成本的依据。不同生产性质的单位，其产量记录的种类、格式及传递程序不完全相同。机械制造业的产量及工时记录一般包括：工作通知单、工序进程单和工作班产量报告表等。

(1) 工作通知单，又称派工单或工票。它是根据企业内各生产单位的生产作业计划，以每个工人或生产小组从事的工作为对象，在工作开始前开设的，用于通知工人年内生产任务的产量原始记录。生产任务完成后，由工人或小组长登记完工产品数量及实用工时，经验收后由检验员在通知单上签字，据以计算个人或小组的计件工资。工作通知单一般适用于加工产品经常变动的生产车间以及偶然发生的某些加工任务。而在成批生产的产量核算中一般采用工序进程单和工作班产量报告表的形式。

(2) 工序进程单，即加工路线单或跟单。它是以加工产品为对象开设，并在加工过程中伴随着零件的加工进程，在单内顺序登记每道工序的实际产量和实用工时以及工序之间零件交换数量的产量原始记录。它具有利于监督工艺纪律的遵守情况，并有利于控制各工序加工产品的数量，以及防止零件丢失等优点。但该原始记录不能全面反映班组的产量，为此，还需按照班组设置和填制工作班产量报告表。

(3) 工作班产量报告表，简称工作班报。它是按班组设置并反映班组在工作期内所完工的产品数量及工时的记录，是计算小组工人工资的依据。工作班产量报告表，由检验员根据工人送检的产品数量进行验收后登记。

会计部门应对车间送交的有关产量凭证认真审核，查明这些凭证的填发是否取得负责人的签证；送交产品是否经过质检人员检验和签证；填写的合格品和废品数量及计件单价是否准确等。审核无误后的产量凭证，即可作为计算计件工资和产品成本的依据。

四、职工薪酬费用的计算

工资费用的计算是企业归集和分配直接人工费用的基础，是进行工资结算和分配的前提。工资费用的计算主要包括计时工资的计算、计件工资的计算及其他职工薪酬的计算等。

(一)计时工资的计算

计时工资是根据考勤记录登记的实际出勤日数和职工的工资标准计算的。目前大多数企业计时工资的计算都采用月薪制。

在月薪制下,虽然每位职工各自的月工资标准相同,但由于每位职工的月出勤和缺勤情况不同,每月的应得计时工资也就不尽相同。在职工有缺勤的情况下,计算有缺勤情况的职工应得计时工资有两种基本方法:其一,按月标准工资扣除缺勤天数应扣工资额计算;其二,直接根据职工的出勤天数计算。具体计算公式如下。

月标准工资扣除缺勤工资方法下的计时工资的计算公式为

应得计时工资=月标准工资-(事假、旷工天数+病假天数×病假扣款率)×日标准工资

=月标准工资-缺勤时数×小时工资率

按出勤天数直接计算方法下的计时工资的计算公式为

应得计时工资=[月出勤天数+病假天数×(1-病假扣款率)]×日标准工资

从上述公式可见,不论采用哪种基本方法,都应首先计算出职工的日标准工资,日标准工资也称为日工资率,它是根据职工月标准工资和各月的天数相除求得的。由于各月份的日历天数不同,因而如按每月实际日历天数计算日标准工资,则同一职工各月份的日标准工资就不尽相同,从而使工资计算工作复杂化。为了简化工资计算,日标准工资可按以下两种方法计算。其一,每年总天数按国家统计口径 360 天计算,每月平均 30 天。

$$日标准工资 = \frac{月标准工资}{30}$$

其二,按每年日历天数 365 减去 11 个法定节日和 104 个星期休假日之后,再除以 12 个月,每月平均工作日为 20.83 天。

$$日标准工资 = \frac{月标准工资}{20.83}$$

在按 30 天计算日标准工资的情况下,由于日标准工资的计算没有扣除星期休假和法定节假日,所以星期休假和法定节假日与出勤日一样,也要计算工资,但如果在连续缺勤的期间内含有星期休假和法定节假日,则星期休假或法定节假日应按缺勤计算,扣发工资。在按 20.83 天计算日标准工资的情况下,由于日标准工资的计算扣除了星期休假和法定节假日,所以星期休假和法定节假日不计算工资,也不存在扣发工资的情况。此外,按国家规定支付的特殊情况下工资,也与计时工资合并计算,即可将应付工资的非工作时间作为出勤计算。

【例题 3-10】某工人月标准工资为 9 600 元,在本月实际出勤 18 天,病假 2 天,事假 1 天,正常休假 9 天,病假工资率为 90%,病事假期间无节假日。按照不同的计算方法计算计时工资如下。

(1) 按 30 天算工资率,出勤天数算工资。

日标准工资=9 600÷30=320(元/天)

计时工资=(18+9)×320+2×320×90%=9 216(元)

(2) 按 30 天算工资率,缺勤天数扣工资。

计时工资=9 600-1×320-2×320×10%=9 216(元)

(3) 按 20.83 天算工资率，出勤天数算工资。

日标准工资=9 600÷20.83≈460.87(元/天)

计时工资=18×460.87+2×460.87×90%=9 125.226(元)

(4) 按 20.83 天算工资率，缺勤天数扣工资。

计时工资=9 600-1×460.87-2×460.87×10% = 9 046.956(元)

在例题 3-10 中，若该月不是 30 天，则前两种方法的计算结果不相等。企业可以根据实际情况任选一种计算方法，一旦确定计算方法，不得随意变更。

(二)计件工资的计算

计件工资是根据产量凭证登记的每人(或班组)完成的合格品产量乘以规定的计件单价计算的。其计算公式为

$$应付工人计件工资=\sum(合格品数量+料废数量)\times 该种产品的计价单价$$

式中，料废数量是指因材料质量不合格造成的废品数量。因其责任不属于生产工人，故应照付工资。与之对应的是工废数量，它是指由于工人主观原因造成的废品数量。工废数量不应支付工资，而应在查明原因后再进行处理。计件单价是指完成单件产品应得到的工资额，其计算公式为

$$计件单价=该产品的工时预算\times 该等级工人小时工资率$$

【例题 3-11】某企业生产甲产品，产品工时预算为 3 小时，加工该产品工人的小时工资率为 12 元。工人章柯在本月加工出该产品 160 件，其中经验收合格品为 155 件，工废废品 3 件，料废废品 2 件；章柯还加工出 B 零件 50 个，经验收全部合格，计件单价为 8 元。其计件工资的计算如下。

甲产品计件单价=3×12=36(元/件)

计件工资=(155+2)×36+50×8=6 052(元)

为简化计算工作，例题 3-11 也可采用另一方法计算。其做法是：将工人月内完成的各种产品折合为预算工时数，然后乘以小时工资率。计算结果应与上述计算结果相同。

如果实行小组集体计件工资制，应将小组集体计件总工资额按照每人贡献大小在小组成员间进行分配。其通常做法是按照每人的工资标准和实际工作时间的综合比例进行分配。其计算公式为

$$某人应得计件工资=\frac{集体计件工资总额\times 某人按实际工作小时数和小时工资率计算的工资}{每人按实际工作时数和小时工资率计算的工资总和}$$

【例题 3-12】本月第一班组的四名工人共同加工甲产品 300 件，产品全部合格，计件单价为 36 元。四人实际工作时数、小时工资率和计件工资分配计算如表 3-5 所示。

表 3-5 计件工资分配计算表

姓名	工资等级	小时工资率	实际工作时数/小时	按实际工作时数和小时工资率计算工资/元	分配率	计件工资/元
贾	4	1.5	200	300		4 710
史	3	1.1	160	176		2 763.2

续表

姓名	工资等级	小时工资率	实际工作时数/小时	按实际工作时数和小时工资率计算工资/元	分配率	计件工资/元
王	3	1.1	120	132		2 072.4
薛	2	0.8	100	80		1 254.4
				688	15.70	10 800

计件工资总额=300×36=10 800 (元)

分配率=10 800÷688≈15.70

(三)加班加点工资的计算

加班加点工资按加班天数或加班小时数及相应工资率计算。其计算公式为

加班加点工资=加班天数(时数)×日工资率(小时工资率)

按国家规定，平时加班加点按不低于工资的 150%计发，双休日加班按不低于工资的 200%计发，法定节假日加班按不低于工资的 300%计发。

(四)其他工资的计算

奖金、津贴、补贴及特殊情况下工资的计算，应严格遵守国家的有关规定。

(五)计提其他职工薪酬的计算

从企业角度来说，职工薪酬费用还应包括在工资的基础上计提的职工福利费，医疗保险费、养老保险费、失业保险费、工伤保险费和生育保险费等社会保险费，公积金，工会经费和职工教育经费。

企业除了根据按劳分配的原则支付给每一职工工资外，还应承担职工个人福利方面的义务，如企业应支付职工的医疗费，企业医护人员工资、医务经费，职工因公负伤赴外地就医的路费，职工生活困难补助费，职工浴室、理发室、幼儿园、托儿所人员的工资，以及按照国家规定开支的其他职工福利支出等。企业上述职工福利方面的支出从产品成本中提取的职工福利费开支，根据目前国家财务制度的规定，企业可自行安排计提比例，但《企业所得税法》规定，只有不超过工资总额 14%计提的福利费部分可以税前扣除。其计算公式为

企业某月应计提的职工福利费=该月的工资总额×计提比例

医疗保险费、养老保险费、失业保险费、工伤保险费和生育保险费等社会保险费；公积金，以及工会经费和职工教育经费的计提比例由各个地方财政决定。

有必要指出：①企业提取的职工福利费是企业的一项流动负债，只能用于职工福利方面的开支；②计提其他职工薪酬的工资总额与国家统计局规定的工资总额组成内容口径一致，不必作任何扣除；③由于其他职工薪酬是按工资总额的一定比例提取的，所以计提的其他职工薪酬的分配对象与工资费用分配对象一致。

五、职工薪酬的汇总和结算

工资费用的汇总和结算都是以工资计算为基础的，因此，企业工资费用的汇总可以用

工资结算凭证代替。工资结算凭证可分为工资结算单和工资结算汇总表。

(一)工资结算单

工资结算单(又称工资单)是按月份分车间(或部门)编制的工资结算凭证。工资结算单中应按职工类别和每一职工来反映企业应付的工资额。在实际工作中,工资结算单还包括企业发给职工的,但不属于工资总额组成内容的其他结算款项,如交通补贴费、洗理费等以及企业应从职工工资中扣下的企业已代垫或将代付的各种应扣款项。工资结算单的具体格式如表3-6所示。

表3-6 工资结算单

车间或部门:销售部门　　　　　20××11月30日　　　　　　　　　　单位:元

姓名	计时工资					计件工资	工资性津贴和补贴		奖金	应发工资	非工资性津贴		代扣款项		实发工资
	标准工资	病假		事假		应发计时工资	岗位津贴	补贴			车贴	房贴	住房公积金	养老保险金	
		天数	应扣金额	天数	应扣金额										
王浩	6 000	2	40			5 960	1 000	200	500	7 660	440	600	530	200	7 970
李腾	9 000	1	30	2	600	8 370	2 000	300	700	11 370	440	800	800	350	11 460

通过上述计算,应付职工薪酬可用下列公式表示:

应付职工薪酬=计时工资+计件工资+奖金+工资性津贴和补贴

计算出的应付职工薪酬额,往往不等于实发工资额,因为企业会计部门往往还有一些代发款项,如非工资性津贴中的车贴、房贴;代垫代扣款项,如代扣应由个人承担的养老保险等社保费用等。会计部门应根据每人的应付工资额和有关代发代扣款项,计算每人的实发工资金额。其计算公式为

实发工资=应付工资+代发款项-代垫代扣款项

(二)工资结算汇总表

工资结算汇总表是为了反映企业全部工资的结算情况,总括反映企业和各车间、部门工资支出总额,并据以进行工资的总分类核算。通常,根据工资单编制工资结算汇总表。由于工资结算汇总表按企业人员类别和各车间、部门以及工资的不同用途汇总了全厂的工资费用,所以它也是进行工资费用分配的基础。

【例题3-13】九岳工厂的工资结算汇总表如表3-7所示。

表中代扣的养老保险、医疗保险、失业保险和住房公积金款项,是根据国家社会和劳动保障部门的有关规定,按规定的计提比例计算职工个人缴纳的社会保险部分,由所在单位从其本人工资中代扣代缴。按现行规定,养老保险缴纳比例为职工本人上一年月平均工资的8%,医疗保险为职工本人上一年月平均工资的2%,失业保险为职工本人上一年月平均工资的1%,住房公积金为职工本人上一年月平均工资的10%(比例根据当地财政规定)。

根据表3-7中的数据,可编制工资结算的会计分录如下。

表3-7　工资结算汇总表

九岳工厂　　　　　　　　　　　　　　20××年11月　　　　　　　　　　　　　　单位：元

车间或部门	职工类别	应付工资						代发款项	代扣款项					实发工资
		月标准工资	奖金	津贴或补贴		扣缺勤工资		应付工资合计	交通补贴	养老保险	医疗保险	失业保险	住房公积金	合计	
				补贴	津贴	病假	事假								
第一车间	生产工人	740 000	100 000	20 000	30 000	15 000	5 000	870 000	30 000	69 600	17 400	8 700	87 000	182 700	717 300
第一车间	管理人员	60 000	20 000	15 000	5 000	0.00	0.00	100 000	10 000	8 000	2 000	1 000	10 000	21 000	89 000
	小计	800 000	120 000	35 000	35 000	15 000	5 000	970 000	40 000	77 600	19 400	9 700	97 000	203 700	806 300
辅助生产——修理车间	生产工人	120 000	30 000	9 000	4 000	3 000	0.00	160 000	20 000	12 800	3 200	1 600	16 000	33 600	146 400
辅助生产——供电车间	生产工人	110 000	25 000	7 000	3 000	2 000	3 000	140 000	15 000	11 200	2 800	1 400	14 000	29 400	125 600
	小计	230 000	55 000	16 000	7 000	5 000	3 000	300 000	35 000	24 000	6 000	3 000	30 000	63 000	272 000
行政部门	管理人员	80 000	30 000	0.00	0.00	6 000	4 000	100 000	15 000	8 000	2 000	1 000	10 000	21 000	94 000
专设销售机构	销售人员	60 000	50 000	9 000	6 000	2 800	2 200	120 000	20 000	9 600	2 400	1 200	12 000	25 200	114 800
	小计	140 000	80 000	9 000	6 000	8 800	6 200	220 000	35 000	17 600	4 400	2 200	22 000	46 200	208 800
合计		1 170 000	255 000	60 000	48 000	28 800	14 200	1 490 000	110 000	119 200	29 800	14 900	149 000	312 900	1 287 100

(1) 发放工资。

借：应付职工薪酬——工资薪金　　　　1 177 100
　　应付职工薪酬——福利费　　　　　 110 000
　　贷：银行存款　　　　　　　　　　　　　　1 287 100

(2) 代扣款转账。

借：应付职工薪酬——工资薪金　　　　312 900
　　贷：其他应付款——养老保险　　　　　　 119 200
　　　　　　　　——医疗保险　　　　　　　 29 800
　　　　　　　　——失业保险　　　　　　　 14 900
　　　　　　　　——住房公积金　　　　　　149 000

(3) 开出转账支票，支付代扣款项时。

借：其他应付款——养老保险　　　　　119 200
　　　　　　——医疗保险　　　　　　 29 800
　　　　　　——失业保险　　　　　　 14 900
　　　　　　——住房公积金　　　　　149 000
　　贷：银行存款　　　　　　　　　　　　　　312 900

如果公司的交通补贴是在每月固定时间与工资一起发放的，并且公司制定了发放制度留存备案,那么这一前提下应当计入"应付职工薪酬——工资薪金"科目核算,且允许税前扣除。如果公司的交通补贴是单独发放的,这种情况下应当计入"应付职工薪酬——福利费"科目,以工资薪金总额的14%为限额进行税前扣除。

六、职工薪酬费用分配的核算

(一)工资费用的分配

每月月末,企业应在汇总各部门工资的基础上,按受益对象将其分配计入成本费用。

工资费用分配对象的确定同材料费用,应本着谁受益谁负担的原则进行分配,以保证产品成本计算的正确性。一般来说,基本车间生产工人的工资应由基本生产成本负担;基本车间管理人员的工资应由制造费用负担;辅助生产车间人员的工资应由辅助生产成本负担;企业行政管理人员的工资应由管理费用负担;企业销售人员的工资应由销售费用负担;企业在建工程人员、技术研发人员的职工薪酬,计入在建工程或研发支出成本。

若生产车间同时生产几种产品,则生产工人的工资费用属于间接计入费用,应采用一定的方法分配计入各产品成本。可以按直接计入的工资比例或生产工时比例,分配计入各有关产品成本。如果取得各种产品的实际生产工时数据比较困难,而各种产品的单件工时预算比较准确,也可以按产品的预算工时(产品数量与工时预算的乘积)比例分配工资费用。计件工资属于直接计入费用,可按规定的计价单价和合格品数量计算直接计入每种产品的成本。

【例题3-14】九岳工厂2021年5月所产甲、乙两种产品的生产工人工资中,应直接计入的工资费用分别为3 400元4 800元;需要间接计入的工资费用共为12 300元,规定按产品的生产工时比例进行分配。甲、乙两种产品的生产工时分别为20 500小时和10 250小时。分配计算如下:

间接计入工资费用分配率=12 300÷(20 500+10 250)=0.4(元/小时)
甲产品间接计入工资费用=20 500×0.4=8 200(元)
乙产品间接计入工资费用=10 250×0.4=4 100(元)

工资费用的分配,应通过工资费用分配表进行。该表应根据工资结算单等有关资料编制。现列示九岳工厂的工资费用分配表,如表3-8所示。

表3-8 工资费用分配表

九岳工厂　　　　　　　　　　2021年5月　　　　　　　　　　单位:元

应借科目		成本或费用项目	直接计入	分配计入		工资费用合计
				生产工时/小时	分配金额(分配率0.4)	
基本生产成本	甲产品	直接人工	3 400	20 500	8 200	11 600
	乙产品	直接人工	4 800	10 250	4 100	8 900
	小计		8 200	30 750	12 300	20 500
制造费用		基本生产车间	工资	3 600		3 600

续表

应借科目		成本或费用项目	直接计入	分配计入		工资费用合计
				生产工时/小时	分配金额（分配率0.4）	
辅助生产成本	机修车间	直接人工	3 800			3 800
	运输车间	直接人工	1 200			1 200
		小计	5 000			5 000
管理费用		工资	4 800			4 800
销售费用		工资	1 600			1 600
在建工程		工资	1 200			1 200
	合计		24 400		12 300	36 700

根据上列工资费用分配表，应编制下列会计分录。

借：基本生产成本——甲产品　　11 600
　　　　　　　　　——乙产品　　8 900
　　制造费用　　　　　　　　　3 600
　　辅助生产成本——机修　　　3 800
　　　　　　　　——运输　　　1 200
　　管理费用　　　　　　　　　4 800
　　销售费用　　　　　　　　　1 600
　　在建工程　　　　　　　　　1 200
　　贷：应付职工薪酬——工资　　36 700

(二)职工薪酬分配汇总表

从企业角度来说，职工薪酬费用还应包括：在工资的基础上计提的职工福利费；医疗保险费、养老保险费、失业保险费、工伤保险费和生育保险费等社会保险费；住房公积金；工会经费和职工教育经费。

"其他职工薪酬"是指在工资基础上计提的职工福利费；医疗保险费、养老保险费、失业保险费、工伤保险费和生育保险费等社会保险费；住房公积金；工会经费和职工教育经费。

对于国务院有关部门、省、自治区、直辖市人民政府或经批准的企业年金计划规定了计提基础和计提比例的职工薪酬项目，企业应当按照规定的计提标准，计量企业承担的职工薪酬义务和计入成本费用的职工薪酬。其中：①"五险一金"，对于医疗保险费、养老保险费、失业保险费、工伤保险费、生育保险费和住房公积金，企业应当按照国务院、所在地政府或企业年金计划规定的标准计算确定应付职工薪酬义务金额和应相应计入成本费用的薪酬金额；②工会经费和职工教育经费，企业应当按照国家相关规定，分别按照职工工资总额的2%和1.5%计算确定应付职工薪酬(工会经费、职工教育经费)义务金额和应相应计入成本费用的薪酬金额。

在工资费用分配表的基础上，考虑计提的其他职工薪酬，然后汇编职工薪酬分配汇总表，具体见例题3-15和表3-9。

【例题 3-15】 2021 年 6 月，安邦公司当月应发工资 2 000 万元，其中：生产部门生产甲、乙产品直接生产人员工资分别为 600 万元和 400 万元；生产部门管理人员工资 200 万元；公司管理部门人员工资 360 万元；公司专设产品销售机构人员工资 120 万元；建造厂房人员工资 200 万元；内部开发存货管理系统人员工资 120 万元。

根据所在地政府规定，公司分别按照职工工资总额的 10%、12%、2% 和 10.5% 计提医疗保险费、养老保险费、失业保险费和住房公积金，缴纳给当地社会保险经办机构和住房公积金管理机构。公司内设医务室，根据 2020 年实际发生的职工福利费情况，公司预计 2021 年应承担的职工福利费义务金额为职工工资总额的 2%，职工福利的受益对象为上述所有人员。公司分别按照职工工资总额的 2% 和 1.5% 计提工会经费和职工教育经费。假定公司存货管理系统已处于开发阶段，并符合《企业会计准则第 6 号——无形资产》资本化为无形资产的条件。

应计入甲产品生产成本的职工薪酬=600+600×(10%+12%+2%+10.5%+2%+2%+1.5%)
= 840(万元)

应计入乙产品生产成本的职工薪酬=400+400×(10%+12%+2%+10.5%+2%+2%+1.5%)
= 560(万元)

应计入制造费用的职工薪酬=200+200×(10%+12%+2%+10.5%+2%+2%+1.5%)=280(万元)

应计入管理费用的职工薪酬=360+360×(10%+12%+2%+10.5%+2%+2%+1.5%)=504(万元)

应计入销售费用的职工薪酬=120+120×(10%+12%+2%+10.5%+2%+2%+1.5%)=168(万元)

应计入在建工程成本的职工薪酬=200+200×(10%+12%+2%+10.5%+2%+2%+1.5%)
= 280(万元)

应计入研发支出成本的职工薪酬=120+120×(10%+12%+2%+10.5%+2%+2%+1.5%)
= 168(万元)

表 3-9　职工薪酬分配表

安邦公司　　　　　　　　　　　　　2020 年 6 月　　　　　　　　　　　　单位：万元

应借科目		成本或费用项目	工资合计	计提其他职工薪酬(40%)							工资费用合计
				医疗保险费 10%	养老保险费 12%	失业保险费 2%	住房公积金 10.5%	职工福利 2%	工会经费 2%	职工教育经费 1.5%	
基本生产成本	甲产品	直接人工	600	60	72	12	63	12	12	9	840
	乙产品	直接人工	400	40	48	8	42	8	8	6	560
	小计		1 000	100	120	20	105	20	20	15	1 400
制造费用	基本生产车间	工资	200	20	24	4	21	4	4	3	280
管理费用		工资	360	36	43.2	7.2	37.8	7.2	7.2	5.4	504
销售费用		工资	120	12	14.4	2.4	12.6	2.4	2.4	1.8	168
在建工程		工资	200	20	24	4	21	4	4	3	280
研发支出		工资	120	12	14.4	2.4	12.6	2.4	2.4	1.8	168
合计			2 000	200	240	40	210	40	40	30	2 800

公司在分配工资、职工福利费、各种社会保险费、住房公积金、工会经费和职工教育经费等职工薪酬时，应作如下账务处理。

借：基本生产成本——甲　　　　　　　　　　　　6 000 000
　　　　　　　　——乙　　　　　　　　　　　　4 000 000
　　制造费用　　　　　　　　　　　　　　　　　2 000 000
　　管理费用　　　　　　　　　　　　　　　　　3 600 000
　　销售费用　　　　　　　　　　　　　　　　　1 200 000
　　在建工程　　　　　　　　　　　　　　　　　2 000 000
　　研发支出——资本化支出　　　　　　　　　　1 200 000
　　贷：应付职工薪酬——工资　　　　　　　　　　　　20 000 000
借：基本生产成本——甲　　　　　　　　　　　　2 400 000
　　　　　　　　——乙　　　　　　　　　　　　1 600 000
　　制造费用　　　　　　　　　　　　　　　　　　 800 000
　　管理费用　　　　　　　　　　　　　　　　　1 440 000
　　销售费用　　　　　　　　　　　　　　　　　　 480 000
　　在建工程　　　　　　　　　　　　　　　　　　 800 000
　　研发支出——资本化支出　　　　　　　　　　　 480 000
　　贷：应付职工薪酬——其他职工薪酬　　　　　　　 8 000 000

为简化起见，本教材将"应付职工薪酬——职工福利(社会保险费、住房公积金、工会经费、职工教育经费)"合并为"应付职工薪酬——其他职工薪酬"。

(三)非货币性职工薪酬的计量与分配

企业向职工提供的非货币性职工薪酬，应当按不同情况分别处理。

(1) 以自产产品或外购商品发放给职工作为福利。企业以其生产的产品作为非货币性福利提供给职工的，应当按照该产品的公允价值和相关税费，计算应计入成本费用的职工薪酬金额，并确认为主营业务收入，其销售成本的结转和相关税费的处理，与正常商品的销售相同。

(2) 以外购商品作为非货币性福利提供给职工的，应当按照该商品的公允价值和相关税费，计量应计入成本费用的职工薪酬金额。

需要注意的是，在以自产产品或外购商品发放给职工作为福利的情况下，企业在进行账务处理时，应当先通过"应付职工薪酬"科目归集当期应计入成本费用的非货币性薪酬金额，以保证完整准确的企业人工成本金额。

【例3-16】德力公司为一家生产彩电的企业，共有职工100名，2019年10月，公司以其生产的成本为5 000元的液晶彩电和外购的不含税价格为500元的电暖气作为春节福利发放给公司职工。该型号液晶彩电的售价为每台8 000元，乙公司适用的增值税税率为13%；乙公司购买电暖气开具了增值税专用发票，增值税税率为13%。假定100名职工中有80名为直接参加生产的职工，20名为总部管理人员。

分析：企业以自己生产的产品作为福利发放给职工，应计入成本费用的职工薪酬金额以公允价值计量，计入主营业务收入，产品按照成本结转，但要根据相关税收规定，视同销售计算增值税销项税额。

  彩电的售价总额=8 000×80+8 000×20=640 000+160 000=800 000(元)
  彩电的增值税销项税额=80×8 000×13%+20×8 000×13%
         =83 200+20 800=104 000(元)
  公司决定发放非货币性福利时，应作如下账务处理。
    借：基本生产成本   723 200(8 000×80+80×8 000×13%)
      管理费用   180 800[8 000×20×(1+13%)]
      贷：应付职工薪酬——非货币性福利 904 000
  实际发放非货币性福利时，应作如下账务处理。
    借：应付职工薪酬——非货币性福利 904 000
      贷：主营业务收入   800 000
        应交税费——应交增值税(销项税额) 104 000
    借：主营业务成本   500 000
      贷：库存商品   500 000
  电暖气的售价金额=80×500+20×500=40 000+10 000=50 000(元)
  电暖气的进项税额=80×500×13%+20×500×13%=5 200+1 300=6 500(元)
  公司决定发放非货币性福利时，应作如下账务处理。
    借：基本生产成本   45 200
      管理费用   11 300
      贷：应付职工薪酬——非货币性福利 56 500
  购买电暖气时，公司应作如下账务处理。
    借：应付职工薪酬——非货币性福利 56 500
      贷：银行存款   56 500

第六节 折旧费和其他要素费用的核算

  制造型企业的固定资产在长期的使用过程中，虽然保持着原有的实物形态，但其价值会随着固定资产的损耗而逐渐减少。固定资产由于损耗而减少的价值就是固定资产的折旧。固定资产折旧应该作为折旧费用计入产品成本和经营管理费用。若要进行折旧费用的核算，先要计算固定资产的折旧，然后分配折旧费用。

一、固定资产折旧费用的核算

(一)折旧方法

  折旧的计算方法不仅影响企业成本、费用的数额，还会影响企业的收入和纳税。我国目前采用的折旧计算方法，主要有平均年限法、作业量法、年数总和法和双倍余额递减法。

  1. 直线法(又称平均年限法)

  它是将应计提折旧额平均摊配于预计的使用期限各年内。其计算公式为

$$年折旧额 = \frac{固定资产原值 - 预计净残值}{预计使用年限}$$

$$月折旧额 = \frac{年折旧额}{12}$$

这一方法的主要特点是各年(月)的折旧费用是相等的,它强调了时间的因素,而忽略了其他因素,如使用程度及生产效率高低的影响。

2. 作业量法

它是将应计提折旧额根据各会计期实际完成的作业量进行摊配。其计算公式为

$$每单位作业量折旧额 = \frac{固定资产原值 - 预计净残值}{预计完成工作总量}$$

每期折旧额=每单位作业量折旧额×本期实际完成作业量

这一方法的主要特点是各期折旧费用不一样。它强调了折旧费用受使用程度的影响,每期完成工作量越多,负担的折旧费用也越多。显然,对各期使用程度不均衡的固定资产采用这一方法,使成本负担更为合理。

3. 年数总和法

它是将应计提折旧额根据尚可使用年数与年数总和的比率,摊配于预计使用年限的各年。其计算公式为

$$年折旧额 = \frac{(原值 - 预计净残值) \times 尚可使用年数}{年数总和}$$

式中,年数总和=$n(n+1) \div 2$,其中 n 为使用年限。

这一方法的主要特点是各年折旧费用逐年递减。从上式可知,应提折旧额(原值-预计净残值)是固定不变的,而折旧率(尚可使用年数÷年数总和)为递减分数,因此固定资产使用前期多提折旧,后期少提折旧,实质上是加快了折旧的速度,是一种加速折旧法。

4. 双倍余额递减法

它是根据各年年初固定资产折余价值和双倍的不考虑残值的直线法折旧率计提各年折旧额。其计算公式为

$$年折旧额 = \frac{年初折余价值 \times 2}{预计使用年限}$$

这一方法的主要特点是在折旧率不变的情况下,随着年初折余价值的递减,年折旧额也在减少,也属于加速折旧方法的一种,有利于企业及时收回投资。

(二)折旧方法的选择

计算折旧的方法有很多,采用不同方法计算的各期折旧费用是不相同的,在按固定资产的经济用途把折旧费用列入各期的有关成本或费用时,势必影响各期的产品生产成本及销货成本。成本的高低又直接影响着企业销售利润、应纳所得税和固定资产折余价值等。因此,企业应注意选择适当的折旧方法。

年数总和法和双倍余额递减法都属于加速折旧法,都是在固定资产使用前期提取的折旧较多,后期提取的较少,使固定资产价值在使用年限内尽早得到补偿。这种计提折旧的

方法是国家先让利给企业，使之加速回收投资，增强还贷能力。

我国的《企业会计准则》并没有给出采用加速折旧法的具体条件，只是规定企业应当根据固定资产的性质和使用情况，合理确定计提固定资产折旧的使用方法。但是，按照《国家税务总局关于下放管理的固定资产加速折旧审批项目后续管理工作的通知》的规定，允许实行加速折旧的企业或固定资产应当具备下列五项条件之一。

(1) 在国民经济中具有重要地位、技术进步快的电子生产企业、船舶工业企业、生产"母机"的机械企业、飞机制造企业、化工生产企业、医药生产企业的机器设备。

(2) 促进科技进步、环境保护和国家鼓励投资项目的关键设备，以及常年处于震动、超强度使用或受酸、碱等强烈腐蚀的机器设备。

(3) 证券公司电子类设备。

(4) 集成电路生产企业的生产性设备。

(5) 外购的达到固定资产标准或构成无形资产的软件。

企业应根据固定资产的不同用途、功能、使用情况等选择折旧的方法。不同的折旧方法会使各个会计期间提取的折旧额不同，但是对一项固定资产而言，其整个使用期间应计折旧总额是不变的。选择一种较好的折旧方法，可从以下方面加以考虑：①这种方法能较理想地反映固定资产能够提供的服务潜力在下降；②能为经营管理上的目标提供可靠的成本资料；③有一定的规律可循；④保证企业固定资产简单再生产；⑤计算简便，所花费的费用最少；⑥考虑财务制度的规定。

折旧方法一经选定，应在各会计期保持一致，不能随意变更。

(三)折旧范围的规定

在企业里有许多固定资产，但并非所有的固定资产都要计提折旧。要正确计提折旧费用，必须考虑固定资产折旧计提的范围。

1. 固定资产折旧范围

除以下情况外，企业应对所有固定资产计提折旧：①已提足折旧仍继续使用的固定资产；②按照规定单独估价作为固定资产入账的土地。

2. 根据期初应提折旧的固定资产原价计提折旧

从理论上说，折旧应从固定资产投入使用之日起开始计提，从停止使用或减少之日起停止计提。但在实际工作中，为了简化和加速核算，每月的折旧额按月初应提折旧的固定资产原值计算，即月份内增加或开始使用的固定资产，当月不提折旧，从下月起计提折旧；月份内减少或停用的固定资产当月照提折旧，从下月起停提折旧。用公式表示为

本月应提折旧额=上月折旧额+上月增加固定资产应提折旧额-
上月减少固定资产应提折旧额

企业根据确定的折旧方法与计提折旧的范围提取折旧。

一般来说，在用的固定资产应计提折旧，未使用和不需用的固定资产不应计提折旧，应计提折旧的固定资产包括：房屋建筑物(不论是否使用均应计提折旧)，在用的机器设备、运输设备和工具器具等，季节性停用和修理停用的设备，以经营租赁方式租出的固定资产和以融资租赁方式租入的固定资产。不应计提折旧的固定资产包括：除房屋建筑物以外的未使用和不需用的固定资产、已提足折旧继续使用的固定资产以及过去已经估价单独入账

的土地等。另外，提前报废的固定资产不补提折旧，未提足折旧的净损失列为营业外支出。

为简化折旧计算工作，月份内增加的固定资产当月不提折旧，月份内减少的固定资产当月照提折旧。

(四)折旧费用的分配

折旧费用应根据固定资产的经济用途分别计入有关成本、费用。例如基本生产车间、分厂管理部门固定资产的折旧费用，计入制造费用明细账的折旧费项目；辅助生产车间固定资产的折旧费用，计入辅助生产成本明细账；企业行政管理部门固定资产的折旧费用，计入管理费用明细账的折旧费项目；销售部门固定资产的折旧费用，计入销售费用明细账。计入辅助生产成本的折旧费用，与其他辅助生产成本汇集后，按受益比例分配给各受益单位。计入制造费用的折旧费用，与其他间接制造费用汇集后，分配计入基本生产成本明细账的"制造费用"成本项目。

对于生产单一产品的企业，发生的费用全部由该产品来承担，成本项目可按费用的经济内容设置。所以，折旧费用可直接计入生产成本明细账的"折旧费"成本项目。

折旧费用的分配应通过折旧费用分配表进行。

【例题 3-17】表 3-10 所示为九岳工厂的折旧费用分配表。

表 3-10 折旧费用分配表

九岳工厂　　　　　　　　　　　20××年5月　　　　　　　　　　　单位：元

应借科目	车间、部门	4月固定资产折旧额	4月增加固定资产的折旧额	4月减少固定资产的折旧额	本月(5月)固定资产折旧额
制造费用	基本生产车间	24 200	1 600	2 100	23 700
	机修车间	11 300	1 700		13 000
	运输车间	19 700		1 100	18 600
	小计	55 200	3 300	3 200	55 300
管理费用	行政管理部门	15 000	3 700	1 800	16 900
	合计	70 200	7 000	5 000	72 200

根据表 3-10，编制会计分录如下。

借：制造费用——基本生产车间　　　　23 700
　　　　　　——机修车间　　　　　　13 000
　　　　　　——运输车间　　　　　　18 600
　　管理费用　　　　　　　　　　　　16 900
　　贷：累计折旧　　　　　　　　　　72 200

【例题 3-18】采用的折旧方法是使用年限法。由于企业每个月都要计算、分配折旧费用，因而当月的折旧额可以在上月折旧额的基础上加、减调整计算。又由于每月折旧额按月初固定资产的原值和规定的折旧率计算，因此，该企业 5 月份的折旧额和折旧费用，可以在 4 月(即 4 月初)固定资产折旧额的基础上，加上 4 月份增加的固定资产折旧额，减去 4 月份减少的固定资产的折旧额计算求出。这样算出的折旧额，就是 4 月末固定资产的折旧额，也是 5 月初、5 月份固定资产的折旧额、折旧费用。

二、利息费用、税金和其他费用的核算

(一)利息费用的核算

利息费用包括短期债务利息和长期债务利息两部分。短期债务利息均应计入当期损益,长期债务利息中与购建固定资产等有关的且在该资产交付使用前发生的,应予以资本化。由于短期借款的利息一般是按季结算支付的,为了正确划分各个月份的费用界限,对短期借款的利息一般采取预提的方式进行核算。即在季度内前两个月份,按计划预提借款利息,借记"财务费用"科目,贷记"应付利息"科目;季末月份实际支付利息时,按已预提数的差额借记"财务费用"科目,按已提数借记"应付利息"科目,按实际支付数贷记"银行存款"科目。对于长期负债的利息,应按照权责发生制原则按期预提,其中应予以资本化的部分,借记"在建工程"科目,贷记"应付利息"等科目;应计入当期损益的部分,则借记"财务费用"科目,贷记"应付利息"等科目。

(二)税金的核算

这里所指的税金包括印花税、房产税、土地使用税、车船使用税。其中,印花税是指由纳税人根据规定自行计算应纳税额以购买并一次贴足印花税票的方式交纳的税款,因此在购买印花税票时,直接借记"管理费用"科目,贷记"银行存款"科目。对于房产税、车船使用税和土地使用税,需要预先计算应交金额,然后交纳。这些税金需通过"应交税费"科目核算,即在计算出应交纳的这些税金时,借记"管理费用"科目,贷记"应交税费"科目;实际交纳税金时,再借记"应交税费"科目,贷记"银行存款"科目。

(三)其他费用的核算

产品制造企业发生的除上述各类要素费用以外的其他费用,如邮电费、印刷费、租赁费、差旅费、保险费等,一般都不设立专门的成本项目反映,因此应该在费用发生时,按照发生的车间、部门和用途进行归类、汇总,分别借记"制造费用""管理费用""应付利息"等科目,贷记"银行存款"或"现金"等科目。编制"其他费用汇总表",据以登记有关账户。

【例题 3-19】九岳工厂 2020 年 8 月支付办公费、差旅费、运输费等费用,根据有关支出凭证归类、汇总后编制"其他费用汇总表",如表 3-11 所示。

表 3-11 其他费用汇总表

九岳工厂　　　　　　　　　　　　　2020 年 8 月　　　　　　　　　　　　　单位:元

应借科目	车间、部门	其他费用项目			合计
		办公费	差旅费	运输费	
制造费用	基本生产车间	4 000	1 500	2 000	7 500
	机修车间	3 000	1 700		4 700
	运输车间	2 000	2 500	1 000	5 500
	小计	9 000	5 700	3 000	17 700
管理费用	行政管理部门	15 000	3 000	1 800	19 800
	合计	24 000	8 700	4 800	37 500

根据表 3-11，编制会计分录如下。

借：制造费用——基本生产车间　　　　7 500
　　　　　　——机修车间　　　　　　4 700
　　　　　　——运输车间　　　　　　5 500
　　管理费用　　　　　　　　　　　　19 800
　　贷：银行存款　　　　　　　　　　37 500

三、跨期费用的核算

企业在产品生产过程中发生的某些费用，存在着支付期和归属期不一致的情况，有一次支付需分期摊销或尚未发生即从成本中预提的费用。产品成本计算是以权责发生制为原则，需要按照受益期限划分费用的归属。由各相连的成本计算期的产品成本共同负担的费用就是跨期费用。

(一)预付费用的核算

预付费用指本月发生，但应由本月和以后各月产品成本和经营管理费用共同负担的费用。这种费用发生以后，由于受益期较长，不应一次全部计入当月成本、费用，而应按照受益期限分月摊销计入各月成本、费用。

预付费用包括低值易耗品摊销、出租出借包装物摊销、预付保险费、预付固定资产租金，以及一次购买印花税票和一次交纳印花税额较多、需要分月摊销的税金等。按照我国现行会计准则的规定，受益期在一年以内的预付费用直接计入当期费用，不允许进行摊销。

预付费用的摊销期限超过一年的，应该作为长期待摊费用核算。

1. **长期待摊费用支付的核算**

长期待摊费用的支出和摊销是通过"长期待摊费用"总账科目进行的。支出长期待摊费用时，应借记"长期待摊费用"科目，贷记"银行存款""低值易耗品""包装物"和"应交税费"等科目；分月摊销时，应按长期待摊费用的用途分别借记各有关的成本、费用科目，贷记"长期待摊费用"科目。该科目借方余额表示已支付但尚未摊销的费用，是生产经营过程中占用的资金，属于流动资产。该科目应按费用的种类进行明细核算，分别反映各种长期待摊费用的支付和摊销情况。

2. **长期待摊费用摊销的核算**

按照长期待摊费用的受益和摊销期限进行摊销，由于摊销的费用一般没有专设成本项目，因而摊销费用时一般按应摊费用的车间、部门和费用用途，分别记入"制造费用""销售费用"和"管理费用"等总账科目和所属明细账的借方相应的费用项目。长期待摊费用的摊销额，应记入"长期待摊费用"总账科目和所属明细。

【例题 3-20】九岳工厂在 202×月末摊销本月负担的保险费，编制保险费用分配表如表 3-12 所示。

根据长期待摊费用分配表，编制如下会计分录。

借：制造费用——基本车间　　　　3 600
　　　　　　——机修车间　　　　　700
　　　　　　——运输车间　　　　1 700

```
    管理费用                           500
      贷：长期待摊费用                  6 500
```

表 3-12　保险费用分配表

九岳工厂　　　　　　　　　　　　202×年 5 月　　　　　　　　　　　　单位：元

应借科目		成本或费用项目	费用金额
总账科目	明细科目	保险费	
制造费用	基本生产车间	保险费	3 600
	机修车间	保险费	700
	运输车间		1 700
	小计		6 000
管理费用		保险费	500
合计			6 500

(二)预提类费用的核算

我国现行会计准则中虽不设预提费用项目，但现实中却存在着预提类的费用。属于预提类费用的是那些预先分月计入各月成本、费用，但在以后才实际支付的费用，是应付而未付的费用，因而是一种负债。诸如借款利息、固定资产租金和保险费等费用其实都可视为预提费用。受益期超过一个月，且费用不大，则在实际支付时直接计入支付月份的成本、费用。

为了正确地划分各个月份的费用，防止多计或少计某些月份的成本、费用，预提类费用的项目和预提的标准应在企业会计制度中规定。发现某种预提费用总额到预提期末可能与实际费用总额发生较大的差额时，应及时调整预提的标准。预提费用应按规定的预提期末结算。预提费用总额与实际费用总额的差额，应调整计入预提期末月份的成本、费用。

按照我国现行会计准则的要求，预提费用的预提和支付，是通过"其他应付款""应付利息"等总账科目进行的。因此预提类费用没有专设的会计科目，预提时应按预提费用的车间、部门和用途，分别记入"制造费用""管理费用"和"财务费用"等总账科目和所属明细账的借方，记入"其他应付款""应付利息"等科目的贷方；实际支付时，记入"其他应付款""应付利息"等科目的借方，同时记入"银行存款"或"原材料"等科目的贷方。"其他应付款""应付利息"等科目的贷方余额表示已经预提尚未支付的费用，属于流动负债。

【例题 3-21】九岳工厂在 201×年 5 月末预提本月负担的租赁费，编制租赁费用分配表，如表 3-13 所示。

根据所列预提租赁费用分配表，应编制下列会计分录。

```
    借：制造费用——基本车间           4 300
            ——运输车间              2 400
            ——机修车间              500
      管理费用                        800
      贷：其他应付款                  8 000
```

表 3-13　租赁费用分配表

九岳工厂　　　　　　　　　　201×年5月　　　　　　　　　　单位：元

应借科目	车间、部门	本月预提费用
制造费用	基本生产车间	4 300
	机修车间	500
	运输车间	2 400
	小计	7 200
管理费用	行政管理部门	800
合计		8 000

各种要素费用通过上述归集和分配，已经按照费用的用途分别记入"基本生产成本""管理费用"等账户的借方进行归集。

第七节　废品损失和停工损失的核算

一、废品损失的含义

生产中的废品是指不符合规定的技术标准，不能按照原定用途使用，或者需要加工修理后才能使用的在产品、半成品和产成品，包括生产过程中发现的废品和入库后发现的废品。废品按其报损程度和修复价值，可分为可修复废品和不可修复废品。可修复废品是指技术上、工艺上可以修复，而且所支付的修复费用在经济上合算的废品。不可修复废品是指技术上、工艺上不可修复，或者虽可修复，但所支付的修复费用在经济上不合算的废品。

废品损失是指在生产过程中和入库后发现的不可修复废品的生产成本，以及可修复废品的修复费用，扣除回收的废品残料价值和应收赔款以后的损失。质量检验部门填制并审核后的废品损失通知单，是进行废品损失核算的原始凭证。

应该注意的是，这里所说的废品及废品损失，仅指生产过程中产生的及入库后发现的废品及废品损失。经质量检验部门鉴定不需要返修可以降价出售的不合格品的降价损失、产品入库后由于保管不善等原因而损害变质的损失，以及实行包退、保修、包换(三包)的企业，在产品出售以后发现的废品所造成的损失，都不包括在废品损失内，应计入产品销售费用和管理费用账户。

二、废品损失的核算

发生废品损失时，企业要填列"废品通知单"。"废品通知单"是进行废品损失核算的原始凭证，要详细填列废品的名称、产生废品的原因、工序、责任人、处理意见等。

单独核算废品损失的企业，应设置"废品损失"账户，在成本项目中增设"废品损失"成本项目。废品损失的归集和分配，应根据废品损失计算表和分配表等有关凭证，通过"废品损失"账户进行核算。"废品损失"账户应按产品设置明细账，账内按产品品种和成本项目登记废品损失的详细资料。"废品损失"科目的借方归集不可修复废品的生产成本和可修复废品的修复费用。不可修复废品的生产成本,应根据不可修复废品损失计算表,借记"废品损失"科目,贷记"基本生产成本"科目;可修复废品的修复费用,应根据各种费用分配表所列废品损失数额,借记"废品损失"科目,贷记"原材料""应付职工薪酬""辅助生产成本"和"制造费用"等科目。该科目的贷方登记废品残料回收的价值、应收赔款和应由本月生产的同种合格产品成本负担的废品损失,即从"废品损失"科目的贷方转出,分别借记"原材料""其他应收款""基本生产成本"等科目。经过上述归集和分配,"废品损失"科目月末无余额。

(一)可修复废品损失的核算

可修复废品损失是指废品在修复过程中所发生的各项修复费用。应根据各种要素费用分配表或者直接根据有关凭证计算。

【例题 3-22】 2019 年 10 月,九岳工厂在生产甲产品过程中,发现可修复废品 10 件,为修复这 10 件废品从仓库领用 A 材料 1 000 元,应付工人工资 500 元,分配到制造费用 300 元,另用库存现金支付修复费用 200 元。经查明原因,属于过失,应由工人小杨承担赔款 100 元。

(1) 核算修复废品的费用。

借:废品损失——甲产品　　　　　　　　　2 000
　　贷:原材料——A 材料　　　　　　　　　　　1 000
　　　　应付职工薪酬——工资　　　　　　　　　　500
　　　　制造费用　　　　　　　　　　　　　　　　300
　　　　库存现金　　　　　　　　　　　　　　　　200

(2) 应收赔偿款,冲减废品损失。

借:其他应收款——小杨　　　　　　　　　　100
　　贷:废品损失——甲产品　　　　　　　　　　　100

(3) 确认废品净损失,转入生产成本。

废品净损失=2 000-100=1 900(元)

借:基本生产成本——甲产品　　　　　　　1 900
　　贷:废品损失——甲产品　　　　　　　　　　1 900

可修复废品返修以前发生的生产成本,不必从"基本生产成本"账户及有关的成本明细账中转出,这是因为它不是废品损失;修复完成继续正常加工发生的费用也不是废品损失,应计入"基本生产成本"账户及相应明细账。

(二)不可修复废品损失的核算

要归集和分配不可修复的废品损失,必须先计算废品的成本。废品成本是指生产过程中截至报废时所耗费的一切费用。废品成本扣除废品的残值和应收赔款后的数额就是不可修复废品的损失。由于不可修复废品的成本与合格产品的成本是归集在一起同时发生的,因此需要采取一定的方法予以确定。一般有两种方法:一是按废品所耗实际费用计算;二是按废品所耗预算费用计算。

1. 按废品所耗实际费用计算的方法

采用这一方法，就是在废品报废时根据废品和合格品发生的全部实际费用，采用一定的分配方法，在合格品与废品之间进行分配，进而计算出废品的实际成本，并从"基本生产成本"科目的贷方转入"废品损失"科目的借方。

【例题 3-23】 九岳工厂 2020 年 6 月生产甲产品 1 000 件，经验收入库发现不可修复废品 200 件；合格品生产工时为 26 200 小时，废品工时为 1 800 小时，全部生产工时为 28 000 小时；合格品机器工时为 5 550 小时，废品生产机器工时为 500 小时，全部机器工时为 6 050 小时。按所耗实际费用计算废品的生产成本。甲产品成本计算单(即基本生产成本明细账)所列合格品和废品的全部生产成本为：直接材料 500 000 元，直接燃料和动力 12 100 元，直接人工 336 000 元，制造费用 134 400 元，共计 982 500 元。废品残料回收入库价值 15 000 元，原材料于生产开始时一次性投入。原材料费用按合格品数量和废品数量的比例分配；直接燃料和动力费用按机器工时的比例分配；其他费用按生产工时的比例分配。根据上述资料，编制废品损失计算表，如表 3-14 所示。

表 3-14 废品损失计算表 （按实际成本计算）

2020 年 6 月

车间名称：基本车间

产品名称：甲产品 单位：元

项目	数量/件	直接材料	生产工时/小时	机器工时/小时	直接燃料和动力	直接人工	制造费用	成本合计
费用(件数、小时)	1 000	500 000	28 000	6 050	12 100	336 000	134 400	982 500
费用分配率		500			2	12	4.8	
废品成本	200	100 000	1 800	500	1 000	21 600	8 640	131 240
减：废品残料		15 000						15 000
废品损失		85 000			1 000	21 600	8 640	116 240

根据不可修复废品损失计算表，编制如下会计分录。

(1) 结转废品成本(实际成本)。

借：废品损失——甲产品 131 240
　　贷：基本生产成本——甲产品 131 240

(2) 残料入库，冲减废品损失。

借：原材料 15 000
　　贷：废品损失——甲产品 15 000

(3) 废品净损失计入当月同种产品的成本。

废品净损失=131 240-15 000=116 240(元)

借：基本生产成本——甲产品 116 240
　　贷：废品损失——甲产品 116 240

在完工以后发现的废品，其单位废品负担的各项生产成本应与该单位合格品完全相同，可按合格品产量和废品的数量比例分配各项生产成本，计算废品的实际成本。

2. 按废品所耗预算费用计算的方法

这是按不可修复废品的数量和各项费用预算计算废品的预算成本，再将废品的预算成本扣除废品残料回收价值，算出废品损失，而不考虑废品实际发生的费用。

【例题 3-24】 九岳工厂 2019 年 6 月基本生产车间生产的乙产品，在验收入库时发现不可修复废品 40 件，按所耗预算费用计算废品的生产成本。直接材料费用预算为 200 元，单件生产工时预算为 30 小时，单件机器工时预算为 6 小时。每机器工时的直接燃料和动力费用为 4 元，每生产工时的费用预算为：直接人工 10 元，制造费用 4 元。回收废品残值 2 000 元。

因为不可修复废品是在完成全部生产过程，产品验收入库时被发现的，所以根据以上资料计算出单件乙产品的费用预算后，就可以根据各项费用预算和不可修复废品件数计算不可修复废品的生产成本。不可修复废品的各项费用预算为：直接材料费用预算 200 元，直接燃料和动力费用预算 24 元(4×6)，直接人工费用预算 300 元(10×30)，制造费用预算 120 元(4×30)。编制不可修复废品损失计算表，如表 3-15 所示。

表 3-15 废品损失计算表(按预算成本计算)

2019 年 6 月

车间名称：基本车间
产品名称：乙产品   单位：元

项目	直接材料	直接燃料和动力	直接人工	制造费用	成本合计
费用预算	200	24	300	120	644
废品预算成本	8 000	960	12 000	4 800	25 760
减：回收残值	2 000				2 000
废品损失	6 000	960	12 000	4 800	23 760

根据不可修复废品损失计算表，编制如下会计分录。

(1) 结转废品成本(预算成本)。

  借：废品损失——乙产品   25 760
    贷：基本生产成本——乙产品   25 760

(2) 残料入库，冲减废品损失。

  借：原材料   2 000
    贷：废品损失——乙产品   2 000

(3) 废品净损失计入当月同种产品的成本。

废品净损失=25 760-2 000=23 760(元)

  借：基本生产成本——乙产品   23 760
    贷：废品损失——乙产品   23 760

采用按废品所耗预算费用计算废品成本和废品损失的方法，核算工作比较简便，有利于考核和分析废品损失和产品成本，但必须具备比较准确的预算成本资料，否则会影响成本计算的正确性。

不单独核算废品损失的企业，不设"废品损失"会计科目和"废品损失"成本项目，在回收废品残料时，记入"原材料"科目的借方和"基本生产成本"科目的贷方，并从所属有关产品成本明细账的"直接材料"成本项目中扣除残料价值。辅助生产一般不单独核算废品损失。

三、停工损失

停工损失是指生产车间或车间内某个班组在停工期内发生的各项费用,包括停工期内支付的生产工人的薪酬费用及计提、所耗直接燃料和动力费,以及应负担的制造费用等。过失单位、过失人员或保险公司负担的赔款,应从停工损失中扣除。为了简化核算工作,停工不满一个工作日的,可以不计算停工损失。

发生停工的原因很多,应区分不同情况进行处理。季节性生产企业的季节性停工和设备修理停工而造成的损失是生产经营过程中的正常现象,停工期间发生的各项费用不属于停工损失,应在"制造费用"账户归集,由开工期内的生产成本承担;由于自然灾害引起的停工损失,应按规定转作营业外支出,计入当期损益;其他停工损失,如原材料供应不足、机器设备发生故障,以及计划减产等原因发生的停工损失,应计入产品成本。

计算停工损失的原始凭证主要是"停工报告单"。发生停工时,生产单位应及时填列"停工报告单",注明停工的时间、地点、范围、原因、责任人等。经有关部门审核后的停工报告单,作为停工损失核算的根据。

单独核算停工损失的企业,应增设"停工损失"账户和"停工损失"成本项目。停工损失的归集和分配,是通过设置"停工损失"科目进行的,该账户应按车间和成本项目进行明细核算。根据停工报告单和各种费用分配表、分配汇总表等有关凭证,将停工期内发生、应列作停工损失的费用记入"停工损失"科目的借方进行归集,借记"停工损失"科目,贷记"原材料""应付职工薪酬"和"制造费用"等科目。该科目的贷方登记应由过失单位及过失人员或保险公司支付的赔款、属于自然灾害应计入营业外支出的损失以及本月产品成本的损失,贷记"停工损失"科目,借记"其他应收款""营业外支出"和"基本生产成本"科目。"停工损失"科目月末无余额。

【例题 3-25】2019 年 9 月,某企业生产甲产品的第一车间,由于工人小杨操作不当使设备发生故障而停工 2 天。经核算,2 天的停工损失费用为 18 000 元,其中生产工人工资 8 000 元,计提其他职工薪酬 3 200 元,外购动力费 2 000 元,应分配的制造费用为 4 800 元。编制会计分录如下:

```
借:停工损失——第一车间              18 000
    贷:应付职工薪酬——工资              8 000
              ——其他职工薪酬            3 200
        应付账款                         2 000
        制造费用                         4 800
```

经确认,由违规操作工人小杨赔偿停工损失 800 元。

```
借:其他应收款——小杨                  800
    贷:停工损失——第一车间                800
```

停工净损失为 18 000-800=17 200(元)

```
借:基本生产成本——甲产品             17 200
    贷:停工损失——第一车间              17 200
```

不单独核算停工损失的企业，不设"停工损失"会计科目和"停工损失"成本项目，停工期间发生的属于停工损失的各项费用，分别记入"制造费用"和"营业外支出"等科目。

本章小结

生产费用按照经济内容分类，可划分为若干要素费用，产品成本计算过程就是对各生产要素费用按照用途和"谁受益、谁负担"的原则，采用适当的方法进行归集、分配的过程。因此，掌握要素费用归集和分配的程序和方法，是关系到产品成本、期间费用乃至企业损益计算正确与否的关键。

材料是构成产品实体的主要内容，材料费用的分配要把握"直接计入和间接计入"的原则。人工费用的归集和分配主要是职工薪酬的内容构成、计时工资与计件工资的计算、从企业角度人工成本的构成：工资及计提的其他职工薪酬等。要素费用按照经济用途进行分配的正确与否关系到产品成本核算的正确性。

要求掌握材料、职工薪酬、折旧、废品损失等相关要素的核算原则，为后续章节的学习打下坚实的基础。

案 例 链 接

京东基于价值链的全方位成本管理

省去了实体店，省去了渠道商——依靠低价战术，刘强东创建的京东商城以300%的惊人速度持续6年领跑，被业内称为"京东速度"。3C零售界人送外号"价格屠夫"。即使在IT业经历阵痛的2009年，中关村整体销售额同比下降30%以上，但京东的订单依然如雪片一样飞来，增长依然毫不减速。

2009年12月4日，刘强东指出："京东现在正处在盈亏平衡点上，我们一年的销售额达到40亿元就足以盈利。"那么，京东2009年能够按计划实现40亿元的销售额吗？刘强东表示："基本没有问题。"2004年创建的京东在线商城，采用B2C商业模式实现盈利，是一个标志性事件。无论是对京东，还是对整个B2C行业。

如果说企业商品销售价格的制定是一个深思熟虑、综合权衡的战术，那么京东的打法完全是个另类。它从不参考同行、市场的价格——在3C商品的采购价上，加上5%的毛利，即为京东的价格。这个价格要比3C实体渠道之王的国美、苏宁便宜10%到20%，比厂商零售指导价便宜10%到30%不等，完全漠视传统意义的渠道商定价机制的游戏规则。

1 000万元、3 000万元、8 000万元、3.6亿元、13亿元、40亿元……这是京东近6年的销售数据。伴随6年的高速增长，京东的市场份额相应地快速扩张，尽显B2C王者风范。从某种意义上讲，代表电子商务的京东不断夺取的新市场份额，正是传统渠道商业的国美、苏宁等逐步消退的市场份额。

但是京东也有不容回避的硬伤。京东商品的综合费用率为6.7%，而综合毛利率为5%，显然这是一个亏损的财务比值，京东以低价夺取市场的策略，是建立在亏损的基础上。唯一的解决办法是继续做大规模，降低综合费用率，直到费用率小于毛利率时才能止亏盈利。

而要继续做大销售规模，保持高达300%的增速，需要源源不断地投入巨资。换句话说，就是要扛住亏损继续烧钱，直到烧出京东的真金。

2009年1月，今日资本联合雄牛资本、香港投资名家梁伯韬向京东注资2 100万美元——这是在金融危机大背景下，国内电子商务公司在2009年逆市获得的第一笔国际风险投资。

这2 100万美元中，有70%用于物流瓶颈的改造与扩容。2009年11月27日，京东在北京、上海、广州三地的物流中心经过升级，可以支持150亿元的年销售规模。这被刘强东认为是京东2009年的标志性事件。至于公司的盈利，刘强东说："这只是一个自然的结果，所有的流通企业都要经历这样的阶段，当它的销售收入达到一定规模时，就可以实现盈利。"

2014年5月，京东成功在美国纳斯达克挂牌上市，总结成功背后的重要原因之一就是其基于价值链的全方位成本管理。京东基于价值链的全方位成本管理以先进的信息系统为基础，以即时库存管理为前提，以高效的物流体系为核心。该公司通过"提高价值链效率"和"降低价值链各个环节的成本"两条曲线，将成本管理嵌入价值链的各个环节，采取有针对性的措施对价值链节点加以完善，全方位降低成本，实现企业战略目标。

（资料来源：http://tech.sina.com.cn/i/2010-01-08/13313751799.shtm）

思考与讨论：
(1) 京东的战略目标是什么？
(2) 京东价值链管理的两条曲线是什么？意义何在？
(3) 京东的全方位成本管理对电商的启示是什么？

同步测试题

一、单项选择题

1. 下面对"材料采购"科目月末余额的说法中正确的是(　　)。
   A. 有余额　　　　　　　　　　B. 有借方余额
   C. 有贷方余额　　　　　　　　D. 可能没有余额，也可能有借方余额

2. 在企业设置"燃料及动力"成本项目的情况下，生产车间发生的直接用于产品生产的燃料费用，应借记的科目是(　　)。
   A. "原材料"　　　　　　　　　B. "基本生产成本"
   C. "制造费用"　　　　　　　　D. "燃料"

3. 基本生产车间计提的固定资产折旧费，应借记(　　)。
   A. "基本生产成本"科目　　　　B. "管理费用"科目
   C. "制造费用"科目　　　　　　D. "财务费用"科目

4. 某职工8月份生产合格品25件，料废品5件，加工失误产生废品2件，计件单价为4元，应付计件工资为(　　)。
    A. 100元　　　　B. 120元　　　　C. 128元　　　　D. 108元
5. 为了提高产品成本计算的正确性，生产工人的薪酬应(　　)。
    A. 在整个企业内统一分配　　　　B. 按车间分别进行分配
    C. 按计划进行分配　　　　　　　D. 按实际进行分配
6. 不得计入基本生产成本的费用是(　　)。
    A. 车间厂房折旧费　　　　　　　B. 车间机物料消耗
    C. 营业税金及附加　　　　　　　D. 有助于产品形成的辅助材料
7. 直接用于产品生产，并构成该产品实体的原材料费用应记入的会计科目是(　　)。
    A. "销售费用"　　　　　　　　　B. "制造费用"
    C. "管理费用"　　　　　　　　　D. "基本生产成本"
8. 下列不属于工资项目总额的有(　　)。
    A. 代发市内交通补助费　　　　　B. 节约奖
    C. 婚丧假期工资　　　　　　　　D. 工伤期间工资
9. 企业分配薪酬费用时，基本生产车间管理人员的薪酬，应借记(　　)科目。
    A. "基本生产成本"　　　　　　　B. "制造费用"
    C. "辅助生产成本"　　　　　　　D. "管理费用"
10. 结转不可修复废品的生产成本时应借记"废品损失"账户，贷记(　　)账户。
    A. "产成品"　　　　　　　　　　B. 基本"生产成本"
    C. "制造费用"　　　　　　　　　D. "原材料"

二、多项选择题

1. 计入产品成本的各种材料费用，按其用途分配，应记入(　　)科目的借方。
    A. "辅助生产成本"　　B. "在建工程"　　C "制造费用"
    D. "基本生产成本"　　E. "管理费用"
2. 核算废品损失过程中借方是"废品损失"，可能贷记的科目有(　　)。
    A. "其他应收款"　　　　　　　　B. "制造费用"
    C. "基本生产成本"　　　　　　　D. "应付职工薪酬"
3. 原料及主要材料的费用可以按(　　)比例进行分配。
    A. 产品质量比例　　B. 产品体积比例　　C. 定额消耗量比例
    D. 定额费用比例　　E. 工时比例
4. 在按30天计算日工资率的企业中，节假日工资的计算方法是(　　)。
    A. 节假日作为出勤日计发工资　　B. 节假日不计发工资
    C. 缺勤期间的节假日不扣发工资　D. 缺勤期间的节假日扣发工资
    E. 节假日工资视不同情况确定
5. 发生下列各项费用时，可以直接借记"基本生产成本"账户的有(　　)。
    A. 车间照明用电费　　　　　　　B. 构成产品实体的原材料费用
    C. 车间管理人员工资　　　　　　D. 车间生产工人工资
    E. 车间办公费

6. 工资费用核算的主要原始记录是( )。
   A. 产量记录   B. 考勤记录   C. 工龄记录
   D. 工作时间记录   E. 产品数量和质量记录
7. "废品损失"科目的借方应登记( )。
   A. 可修复废品的生产成本   B. 不可修复废品的生产成本
   C. 回收残料价值   D. 可修复废品的修复费用
8. 企业分配间接费用的标准有( )。
   A. 成果类   B. 消耗类   C. 产值类   D. 工时类
9. 生产损失包括( )。
   A. 废品损失   B. 产品盘亏损失   C. 停工损失   D. 三包损失
10. "停工损失"科目的贷方科目可能有( )。
    A. "其他应收款"   B. "制造费用"
    C. "营业外支出"   D. "应付职工薪酬"

三、判断题

1. 外购动力费用通常是先分配计入有关的成本费用,再支付价款。( )
2. 产成品入库后,由于保管不善等原因而损坏变质的损失,应作为废品损失处理。( )
3. 废品损失是在生产过程中和入库后发现的不可修复废品的生产成本,扣除回收的废品残料价值以后的损失。( )
4. "废品损失"账户应按车间设立明细账,账内按产品品种分设专户,并按费用项目分设专栏或专行进行明细核算。( )
5. 产品成本是生产费用的最终归宿,是指生产费用最终会形成产品的成本。( )
6. 外购材料的实际成本包括材料购买过程中发生的所有支出。( )
7. 材料成本差异账户是原材料账户的备抵性质的调整账户。( )
8. 结转发出材料的成本差异,都要记在材料成本差异账户的贷方。( )
9. 发出加工材料应负担的材料成本差异是按上月材料成本差异率计算的。( )
10. 可修复废品是指经过修理可以使用,而且所花费的修复费用在经济上合算的废品。( )

四、计算题

1. 九岳工厂月末汇总企业工资资料如下:基本生产工人工资84 000元,供电、供水车间生产工人工资分别为14 000元和12 000元,基本生产车间技术人员工资8 000元,管理人员工资12 000元,销售人员工资5 000元。计提福利、五险一金等共40%。本月甲产品生产工时为22 000小时,乙产品生产工时为28 000小时。

要求:
(1) 按照产品生产工时比例分配甲、乙产品的工资费用。
(2) 编制直接人工费用分配表(分别见表3-16、表3-17)。
(3) 编制直接人工费用的会计分录。

表 3-16　车间(部门)工资费用分配表

九岳工厂　　　　　　　　　　　　　20××年×月　　　　　　　　　　　　　单位：元

应借科目		成本或费用项目	生产工人工资		车间技术人员工资	合计
			生产工时	分配金额		
基本生产成本	甲产品	直接人工				
	乙产品	直接人工				
	小计					
制造费用	工资					
合计						

表 3-17　全厂人工费用分配表

九岳工厂　　　　　　　　　　　　　20××年×月　　　　　　　　　　　　　单位：元

应借科目		成本或费用科目	工　资	其他职工薪酬	合　计
基本生产成本	甲产品	直接人工费用			
	乙产品	直接人工费用			
	小计				
辅助生产成本	供电车间	直接人工费用			
	供水车间	直接人工费用			
	小计				
制造费用	基本车间	人工费用			
管理费用	行政部门	人工费用			
销售费用	销售部门	人工费用			
合计					

2. 某企业本月发生如下业务。

(1) 以银行存款支付动力费用 25 000 元。

(2) 月末根据有关计量仪表所示，本企业共消耗电力 72 500 千瓦时，每千瓦时电单位成本为 0.3 元，消耗情况：产品生产电力耗用 50 000 千瓦时，供水车间直接耗用 2 000 千瓦时，供热车间直接耗用 5 000 千瓦时，基本生产车间照明耗用 7 500 千瓦时，管理部门耗用 6 000 千瓦时，销售部门耗用 2 000 千瓦时。

(3) 本月甲产品机器工时为 45 000 小时，乙产品机器工时为 30 000 小时。

要求：按照产品机器工时分配电力费用，并编制电力费用分配表及会计分录。

3. 某工业企业生产 A 产品，本月发生可修复废品损失为：原材料 1 500 元，工资费用 350 元，制造费用 450 元。本月 A 产品投产 500 件，原材料在生产开始时一次性投入，实际费用为：直接材料 62 500 元，直接人工 13 888 元，制造费用 15 376 元。A 产品合格品为 490 件，不可修复废品为 10 件，其加工程度为 60%，废品残料作价 300 元入库。

要求：根据上述资料结转可修复与不可修复废品损失，作相应会计分录。

微课视频

扫一扫，获取本章相关微课视频及本章同步测试题答案。

3-1 要素费用的归集和分配(要素费用内容)　　3-2 要素费用的归集和分配(要素费用核算原则)　　3-3 要素费用的归集和分配(职工薪酬)　　本章同步测试题答案

第四章 辅助生产费用的归集和分配

【教学目的与要求】
- 理解辅助生产费用账务处理与基本生产车间的联系。
- 掌握直接分配法的原理、计算、账务处理及适用。
- 掌握交互分配法的原理、计算、账务处理及适用。
- 理解顺序分配法、代数分配法和按计划成本分配法的原理、计算、账务处理及适用。

辅助生产是指为基本生产车间、企业行政管理部门等单位服务并保证其正常运转而进行的产品生产和劳务供应等生产活动。其中有的只生产一种产品或提供一种劳务,如供电、供水、供气、供风、运输等辅助生产;有的则生产多种产品或提供多种劳务,如从事工具、模具、修理用备件的制造,以及机器设备的修理等辅助生产。辅助生产提供的产品和劳务,有时也对外销售,但主要是为本企业服务。辅助生产产品和劳务成本的高低,会影响企业产品成本和期间费用的水平。因此,正确、及时地组织辅助生产费用的核算,加强对辅助生产费用的监督,对于正确计算产品成本和各项期间费用,以及节约支出、降低成本有着重要的意义。

一、辅助生产费用的归集

辅助生产车间为生产产品或提供劳务而发生的原材料费用、动力费用、工资及计提,以及辅助生产车间的制造费用,统称为辅助生产费用。辅助生产费用的归集是通过"辅助生产成本"科目进行的。"辅助生产成本"账户一般应按车间及产品或劳务的种类设置明细账,账内按成本项目设置专栏,进行明细核算。

对于直接用于辅助生产产品或提供劳务的费用,应计入"辅助生产成本"科目的借方;辅助生产车间发生的制造费用,则先计入"制造费用——辅助生产车间"科目的借方,然后从"制造费用——辅助生产车间"科目的贷方直接转入或分配转入"辅助生产成本"科目及其明细账的借方。辅助生产完工产品或劳务的成本,经过分配以后从"辅助生产成本"科目的贷方转出,期末如有借方余额则为辅助生产的在产品成本。

在制造型企业中，辅助生产车间之间往往相互提供劳务，各辅助生产车间归集的费用还应包括从其他辅助生产车间转入的费用，进而增加了辅助生产成本分配的复杂程度。

【例题 4-1】 九岳工厂 201×年 6 月份辅助车间制造费用和辅助生产成本明细账格式分别如表 4-1～表 4-4 所示。

表 4-1 辅助车间制造费用明细账（一）

辅助车间：供水车间　　　　　　　　　　201×年 6 月　　　　　　　　　　单位：元

摘　要	机物料消耗	燃料和动力	职工薪酬	折旧费	劳保费	运费	合计	转出
原材料费用分配表	2 000						2 000	
外购动力费用分配表		4 000					4 000	
工资分配表			12 000				12 000	
其他职工薪酬分配表			4 800				4 800	
折旧费用分配表				2 500			2 500	
劳保费(付款凭证×号)					3 000		3 000	
待分配费用小计	2 000	4 000	16 800	2 500	3 000		28 300	
辅助生产成本分配表						1 900	1 900	
制造费用分配表								30 200
合　计	2 000	4 000	16 800	2 500	3 000	1 900	30 200	30 200

表 4-2 辅助生产成本明细账（一）

辅助车间：供水车间　　　　　　　　　　201×年 6 月　　　　　　　　　　单位：元

摘　要	直接材料	直接燃料和动力	直接人工	制造费用	合计	转出
原材料费用分配表	60 000				60 000	
外购动力费用分配表		8 000			8 000	
工资分配表			70 000		70 000	
其他职工薪酬分配表			28 000		28 000	
待分配费用小计	60 000	8 000	98 000		166 000	
制造费用分配表				30 200	30 200	
辅助生产成本分配表						196 200
合　计	60 000	8 000	98 000	30 200	196 200	196 200

表 4-3 辅助车间制造费用明细账（二）

辅助车间：运输车间　　　　　　　　　　201×年 6 月　　　　　　　　　　单位：元

摘　要	机物料消耗	燃料和动力	职工薪酬	折旧费	劳保费	水费	合计	转出
原材料费用分配表	3 000						3 000	
外购动力费用分配表		2 500					2 500	

续表

摘要	机物料消耗	燃料和动力	职工薪酬	折旧费	劳保费	水费	合计	转出
工资分配表			20 000				20 000	
其他职工薪酬分配表			8 000				8 000	
折旧费用分配表				4 500			4 500	
劳保费(付款凭证×号)					6 000		6 000	
待分配费用小计	3 000	2 500	28 000	4 500	6 000		44 000	
辅助生产成本分配表						20 000	20 000	
制造费用分配表								64 000
合计	3 000	2 500	28 000	4 500	6 000	20 000	64 000	64 000

表 4-4 辅助生产成本明细账(二)

辅助车间：运输车间　　　　　　　　201×年6月　　　　　　　　单位：元

摘要	直接材料	直接燃料和动力	直接人工	制造费用	合计	转出
原材料费用分配表	40 000				40 000	
外购动力费用分配表		6 000			6 000	
工资分配表			40 000		40 000	
其他职工薪酬分配表			16 000		16 000	
待分配费用小计	40 000	6 000	56 000		102 000	
制造费用分配表				64 000	64 000	
辅助生产成本分配表						166 000
合计	40 000	6 000	56 000	64 000	166 000	166 000

对于辅助生产车间发生的制造费用，可根据辅助生产车间规模的大小、制造费用的多少等情况来确定采用什么样的核算方法。若企业辅助生产车间规模小、发生的制造费用少，辅助生产也不对外销售产品或提供劳务，辅助生产车间可以不单独设置"制造费用——××辅助生产车间"明细账，而是将其直接计入"辅助生产成本"科目及其明细账的借方。这时，"辅助生产成本"明细账就是按照成本项目与费用项目相结合设置专栏，而不是按成本项目设置专栏。

【例题 4-2】九岳工厂有供电、供水两个辅助生产车间，因其规模较小，不设"制造费用"明细账，其2021年6月份辅助生产成本明细账分别如表4-5和表4-6所示。

表 4-5 辅助生产成本明细账(三)

辅助车间：供电车间　　　　　　　　2021年6月　　　　　　　　单位：元

摘要	原材料	低值易耗品摊销	职工薪酬	折旧费	办公费	其他	合计	转出
原材料费用分配表	7 000						7 000	
低值易耗品摊销		4 000					4 000	

续表

摘要	原材料	低值易耗品摊销	职工薪酬	折旧费	办公费	其他	合计	转出
职工薪酬分配表			21 000				21 000	
折旧费用分配表				500			500	
办公费用支出(付款凭证×号)					2 000	2 460	4 460	
辅助生产成本分配表								36 960
合计	7 000	4 000	21 000	500	2 000	2 460	36 960	36 960

表4-6 辅助生产成本明细账(四)

辅助车间：供水车间　　　　　　2021年6月　　　　　　　　　单位：元

摘要	原材料	低值易耗品摊销	职工薪酬	折旧费	办公费	其他	合计	转出
原材料费用分配表	4 000						4 000	
低值易耗品摊销		3 000					3 000	
职工薪酬分配表			14 100				14 100	
折旧费用分配表				2 000			2 000	
办公费用支出(付款凭证×号)					3 400	500	3 900	
辅助生产成本分配表								27 000
合计	4 000	3 000	14 100	2 000	3 400	500	27 000	27 000

在上述辅助生产成本的第一种归集程序中，"辅助生产成本"科目与"基本生产成本"科目一样，一般按车间以及产品和劳务设置明细账，账内按成本项目设立专栏或专行进行明细核算。辅助生产的制造费用，通过单独设置的"制造费用"明细账核算，然后转入"辅助生产成本"科目的借方，计入辅助生产产品或劳务的成本。在上述第二种归集程序中，辅助生产的制造费用不通过"制造费用"科目及其明细账单独核算，而是直接记入"辅助生产成本"科目。两种程序的主要区别在于辅助生产制造费用归集的程序不同。

二、辅助生产费用的分配

辅助生产费用的分配就是将辅助生产的产品或劳务成本在各受益对象之间按照"谁受益，谁负担"的原则计入各受益对象的相关账户中。

在辅助生产费用的分配中，由于辅助生产车间所生产的产品和提供的劳务的种类不同，费用转出、分配的程序也有所不同。所提供的产品，如工具、模具和修理用备件等产品成本，应在产品完工时，从"辅助生产成本"科目的贷方分别转入"低值易耗品"或"原材料"科目的借方；而提供的劳务作业，如供水、供电、供气、修理和运输等所发生的费用，则要在各受益单位之间按照所耗数量或其他比例进行分配后，从"辅助生产成本"科目的贷方转入"基本生产成本""制造费用""管理费用""销售费用"等科目的借方。辅助生产成本的分配是通过编制辅助生产成本分配表进行的。

辅助生产提供的产品和劳务,主要是为基本生产车间等服务的,但在某些辅助生产车间之间,也有相互提供产品或劳务的情况,这就存在一个如何处理辅助生产车间之间费用负担的问题。如供电车间为修理车间提供电力,修理车间为供电车间修理设备,这样,为了计算电力成本,就要确定修理成本,而要计算修理成本,又要确定电力成本。因此,采用什么样的方法来处理辅助车间之间的费用分配问题是辅助生产成本分配的特点。在实务中,辅助生产成本的分配,通常采用直接分配法、顺序分配法、交互分配法、代数分配法和计划成本分配法。现对这几种方法分述如下。

(一)直接分配法

直接分配法是各辅助生产车间发生的费用直接分配给除辅助生产车间以外的各受益产品、单位,而不考虑各辅助生产车间之间相互提供产品或劳务情况的一种辅助费用分配方法。

直接分配法的基本公式为

$$辅助生产费用分配率 = \frac{待分配辅助生产费用}{辅助生产对外提供的劳务总量}$$

$$= \frac{待分配辅助生产费用}{辅助生产车间提供的劳务总量 - 为其他辅助车间提供的劳务量}$$

各受益部门分配额 = 该受益部门劳务耗用量 × 辅助生产费用分配率

【例题 4-3】九岳工厂有供水和供电两个辅助生产车间,主要为本企业基本生产车间和行政管理部门等服务,根据"辅助生产成本"明细账汇总的资料,2021 年 6 月供电车间发生费用为 36 960 元,供水车间发生费用为 27 000 元(明细见表 4-5 和表 4-6)。各辅助生产车间供应产品或劳务数量如表 4-7 所示。

表 4-7　辅助生产车间供应劳务数量表

2021 年 6 月

受益单位		耗水/立方米	耗电/千瓦时
基本生产——甲产品			48 000
基本生产车间		24 000	8 000
辅助生产车间	供电	3 000	
	供水		12 000
专设销售机构		1 000	3 000
行政管理部门		2 000	2 600
合　计		30 000	73 600

采用直接分配法的辅助生产成本分配表如表 4-8 所示。

表4-8 辅助生产成本分配表(直接分配法)

2021年6月　　　　　　　　　　　　　　　　　　　　　　单位：元

项　目		供水车间	供电车间	合计
待分配辅助生产成本		27 000	36 960	63 960
供应辅助生产以外的劳务数量		27 000立方米	61 600千瓦时	
单位成本(分配率)		1.00	0.60	
基本生产——甲产品	耗用数量		48 000	
	分配金额		28 800	28 800
基本生产车间	耗用数量	24 000立方米	8 000千瓦时	
	分配金额	24 000	4 800	28 800
专设销售机构	耗用数量	1 000立方米	3 000千瓦时	
	分配金额	1 000	1 800	2 800
行政管理部门	耗用数量	2 000立方米	2 600千瓦时	
	分配金额	2 000	1 560	3 560
合　计		27 000	36 960	63 960

表4-8中有关数据的计算过程如下。

水单位成本(分配率)=27 000÷(30 000-3 000)=1(元/立方米)

电单位成本(分配率)=36 960÷(73 600-12 000)=0.6(元/千瓦时)

根据辅助生产成本分配表编制会计分录如下。

借：制造费用——基本生产车间　　　24 000
　　销售费用　　　　　　　　　　　 1 000
　　管理费用　　　　　　　　　　　 2 000
　　贷：辅助生产成本——供水　　　　　　27 000
借：基本生产成本——甲产品　　　　28 800
　　制造费用——基本生产车间　　　 4 800
　　销售费用　　　　　　　　　　　 1 800
　　管理费用　　　　　　　　　　　 1 560
　　贷：辅助生产成本——供电　　　　　　36 960

采用直接分配法，由于各辅助生产成本只是进行对外分配，只分配一次，计算工作简便，但当辅助生产车间相互提供产品或劳务量差异较大时，分配结果往往与实际不符。因此，这种方法只适用于在辅助生产内部相互提供产品或劳务不多、不进行费用的交互分配对辅助生产成本和产品生产成本影响不大的情况下采用。

(二)顺序分配法

顺序分配法，也称梯形分配法，是按照受益多少的顺序将辅助生产车间依次排列，受益少的排在前面，先将费用分配出去，受益多的排在后面，后将费用分配出去的一种辅助费用分配方法。该种分配方法不进行交互分配，各辅助生产费用只分配一次，即分配给排在其后面的辅助生产车间或其他部门，排在其前面的辅助车间不负担费用。

顺序分配法的操作步骤及基本公式如下。

第一步，计算先分配辅助生产车间的分配率，再计算各受益对象应承担的辅助生产费用。公式为：

$$辅助生产费用分配率(先分配的车间) = \frac{辅助生产车间本月发生的辅助生产费用}{辅助生产劳务总量}$$

各受益对象承担的分配额＝各受益对象耗用量×辅助生产费用分配率

第二步，计算后分配辅助生产车间的分配率，再计算除先分配辅助生产车间以外的受益对象应承担的辅助生产费用。公式为：

辅助生产费用分配率(后分配的车间)

$$= \frac{辅助车间本月发生的辅助生产费用 + 先分配车间分配来的费用}{辅助生产劳务总量 - 提供给先分配车间的劳务量}$$

各受益对象(除先分配车间外)承担的分配额＝各受益对象(除先分配车间外)耗用量×辅助生产费用分配率

例如，在上述企业的供电和供水两个辅助生产车间中，供电车间耗用水的费用较少，而供水车间耗用电的费用较多，就可以按照供电、供水的顺序排列，先分配电费，然后分配水费。

【例题 4-4】根据例题 4-3 的资料，按顺序分配法编制辅助生产成本分配表，如表 4-9 所示。

表 4-9 辅助生产成本分配表(顺序分配法)

项目	辅助生产车间						基本生产				专设销售机构		行政管理部门	
	供电车间			供水车间			A 产品		基本生产车间					
车间部门	劳务费	待分配费用	分配率	劳务量	待分配费用	分配率	耗量	分配金额	耗量	分配金额	耗量	分配金额	耗量	分配金额
	73 600	36 960		30 000	27 000									
分配电费	−73 600	−36 960	0.5022	12 000	6 026.4		48 000	24 105.6	8 000	4 017.6	3 000	1 506.6	2 600	1 303.8
分配水费				−27 000	−33 026.4	1.2232			24 000	29 356.8	1 000	1 223.2	2 000	2 446.4
分配金额合计								24 105.6		33 374.4		2 729.8		3 750.2

根据表 4-7，供水车间受益的电费为 6 026.4 元(36 960÷73 600×12 000)，供电车间受益的水费为 2 700 元(27 000÷30 000×3 000)，2 700 元小于 6 026.4 元，所以要先分配供电车间，后分配供水车间。

表 4-9 中有关数字的计算如下。

(1) 计算先分配辅助生产车间(供电车间)的分配率及各受益对象承担的费用。

电费分配率＝36 960÷(48 000+8 000+12 000+3 000+2 600)≈0.5022(元/千瓦时)

各受益对象承担的费用如下。

供水车间需承担的电费＝0.5022×12 000=6 026.4(元)

基本生产 A 产品需承担的电费＝0.5022×48 000=24 105.6(元)

基本生产车间需承担的电费＝0.5022×8 000=4 017.6(元)

专设销售机构需承担的电费=0.5022×3 000=1 506.6(元)

行政管理部门需承担的电费=36 960-6 026.4-24 105.6-4 017.6-1 506.6=1 303.8(元)

(2) 计算后分配辅助生产车间(供水车间)的分配率及各受益对象(除先分配车间,即供电车间外)应承担的费用。

水费分配率=(27 000+6 026.4)÷(24 000+1 000+2 000)≈1.2232(元/立方米)

各受益对象(除先分配车间,即供电车间外)承担的费用如下。

基本生产车间需承担的水费=1.2232×24 000=29 356.8(元)

专设销售机构需承担的水费=1.2232×1 000=1 223.2(元)

行政管理部门需承担的水费=1.2232×2 000=2 446.4(元)

(3) 根据辅助生产成本分配表(见表4-9)编制会计分录。

① 分配电费。

借:辅助生产成本——供水　　　　　　　　6 026.4
　　基本生产成本——A产品　　　　　　　24 105.6
　　制造费用——基本生产车间　　　　　　4 017.6
　　销售费用　　　　　　　　　　　　　　1 506.6
　　管理费用　　　　　　　　　　　　　　1 303.8
　　贷:辅助生产成本——供电　　　　　　36 960

② 分配水费。

借:制造费用——基本生产车间　　　　　29 356.8
　　销售费用　　　　　　　　　　　　　1 223.2
　　管理费用　　　　　　　　　　　　　2 446.4
　　贷:辅助生产成本——供水　　　　　33 026.4

采用顺序分配法,在一定程度上考虑了辅助生产车间互相提供劳务的因素,计算工作有所简化,但由于排列在前的辅助生产车间不负担排列在后的辅助生产车间的费用,因而分配结果的正确性会受一定的影响。这种方法仅适用于各辅助生产车间之间相互受益程序有明显顺序的企业采用。

(三)交互分配法

交互分配法是对各辅助生产车间的成本费用进行两次分配。首先,根据各辅助生产车间、部门相互提供的产品或劳务的数量和交互分配前的单位成本(费用分配率),在各辅助生产车间之间进行一次交互分配;然后,将各辅助生产车间、部门交互分配后的实际费用(交互分配前的费用加上交互分配转入的费用,减去交互分配转出的费用),再按提供产品或劳务的数量和交互分配后的单位成本(费用分配率),在辅助生产车间以外的各受益单位之间进行分配。

【例题4-5】三山公司设有供水和运输两个辅助生产车间,2019年6月有关资料如表4-10所示。

表 4-10 辅助生产成本和供应劳务数量表

单位：元

辅助生产车间项目		供水车间	运输车间
待分配辅助生产成本	"辅助生产成本"科目	110 000	58 000
	"制造费用"科目	29 200	37 000
	小计	139 200	95 000
劳务供应数量		139 200 立方米	100 000 千米
耗用劳务数量	供水车间		2 000 千米
	运输车间	20 000 立方米	
	基本车间	100 000 立方米	40 000 千米
	专设销售机构	9 200 立方米	48 000 千米
	行政管理部门	10 000 立方米	10 000 千米

根据表 4-10 所列资料,采用交互分配法分配辅助生产成本,其分配结果如表 4-11 所示。

表 4-11 辅助生产成本分配表(交互分配法)

三山公司　　　　　　　　　　　2019 年 6 月　　　　　　　　　　　单位：元

项目			交互分配			对外分配		
辅助车间名称项目			供水	运输	合计	供水	运输	合计
待分配辅助生产成本	"辅助生产成本"科目		110 000	58 000	168 000			
	"制造费用"科目		29 200	37 000	66 200			
	小计		139 200	95 000	234 200	121 100	113 100	234 200
劳务供应数量			139 200 立方米	100 000 千米		119 200 立方米	98 000 千米	
费用分配率(单位成本)			1	0.95		1.02	1.15	
辅助生产车间耗用	供水车间	耗用数量		2 000 千米				
		分配金额		1 900	1 900			
	运输车间	耗用数量	20 000 立方米					
		分配金额	20 000		20 000			
基本生产车间耗用		耗用数量				100 000 立方米	40 000 千米	
		分配金额				102 000	46 000	148 000
专设销售机构耗用		耗用数量				9 200 立方米	48 000 千米	
		分配金额				9 384	55 200	64 584
行政管理部门耗用		耗用数量				10 000 立方米	10 000 千米	
		分配金额				9 716	11 900	21 616
分配金额合计						121 100	113 100	234 200

表中的有关数据计算过程如下。

(1) 交互分配。

① 供水车间的分配率=139 200÷139 200=1(元/立方米)

供水车间分配给运输车间的水费=1×20 000=20 000(元)

② 运输车间的分配率=95 000÷100 000=0.95(元/千米)

运输车间分配给供水车间的运费=0.95×2 000=1 900(元)

(2) 交互分配后的实际费用(对外分配费用)。

供水车间实际费用(对外分配费用)=139 200+1 900-20 000=121 100(元)

运输车间实际费用(对外分配费用)=95 000+20 000-1 900=113 100(元)

(3) 对外分配。

供水车间对外的分配率=121 100÷119 200≈1.02(元/立方米)

运输车间对外的分配率=113 100÷98 000≈1.15(元/千米)

基本车间应分配的水费：1.02×100 000=102 000(元)

基本车间应分配的运输费：1.15×40 000=46 000(元)

合计 148 000(元)

专设销售机构应分配的水费：1.02×9 200=9 384(元)

专设销售机构应分配的运输费：1.15×48 000=55 200(元)

合计 64 584(元)

行政管理部门应分配的水费：121 100-102 000-9 384=9 716(元)

行政管理部门应分配的运输费：113100-46 000-55 200=11 900(元)

合计 21 616(元)

(4) 辅助生产成本分配表(交互分配法)的会计分录。

① 交互分配。

借：制造费用——供水车间	1 900	
贷：辅助生产成本——运输车间		1 900
借：制造费用——运输车间	20 000	
贷：辅助生产成本——供水车间		20 000

② 结转辅助生产车间的制造费用。

借：辅助生产成本——供水车间	31 100	
贷：制造费用——供水车间		31 100
借：辅助生产成本——运输车间	57 000	
贷：制造费用——运输车间		57 000

③ 对外分配。

借：制造费用——基本生产车间	102 000	
销售费用	9 384	
管理费用	9 716	

贷：辅助生产成本——供水车间	121 100
借：制造费用——基本生产车间	46 000
销售费用	55 200
管理费用	11 900
贷：辅助生产成本——运输车间	113 100

采用交互分配法，辅助生产车间之间相互提供劳务进行了交互分配，从而提高了分配结果的正确性，但各辅助生产车间要计算两次单位成本(费用分配率)，进行两次分配，因而增加了计算的工作量。

(四)代数分配法

代数分配法是通过建立多元一次联立方程组并求解的方法，获取各种辅助生产产品或劳务的单位成本，进而进行辅助生产成本分配的一种辅助生产成本分配方法。采用这种分配方法，首先应根据各辅助生产车间相互提供产品和劳务的数量，建立联立方程，并计算辅助生产产品或劳务的单位成本；然后根据各受益单位(包括辅助生产内部和外部各单位)耗用产品或劳务的数量和单位成本，计算、分配辅助生产成本。

【例题 4-6】根据例题 4-5 交互分配法下供水和运输车间的有关资料，设供水车间的供水单位成本为 x 元，运输车间的运输单位成本为 y 元。则根据以上资料可以建立以下联立方程组：

$$\begin{cases}(110\ 000+29\ 200)+2\ 000y=139\ 200x \\ (58\ 000+37\ 000)+20\ 000x=100\ 000y\end{cases}$$

解此联立方程组，得

$$\begin{cases}x=1.02 \\ y=1.15\end{cases}$$

根据 x，y 的值以及各受益单位所耗水和运输劳务的数量，即可求得各受益单位应负担的费用金额(计算过程从略)。据以编制辅助生产成本分配表，如表 4-12 所示。

表 4-12　辅助生产成本分配表(代数分配法)

2019 年 6 月　　　　　　　　　　　　　　　　　　　　　　　　单位：元

项目		计量单位	单位成本(分配率)	费用合计	辅助生产				基本生产车间		专设销售机构		行政管理部门	
					供水车间		运输车间							
					数量	金额	数量	金额	数量	金额	数量	金额	数量	金额
待分配辅助生产成本					139 200	139 200	100 000	95 000						
费用分配	供水车间	立方米	1.02	141 984			20 000	20 400	100 000	102 000	9 200	9 384	10 000	10 200
	运输车间	千米	1.15	115 000	2 000	2 300			40 000	46 000	48 000	55 200	10 000	11 500
合计				256 984		141 500		115 400		148 000		64 584		21 700

*尾差计入管理费用。

根据表 4-12 编制会计分录如下。
(1) 向各受益单位分配辅助生产成本。
借：制造费用——供水车间　　　　　　　　　　2 300
　　　　　　——基本生产车间　　　　　　　　46 000
　　销售费用　　　　　　　　　　　　　　　　55 200
　　管理费用　　　　　　　　　　　　　　　　11 500
　　　贷：辅助生产成本——运输　　　　　　　　　　　115 000
借：制造费用——运输车间　　　　　　　　　　20 400
　　　　　　——基本生产车间　　　　　　　　102 000
　　销售费用　　　　　　　　　　　　　　　　9 384
　　管理费用　　　　　　　　　　　　　　　　10 200
　　　贷：辅助生产成本——供水　　　　　　　　　　　141 984
(2) 结转辅助车间的制造费用。
借：辅助生产成本——供水　　　　　　　　　　31 500
　　　贷：制造费用——供水车间　　　　　　　　　　　31 500
借：辅助生产成本——运输　　　　　　　　　　57 400
　　　贷：制造费用——运输车间　　　　　　　　　　　57 400

采用代数分配法分配辅助生产成本，分配结果最正确。但在辅助生产车间较多的情况下，未知数较多，计算工作比较复杂，因而这种分配方法适宜在计算工作已经实现电算化的企业中采用。

(五)计划成本分配法

计划成本分配法是按照计划单位成本计算、分配辅助生产成本的一种方法。在这种方法下，辅助生产为各受益单位(包括其他辅助生产车间)提供的产品或劳务，一律按产品或劳务的实际耗用量和计划单位成本进行分配；辅助生产车间实际发生的费用，包括辅助生产交互分配转入的费用在内，与按计划单位成本分配转出的费用之间的差额，也就是辅助生产产品或劳务的成本差异，可以追加分配给辅助生产以外的各受益单位，为了简化计算工作，也可以全部记入"管理费用"科目。

【例题 4-7】仍以例题 4-5 的资料为例，假设供水车间计划单位成本为 1.05 元/立方米，运输车间计划单位成本为 1.1 元/千米，按计划成本分配法进行分配，编制辅助生产费用分配表，如表 4-13 所示。

表 4-13　辅助生产费用分配表(计划成本分配法)

2019 年 6 月　　　　　　　　　　　　　　　　　　　　　　　　单位：元

项　目		供水车间	运输车间	合计
待分配辅助生产成本	"辅助生产成本"科目	110 000	58 000	168 000
	"制造费用"科目	29 200	37 000	66 200
	小计	139 200	9 5000	234 200
供应劳务数量(单位：水——立方米，运输——千米)		139 200	100 000	—
计划单位成本		1.05	1.1	—

续表

项　目			供水车间	运输车间	合计
制造费用	供水车间	耗用数量		2 000	
		分配金额		2 200	2 200
	运输车间	耗用数量	20 000		
		分配金额	21 000		21 000
	基本生产车间	耗用数量	100 000	40 000	
		分配金额	105 000	44 000	149 000
销售费用	专设销售机构耗用	耗用数量	9 200	48 000	
		分配金额	9 660	52 800	62 460
管理费用	行政管理部门耗用	耗用数量	10 000	10 000	
		分配金额	10 500	11 000	21 500
按计划成本分配合计			146 160	110 000	256 160
辅助生产实际成本			141 400	116 000	257 400
辅助生产成本差异			−4 760	+6 000	1 240

辅助生产实际成本：

供水车间实际成本=139 200+2 200=141 400(元)

运输车间实际成本=95 000+21 000=116 000(元)

根据辅助生产成本分配表编制会计分录如下。

(1) 按计划成本分配。

借：制造费用——运输车间　　　　　　　　　　21 000
　　　　　　——基本生产车间　　　　　　　　105 000
　　销售费用　　　　　　　　　　　　　　　　9 660
　　　管理费用　　　　　　　　　　　　　　　10 500
　　贷：辅助生产成本——供水车间　　　　　　146 160
借：制造费用——供水车间　　　　　　　　　　2 200
　　　　　　——基本生产车间　　　　　　　　44 000
　　销售费用　　　　　　　　　　　　　　　　52 800
　　管理费用　　　　　　　　　　　　　　　　11 000
　　贷：辅助生产成本——运输车间　　　　　　110 000

(2) 结转辅助车间的制造费用。

借：辅助生产成本——供水车间　　　　　　　　31 400
　　贷：制造费用——供水车间　　　　　　　　　31 400
借：辅助生产成本——运输车间　　　　　　　　58 000
　　贷：制造费用——运输车间　　　　　　　　　58 000

(3) 结转辅助生产成本差异。

为了简化核算，辅助生产成本差异记入"管理费用"科目。

借：管理费用　　　　　　　　　　　　　　　　1 240

辅助生产成本——供水　　　　　　　　　　4 760
　　贷：辅助生产成本——运输　　　　　　　　6 000
现将"辅助生产成本""制造费用"科目的明细科目(简化格式)记录进行列示，如图4-1所示。

辅助生产成本明细账
供水车间

待分配费用	110 000	分配转出	146 160
转入制造费用	31 400	成本差异	4 760
合计	141 400	合计	141 400

辅助生产成本明细账
运输车间

待分配费用	58 000	分配转出	110 000
转入制造费用	58 000	成本差异	6 000
合计	116 000	合计	116 000

制造费用明细账
供水车间

待分配费用	29 200	分配转出	31 400
交互分配转入	2 200		
合计	31 400	合计	31 400

制造费用明细账
运输车间

待分配费用	37 000	分配转出	58 000
交互分配转入	21 000		
合计	58 000	合计	58 000

图4-1　账户记录示意图

采用计划成本分配法，是由于辅助生产车间的产品或劳务的计划单位成本有现成资料，只要有各受益单位耗用辅助生产车间的产品或劳务量，便可进行分配，从而简化和加速了分配的计算工作；按照计划单位成本分配，排除了辅助生产实际费用的高低对各受益单位成本的影响，便于考核和分析各受益单位的经济责任；还能够反映辅助生产车间产品或劳务的实际成本脱离计划成本的差异。但是采用该种分配方法，辅助生产产品或劳务的计划单位成本应比较准确，在年度内也不宜变动，不然会影响分配的结果。计划成本分配法适用于单位计划成本比较稳定、准确的企业。

本 章 小 结

辅助生产主要是为基本生产服务而进行的产品生产或劳务供应，因此我们需要将辅助生产费用在耗用该产品或劳务的基本生产产品和各车间、部门之间进行分配。辅助生产费用分配的特点是在辅助生产各车间之间进行费用的交互分配。本章详细介绍了直接分配法、交互分配法、顺序分配法、代数分配法和计划成本分配法。较难掌握的是交互分配法，需要进行两次分配，增加了计算量，同时提高了分配结果的准确性。采用与企业生产特点相匹配的辅助生产费用的分配方法，可为产品成本的正确核算奠定良好的基础。

案 例 链 接

精益生产方式

精益生产方式(Lean Production)源于丰田生产方式，是由美国麻省理工学院组织专家、学者，花费 5 年时间，耗资 500 万美元，以汽车工业这一开创大批量生产方式和精益生产方式的典型工业为例，经过理论化以后总结出来的。

精益生产主要研究时间和效率，注重提升系统的稳定性，通过消除企业所有环节上的不增值活动，来达到降低成本、缩短生产周期和改善质量的目的。

高库存是很多工厂的一个主要特征。由于设备运行的不稳定、工序安排的不合理、较高的废品率和生产的不均衡等原因，常常出现供货不及时的现象，库存被看作是必不可少的"缓冲剂"。然而，精益生产认为库存是企业的"祸害"，因为库存提高了经营的成本，掩盖了企业的问题。它追求库存的极小化，追求对市场变化的快速反应。与大批量生产方式下的工厂相比，所需人力资源最低能减到一半，新产品开发周期最低可减至 1/2 或 2/3。

碧桂园也是如此。杨国强很长一段时间，都致力于这样一套系统的优化。近年来，碧桂园无论内部战略，还是组织、产品、区域布局都在不断发生战略调整，业绩持续攀升也显然得益于此。以其创新研发的 SSGF 工业化建造体系为例，通过分级标准化设计、模具空中化装配、全穿插施工管理和现场一体化装修等技术，采用 SSGF 的项目主体建造与装修工程可以分楼层同步推进，使得工期缩短 8～10 个月，同时产品绿色节能，安全性能更高，防渗漏效果也更好，实现了速度与质量的"双赢"。精益生产方式的优越性不仅体现在生产制造系统，同样也体现在产品开发、协作配套、营销网络以及经营管理等各个方面，被称为当前工业界最佳的一种生产组织体系和方式。

(资料来源：https://www.yicai.com/news/5414958.html)

思考与讨论:

(1) 精益生产下库存的意义是什么？

(2) 分析碧桂园的 SSGF 理念。

(3) 如何提升制造型企业各个部门的协同合作？

同步测试题

一、单项选择题

1. 某企业有供水和供电两个辅助生产车间，供水车间待分配的费用为 5 260 元，供水车间耗电 1 128 元，供电车间耗水 656 元。如果该企业的辅助生产费用采用交互分配法，则供水车间对外分配的费用是( )元。

A. 5 732　　　　B. 6 388　　　　C. 4 604　　　　D. 5 260
2. 直接分配法是将辅助生产成本直接分配计入(　　)。
　　A. 基本生产成本　　　　　　　B. 辅助生产成本
　　C. 辅助生产以外的各受益单位　　D. 所有受益单位
3. 采用计划成本分配方法，辅助生产的实际费用与预算费用之间的差异，一般全部计入(　　)。
　　A. 生产成本　　B. 制造费用　　C. 管理费用　　D. 辅助生产成本
4. 辅助生产一次交互分配后的实际费用，应再分配给(　　)。
　　A. 各基本生产车间　　　　　　B. 辅助生产以外的各受益单位
　　C. 各辅助生产车间　　　　　　D. 所有受益单位
5. 直接分配法的适用范围是(　　)。
　　A. 辅助生产车间相互提供劳务较多　　B. 辅助生产车间相互提供劳务较少
　　C. 实行电算化的企业　　　　　　　　D. 有计划单价且比较符合实际
6. 下列辅助分配方法中，分配结果最准确的方法是(　　)。
　　A. 直接分配法　　B. 交互分配法　　C. 代数分配法　　D. 计划分配法
7. 辅助生产成本交互分配法中的第一次交互分配是在(　　)之间进行的。
　　A. 各受益单位　　　　　　　　B. 辅助生产车间以外的受益单位
　　C. 各受益的基本生产车间　　　D. 各受益的辅助生产车间
8. 辅助生产车间为本企业材料采购提供运输服务的劳务成本，应借记(　　)账户。
　　A. "营业费用"　B. "材料采购"　C. "辅助生产成本"　D. "制造费用"
9. 辅助生产车间受益少的先分配，受益多的后分配的分配方法是(　　)。
　　A. 顺序分配法　　　　　　　　B. 计划成本分配法
　　C. 交互分配法　　　　　　　　D. 生产工时比例法
10. 辅助生产车间发生的制造费用(　　)。
　　A. 必须通过"制造费用"总账账户核算
　　B. 不必通过"制造费用"总账账户核算
　　C. 根据具体情况，计入"制造费用"账户或直接计入"辅助生产成本"账户
　　D. 首先计入"辅助生产成本"账户

二、多项选择题
1. 辅助生产车间分配转出的成本，可以借记(　　)科目。
　　A. "低值易耗品"　　B. "辅助生产成本"　　C. "原材料"
　　D. "制造费用"　　　E. "管理费用"
2. 辅助生产成本的分配方法有(　　)。
　　A. 直接分配　　　B. 生产工时分配法　　C. 代数分配法
　　D. 交互分配法　　E. 计划成本分配法
3. 辅助生产车间不设"制造费用"账户核算是因为(　　)。
　　A. 辅助生产车间数量很少　　　B. 制造费用很少
　　C. 辅助生产车间不对外提供商品　D. 辅助生产车间规模很小
　　E. 为了简化核算工作

4. 辅助生产车间管理人员的工资，在不同的核算方法下，可能记入(　　)账户。
   A. "管理费用"　　　　　B. "制造费用"　　　　C. "辅助生产成本"
   D. "营业费用"　　　　　E. "在建工程"

5. 辅助生产成本的交互分配法，在两次分配中的费用分配率分别是(　　)。
   A. 费用分配率=待分配辅助生产成本÷该车间提供劳务量
   B. 费用分配率=待分配辅助生产成本÷对辅助生产车间以外提供劳务量
   C. 费用分配率=(待分配辅助生产成本+交互分配转入费用-交互分配转出费用)÷该车间提供劳务量
   D. 费用分配率=(待分配辅助生产成本+交互分配转入费用-交互分配转出费用)÷对辅助生产车间以外提供劳务量
   E. 费用分配率=待分配辅助生产成本÷对排列在其后的各车间、部门提供劳务量

6. 辅助生产费用的交互分配法，具有的特点是(　　)。
   A. 核算工作十分简便
   B. 核算工作量较大
   C. 分配结果的正确性较直接分配法高
   D. 辅助生产费用不必对外分配
   E. 分配结果只具有相对的正确性

7. 某企业的辅助生产费用按计划成本分配法进行分配，按计划成本分配的费用为18 230元，辅助生产实际成本为21 320元，其差额3 090元可以(　　)。
   A. 借记"管理费用"科目
   B. 用红字借记"管理费用"科目
   C. 追加分配给辅助生产以外的各受益单位
   D. 借记"辅助生产成本"科目
   E. 贷记"辅助生产成本"科目

8. 顺序分配法的缺点有(　　)。
   A. 各种辅助生产费用只分配一次
   B. 分配结果不太准确
   C. 必须参照上年或历史资料
   D. 不便于调动排列在先的辅助生产车间降低耗用的积极性

9. 企业最常用的辅助生产费用分配方法有(　　)。
   A. 代数分配法　　　　　B. 交互分配法
   C. 直接分配法　　　　　D. 顺序分配法

10. 辅助生产车间的间接费用应记入(　　)。
    A. "制造费用"账户　　　　B. "基本生产成本"账户
    C. "辅助生产成本"账户　　D. "管理费用"账户

三、判断题

1. 采用顺序分配法，按照各辅助生产车间受益多少的顺序排列，受益少的辅助部门不负担受益多的部门的分配。(　　)

2. "辅助生产成本"账户一般应按辅助生产车间、车间下再按产品或劳务种类设置明细

账,账中按照成本项目或费用项目设立专栏进行明细核算。（　　）

3. 采用代数分配法分配辅助生产成本,分配结果最正确。（　　）

4. 采用计划成本分配法,包括辅助生产内部交互分配转入的费用在内,辅助生产车间实际发生的费用与按计划单位成本分配转出的费用之间的差异,一般全部计入管理费。（　　）

5. 任何情况下,辅助生产的制造费用可以不通过"制造费用——辅助生产车间"明细账单独归集,而是直接记入"辅助生产成本"账户。（　　）

6. 采用计划成本分配法分配辅助生产费用时的差异全部转入管理费用。（　　）

7. 辅助生产车间提供的产品和劳务都是为基本生产车间服务的。（　　）

8. 采用直接分配法分配辅助生产费用应考虑各辅助生产车间之间相互提供的产品或劳务。（　　）

9. 交互分配法的特点是辅助生产费用通过一次分配即可完成,减轻了分配工作量。（　　）

10. 采用交互分配法分配辅助生产成本时,对外分配的辅助生产成本,应为交互分配前的费用加上交互分配时分配转入的费用。（　　）

四、业务计算分析题

1. 甲企业有供水、供电两个辅助生产车间。2019年6月供水车间发生费用4 000元,供电车间发生费用4 600元。供水车间提供劳务量40 000吨,供电车间提供劳务量23 000度。各受益对象耗用量如表4-14所示。

表4-14　辅助生产车间供应劳务数量表

2019年6月

受益单位		耗水/立方米	耗电/千瓦时
基本生产——甲产品			10 300
基本生产车间		20 000	8 000
辅助生产车间	供电	10 000	
	供水		3 000
专设销售机构		2 000	500
行政管理部门		8 000	1 200
合计		40 000	23 000

要求：采用直接分配法编制费用分配表并编制会计分录。

2. 乙企业有供电、供水两个辅助生产车间,2019年6月供电车间发生生产成本总额为54 000元,供水车间发生费用总额为36 000元,辅助车间提供给基本生产车间及管理部门的劳务数量如表4-15所示。

要求：

(1) 采用交互分配法编制费用分配表并编制会计分录。

(2) 采用代数分配法编制费用分配表并编制会计分录。

表 4-15 辅助生产车间供应劳务数量表

2019 年 6 月

受益单位		耗水/立方米	耗电/千瓦时
基本生产——甲产品			
基本生产车间		6 000	197 000
辅助生产车间	供电	2 000	
	供水		70 000
专设销售机构			
行政管理部门		4 000	3 000
合计		12 000	270 000

3. 丙企业有车队、机修车间两个辅助生产部门，本月辅助生产明细账归集的费用为：车队 4 950 元，机修车间 17 000 元。车队每吨·千米的计划单位成本为 0.25 元，机修车间每小时的计划单位成本为 1.8 元。

要求：采用计划成本分配法编制辅助生产成本分配表，并编制会计分录。

微课视频

扫一扫，获取本章相关微课视频及本章同步测试题答案。

4 辅助生产费用的归集和分配　　　本章同步测试题答案

第五章 制造费用的归集和分配

【教学目的与要求】
- 理解制造费用的实质和构成。
- 理解制造费用分配的原理。
- 掌握年度计划分配率分配法的原理、计算、账务处理及适用。

一、制造费用的内容

制造费用是指各个生产单位(包括车间和分厂)为组织和管理生产而发生的各项间接费用，包括企业车间发生的水电费、固定资产折旧、无形资产摊销、车间管理人员的职工薪酬及计提、劳动保护费、季节性和修理期间的停工损失等。其具体内容如下。

(1) 工资是指基本生产车间除生产工人以外的所有人员的工资。如车间管理人员、工程技术人员、车间辅助人员、修理人员、搬运工人、勤杂人员等的工资。

(2) 其他职工薪酬是按上述人员工资的一定比例提取的职工福利费、"五险一金"等。

(3) 折旧费是指生产车间各项固定资产计提的折旧费。

(4) 运输费是指企业生产车间应负担的厂内运输部门和厂外运输单位所提供运输劳务的费用。

(5) 办公费是指生产车间的文具、印刷、办公用品等办公费用。

(6) 水电费是指生产车间由于消耗水电而支付的费用，一般包括照明用电、传动用电和非工艺性消耗的水电费。对于工艺性消耗的水电费，应作为直接成本计入产品成本中。

(7) 机物料消耗是指生产车间为维护生产设备等所消耗的各种材料(不包括修理用和劳动保护用材料)。

(8) 劳动保护费是指生产车间所发生的各种劳动保护费用，如不构成固定资产的安全装置、卫生设备、通风设备、工作服、工作鞋等。

(9) 季节性、修理期间的停工损失是指季节性停工和机器设备修理停工期间所发生的各项费用。

(10) 租赁费是指生产车间自外部租入各种固定资产和工具按规定在成本中列支的租金(不包括融资租赁的租赁费)。如果租入的固定资产的租金是一次性支付，而固定资产是跨期使用的，则应指固定资产租金的摊销费用。

(11) 保险费是指企业生产车间应负担的财产物资保险费。

(12) 低值易耗品摊销是指生产车间所使用的低值易耗品的摊销费。

(13) 试验检验费是指企业生产车间对材料、在产品、产成品进行化验、分析、检验等所发生的费用。

(14) 设计制图费是指车间设计部门的日常经费、购置图纸和制图用品等费用，以及委托外单位设计制图而支付的费用等。

(15) 差旅费是指企业生产车间的职工因公外出而发生的各种差旅费和市内交通费，以及按国家规定准予报销的探亲交通费。

(16) 其他是指不能列入以上各项目的各种制造费用。

由于各工业部门性质不同，制造费用构成也会略有差别。因此，制造费用项目可根据企业具体情况增减。

制造费用在产品成本中占有一定的比重，它们是构成产品成本的综合成本项目。由于这些费用大部分属于一般费用，并且相对固定，一般按期(月、季、年)编制费用预算加以控制。

现行会计准则规定固定资产修理费用不再计入"制造费用"账户，而是计入"管理费用"账户。

二、制造费用的归集

(一)分车间正确归集制造费用的重要性

在成本核算中，按各车间正确地归集制造费用是一项十分重要的工作。

工业产品的生产，一般需要经过比较复杂的生产加工过程，往往需要经过几个生产车间的合作加工，而在各生产车间耗用的费用并不同。如果将各生产车间的制造费用合并归集，统一分配，就会使各产品生产成本分担的制造费用，同产品在各生产车间接受的加工量之间失去依存关系，那么，据此计算的产品制造成本就难以准确。因此，分别各生产车间归集制造费用，并根据各生产车间组织和管理生产的特点、性质分别确定分配方法进行分配，是保证产品生产成本计算正确性的需要。

另外，按各生产车间分别归集制造费用，有助于企业和车间加强制造费用的管理和产品生产成本的控制。由于制造费用是一种相对固定的费用，它与产品生产联系并不十分紧密，因此不易按照产品制定预算。为了加强对制造费用的管理，就应分别生产车间并按制造费用的明细项目编制预算，据以监督各生产车间制造费用的支出。费用预算的编制应与实际费用的归集保持口径一致，这样才能将实际发生的费用与预算费用进行比较分析，才能客观地考核各制造费用预算的执行情况，并对预算的执行结果进行评价，从而促进企业和车间进一步加强制造费用的控制和管理，努力节约费用开支，降低产品生产成本。

制造费用分配的正确与否，将直接影响产品生产成本计算的正确性。要合理、正确地分配制造费用，除了应根据各生产车间组织和管理生产活动的特点、性质，选择合理的分配标准和恰当的分配方法进行分配外，制造费用归集的正确性则是保证分配正确性的前提。

(二)"制造费用"账户的正确处理

为了总括地反映企业在一定时期内发生的制造费用,并对其分配情况进行控制和分析,应设置"制造费用"总分类账户。该账户是集合分配账户,该科目的借方登记发生的制造费用,贷方登记分配计入有关的成本核算对象的制造费用。在一般情况下。"制造费用"科目不仅核算基本生产车间的制造费用,而且还核算辅助生产车间的制造费用。因此,该科目应按不同的车间、分厂设置明细账。该科目月末一般无余额。

在发生制造费用时,应根据有关的记账凭证(如付款凭证、转账凭证等)和前述各种费用分配表(如原材料费用分配表、外购动力费分配表、职工薪酬费用分配表、折旧费用分配表以及辅助生产费用分配表等),记入"制造费用"账户的借方,并视具体情况,分别记入"原材料""应付职工薪酬""累计折旧""银行存款"等科目的贷方;月末时将"制造费用"科目及其所属明细账中登记的费用汇总后,分别与预算数进行比较,可以查明制造费用预算的执行情况,对于产生的差异,应分析原因。对于不利的差异,应提出改进的措施,努力降低各项开支,不断提高成本管理水平。月末分配制造费用时,应借记"生产成本"科目,贷记"制造费用"科目。除季节性生产企业或采用年度计划分配率分配法、累计分配率法分配制造费用的企业外,"制造费用"科目期末一般应无余额。

应该指出,如果辅助生产车间的制造费用是通过"制造费用"科目单独核算的,则应比照基本生产车间发生的费用核算;如果辅助生产车间的制造费用不通过"制造费用"科目单独核算,则应全部记入"辅助生产成本"科目及明细账的有关成本或费用项目。

为了满足管理上的需要,有利于对各生产车间制造费用预算的执行情况进行控制和分析,应区别各生产车间和分厂设置制造费用明细分类账户,反映各生产车间制造费用发生和分配情况。在制造费用明细账户中,应按费用的明细项目设置专栏进行明细核算。制造费用的明细项目,可按费用的经济性质分类,也可以按费用的经济用途设置。由于不同行业、企业的制造费用构成内容不同,因此,各行业、企业应根据本行业、本企业的生产特点和管理上的需要,规定不同的明细项目。为便于各企业之间,以及企业不同时期之间进行制造费用的比较分析和评价考核,同行业的明细项目应力求统一,同时一旦确定了明细项目,就不宜改变。制造费用设置的明细项目主要有工资费用、折旧费、办公费、水电费、机物料消耗、劳动保护费、季节性和修理期间的停工损失等。

根据各种费用分配表及付款凭证登记九岳工厂基本生产车间制造费用明细账,如表5-1所示。

表5-1 制造费用明细账

车间:基本生产车间　　　　　　　　　201×年10月　　　　　　　　　单位:元

摘　要	机物料消耗	动力费用	职工薪酬	折旧费	水费	运费	保险费	低值易耗品	其他	合计	转出
付款凭证									22 400	22 400	
材料费用分配表	4 000									4 000	
低值易耗品摊销								700		700	
动力费用分配表		2 000								2 000	
工资费用分配表			28 000							28 000	

续表

摘要	机物料消耗	动力费用	职工薪酬	折旧费	水费	运费	保险费	低值易耗品	其他	合计	转出
长期待摊费用分配表							5 000			5 000	
折旧费用分配表				18 000						18 000	
辅助生产成本分配表					93 900	46 000				139 900	
制造费用分配表											220 000
合计	4 000	2 000	28 000	18 000	93 900	46 000	5 000	700	22 400	220 000	220 000

三、制造费用的分配

制造费用的分配就是把归集的制造费用按受益对象的不同分配出去。受益对象即各生产单位(车间或分厂)本期所生产的各种产品或提供的劳务。

要想正确计算产品的生产成本,必须合理地分配制造费用。基本生产车间的制造费用是产品生产成本的组成部分,在只生产一种产品的车间,制造费用可以直接计入该产品生产成本;在生产多种产品的车间中,制造费用则应采用既合理又简便的分配方法,分配计入各种产品的生产成本。

辅助生产车间单独核算其制造费用时,汇总在"制造费用——××辅助生产车间"科目的数额,在只生产一种产品或提供一种劳务的辅助生产车间,直接计入该辅助生产产品或劳务的成本;在生产多种产品或提供多种劳务的辅助生产车间,则应采用适当的方法,分配计入辅助生产产品或劳务的成本。

如果基本生产车间和辅助生产车间都设置了制造费用明细账,则分配制造费用时,一般应先分配辅助生产车间的制造费用,将其计入辅助生产成本;然后再分配辅助生产成本,将其中应由基本生产车间负担的制造费用计入基本生产车间的制造费用;最后再分配基本生产车间的制造费用。

由于各车间制造费用水平不同,所以制造费用应该按照各车间分别进行分配,而不得将各车间的制造费用统一在整个企业范围内分配。

制造费用的分配方法一般有生产工时比例法、生产工人工资比例法、机器工时比例法、年度计划分配率分配法和累计分配率法等。分配方法的选择遵循相关性原则、易操作原则和相对稳定原则。分配方法一经确定,不得随意变更。

(一)生产工时比例法

生产工时比例法是按照各种产品所用生产工人工时的比例分配制造费用的一种方法。计算公式如下。

$$制造费用分配率 = \frac{制造费用总额}{车间产品生产工时总额}$$

某种产品应分配的制造费用=该种产品生产工时×制造费用分配率

按生产工时比例分配,可以根据各种产品实际耗用的生产工时(实用工时)进行分配,如果产品的工时预算比较准确,制造费用也可以按预算工时的比例分配。计算公式如下。

$$制造费用分配率 = \frac{制造费用总额}{车间产品预算工时总额}$$

某种产品应分配的制造费用=该种产品预算工时×制造费用分配率

【例题5-1】九岳工厂201×年10月基本生产车间发生的制造费用总额为220 000元，基本生产车间甲产品生产工时为26 000小时，乙产品生产工时为14 000小时，计算分配如下。

制造费用分配率=220 000÷(26 000+14 000)= 5.5(元/小时)

甲产品应分配的制造费用=26 000×5.5=143 000(元)

乙产品应分配的制造费用=14 000×5.5=77 000(元)

按生产工时比例法编制制造费用分配表，如表5-2所示。

表5-2 制造费用分配表(一)

车间：基本生产车间　　　　　　　　　201×年10月　　　　　　　　　　　单位：元

应借科目		生产工时/小时	分配金额(分配率：5.5)
基本生产成本	甲产品	26 000	143 000
	乙产品	14 000	77 000
合计		40 000	220 000

根据制造费用分配表，编制会计分录如下。

借：基本生产成本——甲产品　　　143 000
　　　　　　　　　——乙产品　　　 77 000
　　贷：制造费用　　　　　　　　　220 000

生产工时是常用的分配标准，适用于各种产品机械化程度相差不多的企业。

(二)生产工人工资比例法

生产工人工资比例法又称生产工资比例法，是以各种产品的生产工人工资的比例分配制造费用的一种方法。计算公式如下。

$$制造费用分配率 = \frac{制造费用总额}{车间各产品生产工人工资总额}$$

某种产品应分配的制造费用=该种产品生产工人工资×制造费用分配率

【例题5-2】九岳工厂201×年10月基本生产车间发生的制造费用总额为220 000元，基本生产车间甲产品生产工人工资为36 000元，乙产品生产工人工资为14 000元，计算分配如下。

制造费用分配率=220 000÷(36 000+14 000)=4.4

甲产品应分配的制造费用=36 000×4.4=158 400(元)

乙产品应分配的制造费用=14 000×4.4=61 600(元)

按生产工人工资比例法编制制造费用分配表，如表5-3所示。

表 5-3 制造费用分配表(二)

车间：基本生产车间　　　　　　　　201×年10月　　　　　　　　　　　　　单位：元

应借科目		生产工资/元	分配金额(分配率：4.4)
基本生产成本	甲产品	36 000	158 400
	乙产品	14 000	61 600
合计		50 000	220 000

根据制造费用分配表，编制会计分录如下。

借：基本生产成本——甲产品　　　158 400
　　　　　　　　　——乙产品　　　 61 600
　　贷：制造费用　　　　　　　　　　　　220 000

由于工资费用分配表中有现成的生产工人工资的资料，所以这种分配方法核算工作很简便。这种方法适用于各种产品生产机械化程度大致相同或需要工人操作技能大致相同的情况，否则会影响费用分配的合理性。例如，机械化程度低的产品，所用工资费用多，分配的制造费用也多；反之，机械化程度高的产品，所用工资费用少，分配的制造费用也少。这种情况是不合理的。

(三)机器工时比例法

机器工时比例法是按照各种产品所用机器设备运转时间的比例分配制造费用的一种方法。这种方法适用于机械化程度较高的车间，因为在这种车间里，机器折旧费用、维护费用等的多少与机器运转的时间有密切的联系。其基本公式为。

$$制造费用分配率 = \frac{制造费用总额}{车间各产品机器工时之和}$$

某种产品应分配的制造费用 = 该种产品的机器工时 × 制造费用分配率

【**例题 5-3**】九岳工厂201×年10月基本生产车间发生的制造费用总额为220 000元，共耗用机器工时20 000小时，其中甲产品耗用机器工时14 000小时，乙产品耗用机器工时6 000小时。要求：按机器工时比例法分配制造费用。

制造费用分配率 = 220 000÷(14 000+6 000) = 11(元/小时)
甲产品应分配的制造费用 = 14 000×11 = 154 000(元)
乙产品应分配的制造费用 = 6 000×11 = 66 000(元)

按机器工时比例法编制制造费用分配表，如表 5-4 所示。

表 5-4 制造费用分配表

车间：基本生产车间　　　　　　　　201×年10月　　　　　　　　　　　　　单位：元

应借科目		机器工时/小时	分配金额(分配率：11)
基本生产成本	甲产品	14 000	154 000
	乙产品	6 000	66 000
合计		20 000	220 000

根据制造费用分配表，编制会计分录如下。

借：基本生产成本——甲产品　　　　154 000
　　　　　　　　——乙产品　　　　 66 000
　　贷：制造费用　　　　　　　　　220 000

采用这种方法，必须组织好各种产品所耗用机器工时的记录工作，以保证工时的准确性。

需要注意的是，为了使制造费用的分配更趋于合理，在核算基础工作完备的企业，也可以将制造费用分为与生产机器设备使用有关的费用和为组织、管理生产发生的费用两类。前类费用采用机器工时比例分配，而后类费用可按生产工时或生产工资的比例分配，这种思想与第九章作业成本法相同。

(四)年度计划分配率分配法

年度计划分配率分配法是按照年度开始前确定的全年适用的计划分配率分配制造费用的方法。采用这种分配方法，不论各月实际发生的制造费用是多少，每月各种产品成本中的制造费用都按年度计划确定的计划分配率分配。计算公式如下。

$$年度计划分配率 = \frac{年度制造费用计划总额}{年度各种产品计划产量的预算工时总额}$$

某种产品应分配的制造费用=该月该种产品实际产量的预算工时×年度计划分配率

【例题5-4】九岳工厂201×年6月第一车间全年制造费用计划数为110 000元；全年各种产品的计划产量为甲产品2 500件，乙产品3 000件；单件产品的工时预算为甲产品4小时，乙产品4小时。6月份实际产量为甲产品300件，乙产品200件；本月实际发生制造费用11 000元，账户月初为贷方余额300元。要求：按年度计划分配率法分配制造费用。

(1) 计算各种产品年度计划产量的预算工时。

甲产品年度计划产量的预算工时=2 500×4=10 000(小时)

乙产品年度计划产量的预算工时=3 000×4=12 000(小时)

(2) 计算制造费用年度计划分配率。

制造费用年度计划分配率=110 000÷(10 000+12 000)=5(元/小时)

(3) 计算各种产品本月实际产量的预算工时。

甲产品本月实际产量的预算工时=300×4=1 200(小时)

乙产品本月实际产量的预算工时=200×4=800(小时)

(4) 计算各种产品应分配的制造费用。

本月甲产品应分配制造费用=1 200×5=6 000(元)

本月乙产品应分配制造费用=800×5=4 000(元)

该车间本月按计划分配率分配转出的制造费用为：6 000+4 000=10 000(元)

按年度计划分配率法编制制造费用分配表，详如表5-5所示。

表5-5　制造费用分配表(四)

车间：基本生产车间　　　　　　　　201×年6月　　　　　　　　　　　　单位：元

应借科目		预算工时(实际产量)	分配金额(分配率：5)	实际发生额
基本生产成本	甲产品	1 200	6 000	
	乙产品	800	4 000	
合计		2 000	10 000	11 000

根据制造费用分配表，编制会计分录如下。

借：基本生产成本——甲产品　　　　6 000
　　　　　　　　——乙产品　　　　4 000
　　贷：制造费用　　　　　　　　　　10 000

【例题5-5】假定例题5-4中九岳工厂第一车间的"制造费用"账户6月初为贷方余额300元，则该月制造费用的实际发生额和分配转出额登记结果如图5-1所示。

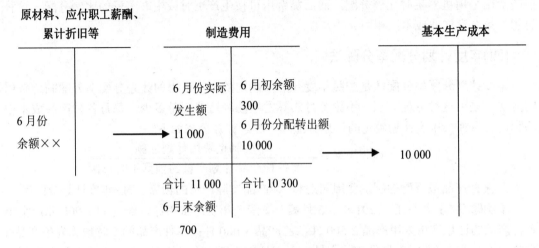

图5-1　账户记录示意图

采用年度计划分配率分配法时，每月实际发生的制造费用与分配转出的制造费用金额不等，因此"制造费用"科目一般有月末余额，可能是借方余额，也可能是贷方余额。如为借方余额，表示年度内累计实际发生的制造费用大于按计划分配率分配累计的转出额，是该月超过计划的预付费用；如为贷方余额，表示年度内按计划分配率分配累计的转出额大于累计的实际发生额，是该月按照计划应付但未付的费用。

"制造费用"科目的年末余额，就是全年制造费用的实际发生额与计划分配额的差额，一般应在年末调整计入12月份的产品成本。实际发生额大于计划分配额，借记"基本生产成本"科目，贷记"制造费用"科目；实际发生额小于计划分配额，则用红字冲减，或者借记"制造费用"科目，贷记"基本生产成本"科目。

【例题5-6】假定例题5-4中九岳工厂到12月底发现，全年制造费用实际发生额为52 000元，年终"制造费用"账户贷方余额为4 000元，全年甲、乙产品已分配的制造费用分别为30 000元和26 000元，要求按甲、乙产品分配比例进行年末调整。

分配率=4 000÷(30 000+26 000)≈0.07
甲产品应调整金额=0.07×30 000=2 100(元)
乙产品应调整金额=4 000−2 100=1 900(元)
编制会计分录如下。

借：制造费用　　　　　　　　　　　4 000
　　贷：基本生产成本——甲产品　　2 100
　　　　　　　　　　——乙产品　　1 900

这种分配方法核算工作简便，特别适用于季节性生产的车间，因为它不受淡月和旺月产量相差悬殊的影响,从而不会使各月单位产品成本中的制造费用忽高忽低,便于进行成本分析。但是,采用这种分配方法要求计划工作水平较高,否则会影响产品成本计算的正确性。

年度内如果发现全年制造费用的实际数和产品的实际产量与计划数有较大的差额,应及时调整计划分配率。

(五)累计分配率法

累计分配率法是在产品完工时一次性分配其应负担的全部制造费用,至于未完工产品暂不分配,其应负担的费用保留在"制造费用"账户中,累计工时保留在"产品成本计算单"中,待其完工后一次性分配。累计分配率法的分配标准,可采用上述分配方式中分配标准的任何一种。其计算公式如下:

$$制造费用累计分配率 = \frac{制造费用期初余额 + 本月发生的制造费用}{各种产品累计分配标准之和}$$

完工产品应分配的制造费用 = 完工产品的累计分配标准 × 制造费用累计分配率

【例题5-7】三姗企业本月份共生产甲、乙、丙、丁四批产品,甲批产品上月投产,生产工时为 200 小时,本月发生工时 1 200 小时。另外三批产品均为本月投产,工时分别为 1 000 小时、1 500 小时和 700 小时。月初制造费用余额为 2 600 元,本月发生 6 600 元。甲批产品本月完工,其余三批产品均未完工。采用累计分配率法分配制造费用时,其分配结果如下:

制造费用累计分配率=(2 600+ 6 600)÷(200+1 200+1 000+1 500+700)=2(元/小时)

甲批产品应分配的制造费用=(200+1 200)×2=2 800(元)

乙、丙、丁三批产品由于未完工,所以暂不分配,可将这三批产品应负担的费用 6 400 元(2 600+6 600-2 800)保留在"制造费用明细账"中。而这三批产品的分配标准即工时资料,则保留在各自的"产品成本计算单"中。待该批产品完工时,再根据其累计工时和完工月份的制造费用累计分配率,分配应负担的制造费用。

采用累计分配率方法分配制造费用,其优点是在生产周期较长的企业,假若完工产品批次少,未完工产品批次多,则可简化会计核算的工作量。

采用这种方法分配制造费用时,各月份制造费用水平应相差不大,否则,会影响计算结果的准确性。因此,这种方法一般是在每月完工产品的批次少,未完工产品的批次多,各月费用水平相差不多的情况下采用。

无论采用哪种制造费用分配方法,都应根据分配计算的结果,编制制造费用分配表,据以进行制造费用的总分类核算和明细核算。制造费用分配后,除采用年度计划分配率分配法和累计分配率法的企业外,"制造费用"科目都没有月末余额。

本 章 小 结

制造费用是指各个生产单位(包括车间和分厂)为组织和管理生产而发生的各项间接费用。它决定了需要将制造费用在所生产的产品之间进行分配。在理解制造费用的具体内容的基础上,了解基本生产车间和辅助生产车间制造费用的归集,熟练掌握制造费用分配的方法和账务处理，理解各种方法的特点和适用性。采用与企业生产特点相匹配的制造费用的分配方法，可为产品成本的正确核算奠定良好的基础。

案例链接

沃尔玛案例

1962年，山姆·沃尔顿开设了第一家沃尔玛(Wal-Mart)商店。迄今，沃尔玛商店已成为世界第一大百货商店，按照美国《福布斯》杂志的估算，1989年沃尔顿家族的财产已高达90亿美元，沃尔玛在世界零售业中排名第一。在《商业周刊》2001年全球1 000强排名中，沃尔玛位居第6位。作为一家商业零售企业，能与微软、通用电气、辉瑞制药等巨型公司相匹敌，实在让人惊叹。沃尔玛取得成功的关键在于商品物美价廉，对顾客的服务优质上乘。

沃尔玛始终保持自己的商品售价比其他商店的便宜，这是在压低进货价格和降低经营成本方面下功夫的结果。沃尔玛直接从生产厂家进货，想尽一切办法把价格压低到极限成交。公司纪律严明，监督有力，禁止供应商送礼或请采购员吃饭，以免采购人员损公肥私。沃尔玛也把货物的运费和保管费用降到最低。公司在全美有16个配货中心，都设在离沃尔玛商场不到一天路程的附近地点。商品购进后直接送到配货中心，再从配货中心由公司专有的集装箱运往各地的沃尔玛商场。公司建有最先进的配货和存货系统，公司总部的高性能电脑系统与16个配货中心和1 000多家商场的POS终端机联网，每家商场通过收款机扫描售出货物的条形码，将有关信息输入计算机网络当中。当某一货品库存减少到最低限时，计算机就会向总部发出购进信号，要求总部安排进货。总部寻找到货源，便派离商场最近的配货中心负责运输，一切都安排得有条不紊。商场发出订货信号后36小时内，所需货品就会及时出现在存货架上。就是这种高效的商品进、销、存管理，使公司迅速掌握了商品进、销、存情况和市场需求趋势，做到既不积压存货，又不断货，加速了资金周转，降低了资金成本和仓储成本。

压缩广告费用是沃尔玛保持低成本竞争战略的另一种策略。沃尔玛公司每年只在媒体上做几次广告，大大低于一般的百货公司每年50~100次的水平。沃尔玛认为，"物美价廉的商品就是最好的广告，我们不希望顾客买1美元的东西，就得承担20~30美元的宣传、广告费用，那样对顾客极不公平。顾客也不会对华而不实的商品感兴趣"。沃尔玛很重视对职工勤俭风气的培养。沃尔顿说："你关心你的同事，他们就会关心你。"员工从进公司的第一天起，就受到"爱公司，如爱家"的店训熏陶。从经理到雇员，都要关心公司的经营状况，勤俭节约，杜绝浪费，从细微处做起。沃尔玛的商品损耗率只有1%，而全美零售业平均损耗率为2%，从而使沃尔玛大量降低成本。

沃尔玛每周五上午召开经理人员会议，研究商品的价格情况。如果有报告说某一商品在其他商场的标价低于沃尔玛，会议可决定降价，保证同种商品在沃尔玛价格最低。沃尔玛成功运用低成本竞争战略，在激烈的市场竞争中取得了胜利。

(资料来源：https://mp.weixin.qq.com/)

思考与讨论:
(1) 沃尔玛的成本竞争战略是什么?
(2) 沃尔玛取得成功的关键是什么?
(3) 评价沃尔玛的存货管理。

同步测试题

一、单项选择题

1. 制造费用( )。
   A. 大部分是间接用于产品生产的费用　　B. 大部分是直接用于产品生产的费用
   C. 完全是间接用于产品生产的费用　　　D. 完全是直接用于产品生产的费用
2. 基本生产车间应支付管理人员的工资记入( )的借方。
   A. "应付职工薪酬"科目　　　　　　　B. "生产成本"科目
   C. "制造费用"科目　　　　　　　　　D. "管理费用"科目
3. 基本生产车间消耗的机物料,应记入( )的借方。
   A. "生产成本"科目　　　　　　　　　B. "销售费用"科目
   C. "制造费用"科目　　　　　　　　　D. "管理费用"科目
4. "制造费用"科目应按( )设置明细账。
   A. 车间、部门　　B. 费用项目　　C. 产品品种　　D. 车间负责人
5. 适用于季节性生产的车间分配制造费用的方法是( )。
   A. 生产工人工资比例法　　　　B. 生产工时比例法
   C. 年度计划分配率分配法　　　D. 机器工时比例法
6. 按照生产工人工资比例法分配制造费用,要求( )。
   A. 各种产品生产的机械化程度差不多　　B. 各种产品生产的机械化程度相差悬殊
   C. 不考虑产品的机械化程度　　　　　　D. 产品生产的机械化程度较高
7. 某生产车间生产A和B两种产品,该车间共发生制造费用60 000元,生产A产品生产工人工时为3 000小时,生产B产品生产工人工时为2 000小时。若按生产工人工时比例法分配制造费用,则A和B两种产品应负担的制造费用分别为( )。
   A. 36 000元和24 000元　　　B. 24 000元和36 000元
   C. 30 000元和30 000元　　　D. 40 000元和20 000元
8. 除了按年度计划分配率分配法分配制造费用以外,"制造费用"账户月末( )。
   A. 没有余额　　　　　　　　B. 一定有借方余额
   C. 一定有贷方余额　　　　　D. 有借方或贷方余额

二、多项选择题

1. 按年度计划分配率分配法分配制造费用后,"制造费用"账户月末( )。
   A. 可能有余额　　　　B. 无余额　　　　C. 可能有借方余额
   D. 可能有贷方余额　　E. 可能无余额
2. 工业企业制造费用的分配不应该( )。

A. 按车间进行分配　　　　　　　　B. 在企业范围内统一分配
C. 按班组分别进行分配　　　　　　D. 在所有车间范围内统一分配

3. 按年度计划分配率分配法分配制造费用后，"制造费用"账户的借方有可能是(　　)。
　　A. 实际发生额　　　　　　　　　　B. 上月结转余额
　　C. 分配出去的金额　　　　　　　　D. 月末余额

4. 制造费用是企业为生产产品和提供劳务而发生的各项间接费用，包括(　　)。
　　A. 销售人员的直接人工费用　　　　B. 车间、分厂管理人员的直接人工费用
　　C. 车间、分厂固定资产折旧费用　　D. 辅助生产车间机器设备折旧费用
　　E. 基本生产车间的办公费

5. 制造费用的分配方法有(　　)。
　　A. 生产工人工时比例法　　　　　　B. 机器工时比例法
　　C. 直接分配法　　　　　　　　　　D. 年度计划分配率法
　　E. 生产工人工资比例法

6. 下列关于制造费用的说法，正确的有(　　)。
　　A. 制造费用是企业管理费用的一部分　B. 制造费用一般是间接费用
　　C. 制造费用最终应计入产品成本　　　D. 制造费用属于期间费用
　　E. 制造费用属于综合性费用项目

7. 下列项目中，属于制造费用所属项目的有(　　)。
　　A. 生产车间的保险费　　B. 厂部办公楼折旧费　　C. 机物料消耗
　　D. 低值易耗品摊销　　　E. 季节性停工损失

8. 分配制造费用时，可能借记的账户有(　　)。
　　A. "生产成本"　　　　B. "营业费用"　　　　　C. "管理费用"
　　D. "基本生产成本"　　E. "辅助生产成本"

三、判断题

1. 工业企业辅助生产车间发生的制造费用，不能通过"制造费用"科目核算。(　　)
2. "制造费用"科目期末若有余额，只会出现借方余额。(　　)
3. 制造费用大部分是直接用于产品生产的费用。(　　)
4. 工业企业固定资产折旧费用，均需通过"制造费用"科目核算。(　　)
5. 按年度计划分配率分配法分配制造费用，需要计算两个年度计划分配率。(　　)
6. 制造费用是间接用于产品生产或提供劳务的费用。(　　)
7. "制造费用"成本项目属于综合性费用项目。(　　)
8. 企业应该按照制造费用项目设置制造费用明细账。(　　)
9. "制造费用"采用的所有分配方法，分配后"制造费用"账户期末都没有余额。(　　)
10. 采用年度计划分配率分配法分配制造费用时，"制造费用"明细账应留有年末余额。(　　)

四、计算题

1. 某企业基本生产车间全年制造费用计划为 315 000 元，全年各种产品的计划产量为

甲产品 4 000 件，乙产品 4 200 件；单件产品工时标准为甲产品 6 小时，乙产品 5 小时；本月份实际产量为甲产品 450 件，乙产品 280 件。本月份实际发生的制造费用为 272 000 元。

要求：按年度计划分配率分配法分配制造费用，并编制相应的会计分录。

2. 某基本生产车间生产甲、乙两种产品，本期共发生制造费用 6 000 元，甲产品生产工人工时数为 700 小时，乙产品生产工人工时数为 300 小时。

要求：按生产工人工时比例法分配制造费用，并编制有关会计分录。

微课视频

扫一扫，获取本章相关微课视频及本章同步测试题答案。

5-1 制造费用的归集和分配（生产工时比例法）　　5-2 制造费用的归集和分配（年度计划分配率分配法）　　本章同步测试题答案

第六章 生产成本在在产品与完工产品之间的归集和分配

【教学目的与要求】
- 理解在产品的含义及在产品数量的确定。
- 掌握在产品成本与完工产品成本的计算关系式。
- 掌握约当产量法的原理、计算及适用。
- 掌握定额比例法的原理、计算及适用。

前面所述生产过程中发生的各种耗费经过归集与分配等过程,已经全部计入"基本生产成本"账户的借方。在一个成本计算期内一般都有完工产品和期末在产品,这样,本期发生的生产耗费与期初结存在产品成本之和就需要在期末在产品与本期完工产品之间进行成本划分,从而计算出期末在产品成本、本期完工产品的总成本和单位成本。

一、在产品的含义

为后续更好地学习各种成本的计算方法,在这里我们需要进一步理解完工产品与在产品的概念。当产品需要多步骤加工时,完工产品和在产品又有广义和狭义之分。狭义的完工产品是指已经完成全部生产过程,随时可供销售的产成品。广义的完工产品不仅包括产成品,而且还包括完成部分生产阶段,已由生产车间转移到以后加工步骤或半成品仓库,但尚未完成全部生产过程,有待在企业内进一步加工的自制半成品。相对而言,在产品也有狭义与广义之分。狭义的在产品是指正停留在某个步骤进行加工制造的在制品。广义的不仅在产品包括狭义的在产品,而且还包括已经完成部分加工阶段,已由中间仓库验收,但尚未完成全部生产过程的自制半成品。

二、生产费用在完工产品与在产品之间分配的方式

"第三~第五章"各项要素费用、辅助生产成本、制造费用等的归集、分配,应计入本月各种产品的费用都已计入"基本生产成本"账户的借方,按成本项目分别登记在各自

的生产成本明细账(产品成本计算单)中，如表6-1和表6-2所示。要计算本月完工产品成本，还须将本月发生的生产费用加上期初的在产品成本，在本期生产的全部产品(产成品和在产品)之间进行分配，才能求得本月产成品成本。其关系可用下列公式表示：

月初在产品成本+本月生产费用=本月完工产品成本+月末在产品成本

表6-1　生产成本明细账(甲产品)

车间：基本生产车间　　　　　　　　　2019年8月

产品名称：甲产品　　　　　　　　　　　　　　　　　　　　　　　　　单位：元

月	日	凭证号数	摘要	直接材料	直接燃料和动力	直接人工	制造费用	合计
8	1	略	在产品成本	—	—	—	—	—
			材料费用分配表	39 900				39 900
			外购动力费用分配表		6 180			6 180
			工资费用分配表			55 290		55 290
			制造费用分配表				51 498	51 498
			本月生产费用合计	39 900	6 180	55 290	51 498	152 868
8	31		完工产品成本	39 900	6 180	55 290	51 498	152 868
			在产品成本	—	—	—	—	—

表6-2　生产成本明细账(乙产品)

　　　　　　　　　　　　　　　　　　　　　　　　　　　　本月完工：600件

车间：基本生产车间　　　　　　　　　　　　　　　　　　月末在产品：100件

产品名称：乙产品　　　　　　2019年8月　　　　　　　　　　　单位：元

月	日	凭证号数	摘要	直接材料	直接燃料和动力	直接人工	制造费用	合计
8	1	略	在产品成本	1 500	200	1 800	2 600	6 100
			材料费用分配表	29 400				29 400
			外购动力费用分配表		4 200			4 200
			工资费用分配表			42 522		42 522
			制造费用分配表				34 322	34 322
			本月生产费用合计	30 900	4 400	44 322	36 922	116 544
8	31		完工产品成本	30 000	4 000	42 322	35 122	111 444
			在产品成本	900	400	2 000	1 800	5 100

由以上关系式可知，如果月初、月末没有在产品，本月发生的生产费用就是本月完工产品成本。如果月初、月末有在产品，本月生产费用合计应在完工产品和月末在产品之间进行分配。

三、生产费用在完工产品与在产品之间分配的方法

企业应该根据月末在产品数量的多少、月末在产品数量的变化情况、月末在产品价值、月末在产品成本构成、企业定额管理的基础等情况,综合考虑,确定生产费用在完工产品与在产品之间分配的方法。常用的分配方法有以下几种。

(一)在产品成本忽略不计法

该种方法也称为不计算在产品成本法。采用该方法时,虽然月末有在产品,但不计算其成本,把在产品成本当作零。这样,月初在产品成本和月末在产品成本都忽略不计,视为零。由于存在"月初在产品成本+本月生产费用=本月完工产品成本+月末在产品成本"的等式关系,因此,产品每月发生的费用,全部由完工产品负担,其每月发生的生产费用就是每月完工产品成本。

该种方法适用于在产品数量少而且稳定的企业,或者不计算在产品成本对完工产品成本影响很小时,可以采用该种方法。

(二)在产品成本按年初固定数额计算法

该种方法的特点是年内各月的在产品成本都按年初在产品成本计算,各月末在产品成本固定不变。这样每月发生的生产费用就是该月完工产品的成本。虽然完工产品成本等于本月生产费用之和,但是与不计算在产品成本法不同的是,月初在产品和月末在产品的余额不为零,是一个固定数额。而且,年终要根据实际盘点的在产品数量,重新调整确定在产品成本,作为次年在产品成本计算的依据。

该种方法适用于在产品数量很少,或者在产品数量较多但各月份之间变化不大的企业。

(三)在产品成本按完工产品成本计算法

该种方法是把在产品视同完工产品,相当于全部产品都完工,在产品单位成本等于完工产品单位成本。该种方法适用于月末在产品基本完工,或已经加工完毕但尚未验收或包装入库的情况。这种方法下需要计算费用分配率,公式如下:

$$费用分配率 = \frac{月初在产品成本 + 本月生产费用}{完工产品数量 + 在产品数量}$$

$$在产品成本 = 在产品数量 \times 费用分配率$$

$$完工产品成本 = 完工产品数量 \times 费用分配率$$

(四)在产品成本按直接材料成本计算法

在此方法下,月末在产品只负担直接材料成本,直接人工和制造费用全部由本期完工产品成本负担。这种方法减少了人工成本及制造费用在完工产品与在产品之间的分配工作量。

此方法主要适用于直接材料成本在全部产品成本中所占比重相当大的企业,否则会影响完工产品和月末在产品成本的正确性。酿酒、造纸、纺织企业可采用这种方法。

$$月末在产品成本 = 月末在产品数量 \times 单位产品直接材料成本$$

$$本月完工产品成本 = 月初在产品成本 + 本月生产费用 - 月末在产品成本$$

【例题 6-1】九岳工厂生产甲产品,该产品直接材料费用在产品成本中所占比重较大,

完工产品与在产品之间的费用分配采用在产品按所耗直接材料费用计价法。甲产品月初在产品 160 件，直接材料费用(即月初在产品费用)40 000 元，本月发生直接材料费用 210 000 元；直接人工费用 8 000 元；制造费用 3 000 元。本月完工产品 850 件，月末在产品 150 件。该种产品的直接材料费用在生产开始时一次性投入，直接材料费用按完工产品和在产品的数量比例分配，如表 6-3 所示。

表 6-3　生产成本计算表

产品名称：甲产品　　　　　　　　　　　2019 年 8 月

项目	月初在产品		本月		月末完工产品		月末在产品	
	数量/件	成本/元	投入数量/件	生产费用/元	数量/件	成本/元	数量/件	成本/元
直接材料		40 000		210 000		212 500		37 500
直接人工				8 000		8 000		
制造费用				3 000		3 000		
合计	160	40 000	840	221 000	850	223 500	150	37 500

根据上述材料，月末在产品及完工产品成本的计算过程如下。

单位产品直接材料成本=(210 000+40 000)÷(850+150)=250(元/件)

月末在产品成本=250×150 = 37 500(元)

完工产品直接材料成本=210 000+40 000−37 500 = 212 500(元)

完工产品成本=212 500+8 000+3 000=223 500(元)

(五)约当产量法

约当产量法就是将月末在产品数量按照完工程度折算为相当于完工产品的数量，即约当产量，然后按照完工产品数量与在产品约当产量的比例分配计算完工产品成本和月末在产品成本的办法。

约当产量法适用于月末在产品数量较大，各月末在产品结存数量不稳定的情况。

1. 约当产量的确定

与生产费用对应的产品数量由完工产品数量及月末在产品数量组成。然而，一件在产品负担的生产费用与一件完工产品负担的生产费用往往不同，因此，若使两者相加，必须将月末在产品的数量按照其完工程度或投料程度折算为完工产品的数量。这种在产品实际数量按其完工程度折合为相当于完工产品的数量就是在产品的约当产量，其计算公式为

在产品约当产量=在产品实际数量×在产品完工程度(或投料程度)

约当产量法的关键是计算在产品的约当产量，而要正确计算在产品的约当产量，首先要确定在产品的完工程度。在计算在产品的约当产量时，由于月末在产品的投料程度和加工进度可能不一致，直接材料、直接人工和制造费用的投入程度也可能不同，因此，一般要按成本费用项目分别计算在产品的约当产量，尤其要区分直接材料费用和其他加工费用计算在产品约当产量。计算在产品直接材料费用的约当产量时按投料程度计算；计算在产品直接人工和制造费用等加工费的约当产量时，按完工程度计算。

1) 分配直接材料费用时在产品约当产量的计算

由于月末在产品负担的材料成本与在产品的投料程度密切相关，直接材料费用的在产

品约当产量按投料程度(投料百分比)计算。在产品投料程度是指在产品已投材料占完工产品应投材料的百分比。在生产过程中,材料投入形式通常有三种,即在生产开始时一次性投入;在生产过程中陆续投入;在生产过程中分阶段批量投入。由于投入形式不同,在产品的投料程度也不同,现分述如下。

(1) 当直接材料于生产开始时一次性投入时,不管在产品完工程度如何,在产品和产成品耗用的原材料单位成本一致,投料程度为100%。因此,在分配直接材料成本时,在产品约当产量即为在产品的实际数量。

(2) 当直接材料随生产过程陆续投入,而且直接材料的投入程度与生产工时投入进度完全一致或基本一致时,各工序投料率按完成本工序投料的50%折算。

$$某工序投料程度(\%)=\frac{单位在产品上道工序累计投入直接材料(数量)费用+单位在产品本工序投入直接材料(数量)费用\times 50\%}{单位完工产品直接材料应投(数量)费用}\times 100\%$$

【例题6-2】某种产品需经两道工序制成,直接材料消耗定额为500千克,其中,第一道工序直接材料消耗定额为200千克,第二道工序直接材料消耗定额为300千克。月末在产品数量,第一道工序为300件,第二道工序为100件。完工产品为270件,月初在产品和本月发生的原材料费用共计40 000元。

材料是在每道工序随着加工进度陆续投入的,如表6-4所示。

表6-4 在产品约当产量计算表(一)

工序	本工序直接材料消耗定额/千克	完工程度(投料程度)/%	在产品约当产量/件	完工产品/件	合计/件
1	200	20	300×20%=60		
2	300	70	100×70%=70		
合计	500		130	270	400

表6-4中在产品约当产量投料程度的计算过程如下。

第一道工序在产品投料程度=200×50%÷500×100%=20%

第二道工序在产品投料程度=(200+300×50%)÷500×100%=70%

若直接材料分阶段在每道工序开始时投入,则月末在产品投料程度可按下列公式计算:

$$某工序投料程度(\%)=\frac{单位在产品上道工序累计投入直接材料(数量)费用+单位在产品本工序投入直接材料(数量)费用}{单位完工产品直接材料应投(数量)费用}\times 100\%$$

【例题6-3】承接例题6-2,材料是在每道工序开始时投入的,如表6-5所示。

表6-5 在产品约当产量计算表(二)

工序	本工序直接材料消耗定额/千克	完工程度(投料程度)/%	在产品约当产量/件	完工产品/件	合计/件
1	200	40	300×40%=120		
2	300	100	100×100%=100		
合计	500		220	270	490

表 6-5 中在产品投料程度的计算过程如下。
第一道工序在产品投料程度=200÷500×100%=40%
第二道工序在产品投料程度=(200+300)÷500×100%=100%

2) 分配加工费用时在产品约当产量的计算

直接材料费用以外的加工费用，主要包括直接人工和制造费用，通常按完工程度计算约当产量。因为这些费用的发生与完工程度密切相关，它们随着工艺过程的进行而逐渐增加，所以产品完工程度越高，该产品应负担的这部分费用也越多。在产品完工程度指在产品实耗(或定额)工时占完工产品实耗(或定额)工时的百分比。完工程度的计算可按照产品加工工序分别进行，也可计算平均完工率。

如果各工序在产品数量和单位产品在各工序的加工程度都相差不多，则可以采用 50%作为在产品的平均完工率。

分工序计算在产品完工程度，要按照各工序分别确定各工序在产品的完工率。在确定各工序完工率时，一般以各工序工时定额为依据，本工序的完工率一律按完成本工序工时的 50%折算。因此计算公式如下。

$$某工序在产品完工程度 = \frac{单位在产品上道工序累计工时(定额) + 单位在产品本工序工时(定额) \times 50\%}{单位完工产品工时(定额)} \times 100\%$$

【例题 6-4】某企业甲产品单位工时定额为 20 小时，经过三道工序制成，第一道工序工时定额为 4 小时，第二道工序工时定额为 8 小时，第三道工序工时定额为 8 小时，各道工序内各件在产品加工程度均按 50%计算。甲产品本月完工 2 000 件。第一道工序的在产品 200 件，第二道工序的在产品 400 件，第三道工序的在产品 600 件，如表 6-6 所示。

表 6-6 约当产量计算表

工序	本工序定额工时/小时	完工程度/%	在产品约当产量/件	完工产品/件	合 计
1	4	10	200×10%=20		
2	8	40	400×40%=160		
3	8	80	600×80%=480		
合计	20		660	2 000	2 660

表 6-6 中完工程度计算的过程如下。
第一道工序完工率=(4×50%)÷20×100%=10%
第二道工序完工率=(4+8×50%)÷20×100%=40%
第三道工序完工率=(4+8+8×50%)÷20×100%=80%

2. 约当产量法的应用

如前所述，采用约当产量法分配生产费用一般是按成本项目分别进行的，其计算公式如下。

$$单位产品成本(某成本项目) = \frac{月初在产品成本 + 本月发生的费用}{产成品数量 + 月末在产品月当产量}$$

$$产成品成本 = 产成品数量 \times 单位产品成本$$

月末在产品成本=月末在产品约当产量×单位产品成本

1) 分配直接材料费用

首先确定原材料的投放形式,然后计算某工序的投料程度,最后计算某工序的在产品的约当产量。

$$直接材料分配率(单位材料成本)=\frac{月初在产品材料成本+本月发生的材料生产费用}{产成品数量+月末在产品约当产量}$$

产成品材料成本=直接材料分配率×产成品产量

月末在产品材料成本=直接材料分配率×月末在产品约当产量

2) 分配直接人工费用

首先计算某工序的完工程度,然后计算在产品的约当产量。

$$人工费用分配率(单位人工费用)=\frac{月初在产品人工成本+本月发生的人工生产费用}{产成品数量+月末在产品约当产量}$$

产成品直接人工成本=人工费用分配率×产成品产量

月末在产品直接人工成本=人工费用分配率×月末在产品约当产量

3) 分配制造费用

首先计算某工序的完工程度,然后计算在产品的约当产量。

$$制造费用分配率(单位制造费用)=\frac{月初在产品制造费用+本月发生制造费用}{产成品数量+月末在产品约当产量}$$

产产品制造费用=制造费用分配率×产成品数量

月末在产品制造费用=制造费用分配率×月末在产品约当产量

【例题 6-5】2021 年 8 月九岳工厂生产乙产品,原材料在开始生产时一次性投入,乙产品的工时定额为 50 小时,第一、二、三道工序的工时定额分别为 10 小时、30 小时、10 小时。期初在产品数量为零,本期完工产品数量 500 件,期末在产品数量 200 件,第一、二、三道工序在产品分别为 100 件、20 件、80 件。本期为生产乙产品发生原材料费用 56 000 元,直接人工费用 50 320 元,制造费用 47 360 元。完工产品和在产品成本分配采用约当产量法。根据以上资料,各项生产费用在完工产品和在产品之间分配,如表 6-7 所示。

表 6-7 生产成本计算表(约当产量法)

产品名称:乙产品　　　　　　　　　2021 年 8 月　　　　　　　　　　单位:元

项目	直接材料	直接人工	制造费用	合计
生产费用合计	56 000	50 320	47 360	153 680
完工产品成本	40 000	42 500	40 000	122 500
月末在产品成本	16 000	7 820	7 360	31 180

表 6-7 中各种数据的计算过程如下。

材料费用分配:

(1) 原材料在开始时一次性投入,直接材料投料率为 100%,在产品约当产量为 200 件。

直接材料分配率=56 000÷(500+200)=80(元/件)

在产品直接材料成本=80×200=16 000(元)

完工产品直接材料成本=80×500=40 000(元)

(2) 分配直接人工费用和制造费用时的完工程度。

第一道工序在产品完工程度=100×50%÷(10+30+10)×100%=10%

第二道工序在产品完工程度=(10+30×50%)÷(10+30+10)×100%=50%

第三道工序在产品完工程度=(10+30+10×50%)÷(10+30+10)×100%=90%

(3) 在产品约当产量=100×10%+20×50%+80×90%=92(件)。

直接人工费用分配：

人工费用分配率=50 320÷(92+500)=85(元/件)

在产品直接人工成本=92×85=7 820(元)

完工产品直接人工成本=500×85=42 500(元)

制造费用分配：

制造费用分配率=47 360÷(92+500)=80(元/件)

在产品制造费用=92×80=7 360(元)

完工产品制造费用=500×80=40 000(元)

编制完工产品入库会计分录如下。

借：库存商品——乙产品　　　　　　　　　　122 500

　　贷：基本生产成本——乙产品　　　　　　　　122 500

(六)定额成本法

在产品按定额成本评估扣除法简称定额成本法。定额成本法是按照预先制定的定额成本计算月末在产品成本，从产品全部生产费用(月初在产品费用加本月生产费用)中减去月末在产品的定额成本，就等于完工产品的成本。

定额成本法适用于定额管理基础比较好，各项材料消耗定额或费用定额比较准确、稳定，且各月末在产品数量变动不大的情况。如果产品成本中直接材料费用所占比重较大，在产品成本可按定额直接材料费用确定。定额成本法的计算公式如下。

某产品月末在产品(定额)成本=月末在产品数量×在产品单位定额成本

某产品完工产品总成本=该产品本月生产费用合计-该产品月末在产品成本

【例题 6-6】三姗工厂 2021 年 8 月生产的乙产品完工 800 件，期末在产品 50 件，期初在产品成本加本期发生费用为：直接材料 180 000 元(材料在生产开始时一次性投入)，直接人工 16 000 元，制造费用 21 000 元。定额成本为直接材料 200 元/件，直接人工 20 元/小时，制造费用 30 元/小时。假定期末在产品已完成定额工时 100 小时。按定额成本法计算本月完工产品成本与月末在产品成本，如表 6-8 所示。

表 6-8　生产成本计算表(定额成本法)

产品名称：乙产品　　　　　　　　　　2021 年 8 月　　　　　　　　　　单位：元

项目	直接材料	直接人工	制造费用	合计
生产费用合计	180 000	16 000	21 000	217 000
完工产品成本	170 000	14 000	18 000	202 000
月末在产品定额成本	10 000	2 000	3 000	15 000

表 6-8 的计算过程如下。

(1) 在产品应负担的费用(定额成本)。
直接材料=50×200=10 000(元)
人工费用=100×20=2 000(元)
制造费用=100×30=3 000(元)
(2) 完工产品应负担的费用。
直接材料=180 000-10 000 = 170 000(元)
人工费用=16 000-2 000=14 000(元)
制造费用=21 000-3 000=18 000(元)

(七)定额比例法

定额比例法是以定额资料为标准，将应由产品负担的费用按照完工产品和月末在产品定额消耗量或定额费用的比例进行分配的方法。其中，原材料按照原材料定额消耗量或原材料定额耗用比例分配；职工薪酬、制造费用等各项加工费，可以按各项定额费用的比例分配，也可按定额工时比例分配。

这种方法适用于定额管理基础较好，各项消耗定额或费用定额比较准确、稳定，各月末在产品数量变化较大的产品。

定额比例法的计算公式如下。

$$原材料费用分配率 = \frac{月初在产品实际原材料费用 + 本月实际原材料费用}{完工产品定额原材料费用 + 月末在产品定额原材料费用}$$

完工产品原材料费用=完工产品定额原材料费用×原材料费用分配率

月末在产品原材料费用=月末在产品定额原材料费用×原材料费用分配率

$$加工费用分配率 = \frac{月初在产品加工费用 + 本月实际加工费用}{完工产品定额工时 + 月末在产品定额工时}$$

完工产品加工费用=完工产品定额工时×加工费用分配率

月末在产品加工费用=月末在产品定额工时×加工费用分配率

【例题6-7】九岳工厂2021年8月生产丙产品，其月初在产品实际费用为直接材料8 000元，直接人工3 000元，制造费用2 200元；本月发生费用为原材料26 000元，职工薪酬18 000元，制造费用14 000元。本月完工产品600件，月末在产品100件。

定额资料表如表6-9所示，产品成本计算表如表6-10所示。

从上例可知，采用这种方法，必须取得完工产品和月末在产品的定额消耗量或者定额成本资料。完工产品的原材料和工时定额消耗量，可以根据完工产品数量乘以单位产品原材料、单位工时定额消耗求得。在产品的原材料和工时定额消耗量，是根据月末各工序在产品的账面结存数和实际盘存数，以及相应的消耗定额或费用定额具体计算的。如果月末在产品种类和生产工序繁多，核算的工作量较大，月末在产品定额消耗量可以采用倒挤的方法计算，从而简化成本计算工作。

表6-9 产品有关定额资料表

项目	完工产品	月末在产品	合计
原材料定额费用/元	28 000	5 000	33 000
定额工时/小时	9 000	1 500	10 500

生产成本在在产品与完工产品之间的归集和分配 第六章

表 6-10 生产成本计算表

产品名称：丙产品　　　　　　　　　　2021 年 8 月　　　　　　　　　　单位：元

成本项目	月初在产品费用	本月投入费用	生产费用合计	费用分配率	完工产品费用 定额	完工产品费用 实际	月末在产品费用 定额	月末在产品费用 实际
①	②	③	④=②+③	⑤=④÷(⑥+⑧)	⑥	⑦=⑥×⑤	⑧	⑨=⑧×⑤
直接材料	8 000	26 000	34 000	1.030 3	28 000	28 848.4	5 000	5 151.6
直接人工	3 000	18 000	21 000	2.000 0	9 000	18 000	1 500	3 000
制造费用	2 200	14 000	16 200	1.542 9	9 000	13 886.1	1 500	2 313.9
合计	13 200	58 000	71 200			60 734.5		10 465.5

【例题 6-8】承前例，假设丙产品的月初在产品定额资料为直接材料 8 000 元，定额工时 3 500 小时；本月生产过程中投入产品的定额资料为原材料费用 25 000 元，工时 7 000 小时。本月实际发生的费用和完工产品定额的资料同前例。费用分配的结果如表 6-11 所示。

表 6-11 生产成本计算表

产品名称：丙产品　　　　　　　　　　2021 年 8 月　　　　　　　　　　单位：元

成本项目	月初在产品 定额	月初在产品 实际	本月投入费用 定额	本月投入费用 实际	生产费用合计 定额	生产费用合计 实际	费用分配率	完工产品费用 定额	完工产品费用 实际	月末在产品费用 定额	月末在产品费用 实际
①	②	③	④	⑤	⑥=②+④	⑦=③+⑤	⑧=⑦÷⑥	⑨	⑩=⑨×⑧	⑪=⑥-⑨	⑫=⑧×⑪
直接材料	8 000	8 000	25 000	26 000	33 000	34 000	1.030 3	28 000	28 848.4	5 000	5 151.60
直接人工	3 500	3 000	7 000	18 000	10 500	21 000	2.000 0	9 000	18 000	1 500	3 000
制造费用	3 500	2 200	7 000	14 000	10 500	16 200	1.542 9	9 000	13 886.1	1 500	2 313.9
合计		13200		58 000		71 200			60734.50		10 465.5

定额比例法与定额成本法的区别在于：在产品按定额成本计价，其实际成本与定额成本的差异全部由完工产品成本负担；而采用定额比例法分配费用，产品实际成本脱离定额的差异，按完工产品和月末在产品的定额消耗量或定额成本的比例分摊。因此，按定额比例法划分完工产品与在产品成本，可以减少由于月初、月末在产品数量变动对完工产品成本准确性的影响。

四、完工产品成本的结转

工业企业生产产品发生的各项生产费用，在各种产品之间进行分配，在此基础上又在同种产品的完工产品和月末在产品之间进行了分配，计算各种完工产品的成本。根据本章企业生产甲、乙两种产品的各项费用分配举例，依据表 6-3、表 6-7 和表 6-10 编制产成品成本汇总表如表 6-12 所示。

根据产成品成本汇总表，将完工产品成本从"基本生产成本"账户的贷方转入有关账户的借方，其中完工入库产成品的成本，应转入"库存商品"账户的借方。"基本生产成本"账户的借方余额表示月末在产品的成本。产品完工入库编制如下会计分录。

借：库存商品——甲　　　　　　　　　223 500

```
    贷：基本生产成本——甲                         223 500
借：库存商品——乙                                122 500
    贷：基本生产成本——乙                         122 500
借：库存商品——丙                                 60 734.50
    贷：基本生产成本——丙                          60 734.50
```

表 6-12 产成品成本汇总表

2021 年 8 月　　　　　　　　　　　　　　　　　　　　　　单位：元

产品名称	直接材料	直接人工	制造费用	合　计
甲	212 500	8 000	3 000	223 500
乙	40 000	42 500	40 000	122 500
丙	28 848.40	18 000	13 886.10	60 734.50
合计	281 348.4	68 500	56 886.1	406 734.5

本 章 小 结

要确定完工产品的总成本和单位成本，就必须按一定的分配标准，将"基本生产成本"账户中归集的生产费用，在完工产品与月末在产品之间进行分配。企业应根据月末在产品数量的多少、各月末在产品数量变化的大小、各项费用在产品成本中所占的比重以及定额管理基础的好坏等具体条件，选择既合理又简便的分配方法，将生产费用在完工产品与月末在产品之间进行分配。实务中常用的方法有在产品成本忽略不计法、在产品成本按年初固定数额计算法、在产品成本按直接材料成本计算法、约当产量法、在产品按完工产品成本计算法、定额成本法和定额比例法。企业应根据自身特点和管理要求，选择适合本单位的方法将生产成本在完工产品和在产品之间进行分配。在确定完工产品和在产品成本时，约当产量法和定额比例法是实际应用最广泛的方法。

案 例 链 接

虚增存货和财务欺诈

某公司总部的一位高层官员对其子公司提交的财务报告中的大量存货感到诧异。根据该子公司的采购成本和销售成本，其期末存货成本似乎比其他子公司的存货成本要高。当问及产生大量存货成本的原因时，该子公司的经理不得不承认，为了让利润数据比实际看起来更好，他采取了虚增存货成本的手段。

虚增期末存货余额，则虚减了销货成本，也就等于虚增了毛利和利润。其用公式表示为：期初存货+本期增加存货=本期减少存货+期末存货。

本期减少存货就是本期的销售成本。

该子公司的经理发现，第一期的虚增期末存货成本成为第二期的期初存货。这样，账簿中的期初存货就包含了虚增的存货。该子公司经理为了让自己的上司一直以为其经营良好，就不断地增加期末存货。当公司总部的高管察觉时，该子公司经理感到了相当大的压力，承认虚增期末存货这一事实，交出了虚增存货的账簿，同时提出了辞职。随后，证券交易委员会提出了正式诉讼，指控该子公司经理和会计人员犯有财务欺诈罪。

(资料来源：https://club.tnc.com.cn/)

思考与讨论：
(1) 虚增存货成本对公司报表的影响是什么？
(2) 该子公司的经理违背了哪些职业道德？
(3) 该子公司的经理犯有财务欺诈罪的后果是什么？

同步测试题

一、单项选择题

1. 广义的产成品不包括(　　)。
   A. 正在加工中的产品 B. 需进一步加工的半成品
   C. 对外销售的半成品 D. 产成品

2. 完工产品与在产品之间分配费用的方法中，在产品成本忽略不计法适用于(　　)。
   A. 没有在产品，或在产品数量很少
   B. 月末在产品数量较大
   C. 各月在产品数量变化较小
   D. 各月末在产品数量变化很大

3. 按完工产品与月末在产品的数量比例、分配原材料费用，必须具备的条件是(　　)。
   A. 原料在生产开始时一次投入
   B. 原料按生产进度陆续投入
   C. 产品成本中原料费用比重较大
   D. 原材料费用消耗预算比较准确

4. 按完工产品和月末在产品数量比例，分配计算完工产品成本和月末在产品成本，必须具备的条件是(　　)。
   A. 月末在产品数量较大 B. 在产品已接近完工
   C. 在产品原材料费用比重大 D. 月末在产品数量稳定

5. 若在产品月末数量大，但各月之间数量稳定，完工产品和在产品费用分配应采用(　　)。
   A. 约当产量法 B. 固定成本计价法
   C. 计划比例法 D. 在产品忽略不计法

6. 在产品完工率为(　　)与完工产品工时定额的比率。
   A. 所在工序工时定额
   B. 所在工序工时定额之半
   C. 所在工序累计工时定额
   D. 上道工序累计工时定额与所在工序工时定额之半的合计数

7. 某种产品月末在产品数量较大，各月末在产品数量变化也较大，原材料费用占产品成本的比重较大，月末在产品与完工产品之间费用分配应采用(   )。
  A. 约当产量法　　　　　　　　　B. 定额成本法
  C. 定额比例法　　　　　　　　　D. 在产品成本按直接材料成本计算法

8. 原材料在每道工序开始时一次投料的情况下，分配原材料费用的在产品完工率，为原材料的(   )与完工产品消耗定额的比率。
  A. 所在工序消耗定额　　　　　　B. 所在工序累计消耗定额
  C. 所在工序累计消耗定额之半　　D. 所在工序消耗定额之半

二、多项选择题

1. 确定完工产品与月末在产品之间费用分配的方法时，应考虑的条件是(   )。
  A. 在产品数量多少　　　　　　　B. 各月末在产品数量变化情况
  C. 在产品完工程度　　　　　　　D. 产品成本中价值比重大小

2. 约当产量法适用于(   )的产品。
  A. 月末在产品接近完工　　　　　B. 期末在产品数量较大
  C. 各月在产品数量变化较大　　　D. 各月在产品数量变化较小

3. 约当产量法适用于(   )的分配。
  A. 原材料费用　　　　　　　　　B. 各项费用
  C. 工资等其他加工费用　　　　　D. 随生产进度陆续投料的原材料费用
  E. 在第一工序一次投入的原材料费用

4. 完工产品与月末在产品之间的费用分配方法有(   )。
  A. 约当产量法　　　　　　　　　B. 在产品按完工产品成本计算法
  C. 按固定成本计价法　　　　　　D. 在产品成本按直接材料成本计算法

5. 下列各项中，不属于狭义在产品的是(   )。
  A. 本生产步骤正在加工中的产品　B. 本步骤已完工的半成品
  C. 不可修复废品　　　　　　　　D. 外销的自制半成品

6. 在产品成本按直接材料成本计算法的适用条件为(   )。
  A. 产品成本中，原材料费用比重较大
  B. 各月末在产品数量十分稳定
  C. 各月末在产品数量较大
  D. 各月末在产品数量变化较大

7. 采用约当产量法，必须正确计算在产品的约当产量，而在产品的约当产量正确与否，取决于产品完工程度的测定，测定在产品完工程度的方法有(   )。
  A. 定额工时　　　　　　　　　　B. 按50%平均计算各工序完工率
  C. 分工序分别计算完工率　　　　D. 按定额比例法

8. 采用定额比例法分配完工产品和在产品费用，应具备的条件包括(   )。
  A. 消耗定额比较准确　　　　　　B. 消耗定额比较稳定
  C. 各月末在产品数量变化不大　　D. 各月末在产品数量变化较大
  E. 原材料在各工序陆续投入

三、判断题

1. 月末没有在产品时，月初与本月生产费用之和就是完工产品成本。（ ）
2. 各月末的在产品数量变化不大的产品，可以不计算月末在产品成本。（ ）
3. 某工序在产品的完工率为该工序累计的工时定额与完工产品工时定额的比例。
（ ）
4. 某工序的投料程度等于本工序投料数量除以单位完工产品原材料应投料数量。
（ ）
5. 在产品按完工产品成本计算法适用于月末在产品已经接近完工，或者已经加工完毕，但尚未验收入库的产品。采用这种方法对完工产品成本计算的准确性影响不大。（ ）
6. 约当产量是指月末在产品的完工程度。（ ）
7. 在产品按耗用原材料费用计价时，都应按完工产品与月末在产品的数量比例分配原材料费用。（ ）
8. 完工产品与在产品之间分配费用的约当产量法适用于工资等其他费用的分配，不适用于原材料费用的分配。（ ）
9. 分工序计算在产品完工率的计算公式：某工序在产品完工率=(前面各工序工时定额之和+本工序工时定额×50%)/产品工时定额。（ ）
10. 采用定额成本法时，月末在产品的定额成本与实际成本的差异，全部由完工产品承担。（ ）

四、业务核算题

1. 假定某企业生产的甲产品由两道工序加工而成，其原材料分两道工序在每道工序开始时一次投入。每道工序的原材料消耗预算为：第一工序80千克，第二工序20千克。

要求：计算每道工序在产品的投料程度。

2. 假定某企业生产的甲产品由两道工序加工而成，其原材料分两道工序在每道工序随着产品生产进度陆续投入。每道工序的原材料消耗定额为：第一工序40千克，第二工序60千克。

要求：计算每道工序在产品的投料程度。

3. 某企业生产甲产品，其单件工时预算为10小时，经两道工序制成。其中，第一道工序的工时预算为3小时，第二道工序的工时预算为7小时。

要求：计算各个工序的加工程度。

4. 假定某企业生产的甲产品本月完工160件，月末在产品40件，在产品完工程度平均按50%计算，材料在生产开始时一次投入，甲产品月初在产品成本和本月生产成本合计为38 200元，其中：直接材料22 000元，直接人工9 000元，制造费用7 200元。

要求：按约当产量法计算完工产品成本和在产品成本。

5. 采用定额比例法，确认完工产品成本和月末在产品成本。

2021年8月，阳光制造厂第一车间生产T产品一批，定额管理基础比较好，但各月末在产品数量变化较大，所以采用定额比例法分配完工产品成本和月末在产品成本。本月T产品产量统计表如表6-13所示，产品定额如表6-14所示，基本生产成本明细账如表6-15所示。

表 6-13 产量统计表

产品名称：T 产品　　　　　　　　　2021 年 8 月　　　　　　　　　　　　单位：件

车间	月初在产品	本月投入	本月完工	月末在产品
第一车间	20	380	300	100

表 6-14 产品定额表

产品名称：T 产品　　　　　　　　　2021 年 8 月

项目	单位材料费用定额/元	单位工时定额/小时
单位完工产品	90	12
单位在产品	30	4

表 6-15 基本生产成本明细账

产品名称：T 产品　　　　　　　　　2021 年 8 月　　　　　　　　　　　　单位：元

2021 年		凭证号	摘要	成本项目			合计
月	日			直接材料	直接人工	制造费用	
7	31		在产品成本	600	400	80	1 080
8	1	5	生产领用原材料	34 200			34 200
8	10	30	分配职工薪酬		18 000		18 000
8	30	45	分配制造费用			3 600	3 600
8	30		本月发生额合计	34 200	18 000	3 600	55 800
8	30	50	结转完工产品成本				
8	30		在产品成本				

要求：

(1) 编制表 6-16。

(2) 编制结转完工产品的分录，并登记表 6-15。

表 6-16 产品成本计算单

生产车间：第一车间　　　　　　　　　　　　　　　　完工产品数量：300 件
产品名称：T 产品　　　　　　　　　　　　　　　　　在产品数量：100 件
　　　　　　　　　　　　　　　　2021 年 8 月　　　　　　　　　　　　单位：元

项目	直接材料	直接人工	制造费用	合计
月初在产品成本				
本月生产费用				
生产费用合计				
完工产品定额成本/定额工时				
在产品定额成本/定额工时				
分配率				
本月完工产品成本				
月末在产品成本				

微课视频

扫一扫，获取本章相关微课视频及本章同步测试题答案。

6 生产成本在在产品和完工产品之间的归集和分配

本章同步测试题答案

第七章 产品成本计算的基本方法

【教学目的与要求】

- 掌握品种法的特点、适用范围及成本计算程序。
- 掌握分批法及简化分批法的特点、适用范围及成本计算程序。
- 理解分步法的特点、计算程序及适用范围。
- 掌握逐步结转分步法的特点及成本还原的基本原理。
- 掌握平行结转分步法下在产品数量的确定及该方法中计入产成品成本"份额"的确定。

第一节 品 种 法

为了适应企业生产类型的特点和满足企业成本管理要求,形成了以成本计算对象命名的三种成本计算方法:以产品的品种为成本计算对象的品种法;以产品的批别为成本计算对象的分批法;以产品的生产步骤为成本计算对象的分步法。

一、品种法的特点及适用范围

品种法是以产品品种为成本计算对象,归集和分配生产费用,计算产品成本的一种产品成本计算方法。品种法是产品成本计算方法中最基本的方法,其他各种成本计算方法都是在品种法的基础上发展而来的。

(一)品种法的特点

1. **以产品品种作为成本计算对象**

品种法的成本计算对象是所生产的每种产品,因此,在计算产品成本时,需要为每一品种产品开设成本计算单或设置生产成本明细账。如果企业只生产一种产品,该种产品就是成本计算对象,应为其设置生产成本明细账,按成本项目设专栏,归集生产成本,计算产品成本。所发生的各种生产成本,都是该种产品的直接费用,可以直接记入该种产品的成本明细账。

如果企业生产多种产品，则应按产品品种分别设置生产成本明细账，分别归集生产成本，计算产品成本。生产多种产品的直接费用，可以根据有关凭证或费用分配表，直接记入有关产品成本明细账；应由几件产品共同负担的间接费用，应采用适当的方法，在各种产品之间进行分配，并编制费用分配表，然后再记入各种产品成本明细账。

2. 以月作为成本计算期

采用品种法计算产品成本的企业，其生产类型主要是大量、大批生产，其生产是连续不断地进行的，其产品是陆续投入、陆续完工的，不可能等产品全部完工后再计算产品成本，而只能定期地在每月月末计算当月产出的完工产品成本，以满足管理的需要。因此品种法的成本计算期与会计报告期一致，以月作为成本计算期，与产品生产周期不一致。

3. 生产成本在完工产品与在产品之间的分配

采用品种法月末计算产品成本时，在单步骤生产中，月末一般没有在产品或在产品数量很少，是否计算在产品成本，对产品成本影响不大，因而可以不计算在产品成本。在这种情况下，生产成本明细账中按成本项目归集的生产成本，就是该产品的总成本，用该产品的产量去除，就是该产品的平均单位成本。

在多步骤、大量、大批生产的企业，如果管理上不要求按照生产步骤计算产品成本，月末有在产品，且数量较多，就需要将生产成本明细账中归集的生产成本，选择适当的分配方法(如约当产量法、定额比例法等)，在完工产品与月末在产品之间进行分配，以计算完工产品成本和月末在产品成本。

(二)品种法的适用范围

(1) 品种法主要适用于大量、大批的单步骤生产。在单步骤生产企业中，其生产工艺过程不能间断，并不断地重复生产相同品种的产品，因而成本计算不可按产品生产步骤、产品批别进行，只能按产品品种计算成本。例如发电、采掘等生产。

(2) 品种法还适用于大量、大批且管理上不要求分步骤计算产品成本的多步骤生产。在这种多步骤生产中，企业或车间规模较小，或者车间是封闭的，从材料投入到产品完工都在一个车间内进行，或者生产是按流水线组织的，不需要按生产步骤计算产品成本，只要求按照产品品种计算成本。如制砖、玻璃制品等生产。

二、品种法的成本核算程序

先按照产品品种设置产品成本计算单(或开设生产成本明细账)，归集产品成本计算对象所发生的费用，同时在成本计算单中分别按成本项目设置专栏，通常包括直接材料、直接人工和制造费用等项目。然后再按照下列程序进行成本核算。

(1) 根据各项生产成本发生的原始凭证和其他有关资料，编制各要素费用分配表，分配各项要素费用。

(2) 根据各要素费用分配表及其他费用凭证，登记基本生产成本明细账、辅助生产成本明细账、制造费用明细账等有关明细账。

(3) 根据辅助生产成本明细账所归集的全部费用，编制辅助生产成本分配表，采用适当的分配方法,在各受益部门之间分配,并据以登记有关明细账。

(4) 根据制造费用明细账所归集的全部费用,编制制造费用分配表,在各种产品之间分配费用,并据以登记各产品生产成本明细账。

(5) 根据生产成本明细账所归集的全部生产成本,采用适当的方法,在本月完工产品和月末在产品之间进行分配,确定完工产品和月末在产品成本。编制完工产品成本汇总表,计算各种完工产品的总成本和单位成本。

品种法成本核算程序如图 7-1 所示。

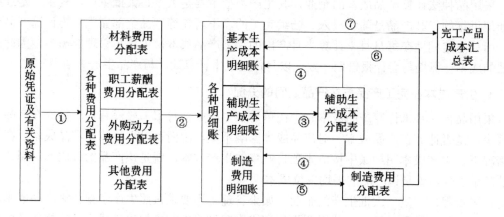

图 7-1　品种法成本核算程序

品种法下的成本明细账应按所生产的产品品种设置,并按成本项目分别设置专栏。

发生的生产成本中,能分清是哪种产品耗用的,可以直接记入各该产品成本明细账的有关成本项目,分不清的则要采用适当的分配方法,在各种产品之间先进行分配,然后再分别记入各产品成本明细账的有关成本项目。月终,有月末在产品的,应将归集在各成本明细账中的生产成本,采用适当的分配方法,在完工产品与在产品之间进行分配,计算出完工产品成本与在产品成本。

三、品种法应用举例

【例题 7-1】　九岳工厂设有一个基本生产车间,大量生产甲、乙两种产品,其生产工艺过程属于单步骤生产。根据生产特点和成本管理要求,采用品种法计算产品成本。该企业还设有供水和锅炉两个辅助生产车间,辅助生产车间的制造费用通过"制造费用"账户核算,产品成本按"直接材料""燃料及动力""直接人工"和"制造费用"四个成本项目设专栏,用以计算产品成本。该企业 202×年 10 月份有关产品成本核算资料如表 7-1、表 7-2 所示。

表 7-1　202×年 10 月份产量和实际消耗工时

产品名称	完工产品数量/件	在产品数量/件	消耗工时/小时
甲产品	1 800	400	25 000
乙产品	1 000		15 000

表 7-2 202×年 10 月份甲、乙产品的月初在产品成本

单位：元

产品名称	直接材料	燃料及动力	直接人工	制造费用	合计
甲产品	8 800	3 650	6 300	505	19 255
乙产品	7 800	1 895	4 750	260	14 705

(一)要素费用的归集与分配

该企业 10 月份生产车间发生下列业务。

(1) 根据按原材料用途归类的领、退料凭证和有关的费用分配标准，编制原材料费用分配表，如表 7-3 所示。

表 7-3 原材料费用分配表

202×年 10 月　　　　　　　　　　　　　　　　　单位：元

总账科目	明细科目	原料及主要材料	辅助材料	其他材料	合计
基本生产成本	甲产品	850 000	40 000	12 000	902 000
	乙产品	630 000	28 000	5 000	663 000
	小 计	1 480 000	68 000	17 000	1 565 000
辅助生产成本	供水车间	3 000	400	100	3 500
	锅炉车间	3 200	600	300	4 100
	小 计	6 200	1 000	400	7 600
制造费用	基本生产车间	18 000	2 000		20 000
	供水车间	400	100		500
	锅炉车间	300	50		350
	小 计	18 700	2 150		20 850
管理费用	物料消耗	35 000			35 000
合 计		1 539 900	71 150	17 400	1 628 450

根据表 7-3，编制会计分录如下。

```
借：基本生产成本——甲产品           902 000
            ——乙产品           663 000
    辅助生产成本——供水车间         3 500
            ——锅炉车间         4 100
    制造费用——基本生产车间         20 000
         ——供水车间              500
         ——锅炉车间              350
    管理费用                     35 000
    贷：原材料                            1 628 450
```

(2) 根据各车间、部门耗电数量、电价和有关的费用分配标准(各种产品耗用的生产工时)编制外购动力费用(电费)分配表，如表 7-4 所示。

表 7-4 外购动力费用(电费)分配表

202×年 10 月

总账科目	明细科目	生产工时/小时 (分配率 0.45)	耗电量 (单价 0.5 千瓦时)	金额/元
基本生产成本	甲产品	25 000		11 250
	乙产品	15 000		6 750
	小计	40 000	36 000	18 000
辅助生产成本	供水车间		5 000	2 500
	锅炉车间		3 000	1 500
	小计		8 000	4 000
制造费用	基本生产车间		2 000	1 000
	供水车间		600	300
	锅炉车间		500	250
	小计		3 100	1 550
管理费用			3 000	1 500
合计			50 100	25 050

根据表 7-4 编制会计分录如下。

借：基本生产成本——甲产品　　　　　　11 250
　　　　　　　　——乙产品　　　　　　　6 750
　　辅助生产成本——供水车间　　　　　　2 500
　　　　　　　　——锅炉车间　　　　　　1 500
　　制造费用——基本生产车间　　　　　　1 000
　　　　　　——供水车间　　　　　　　　　300
　　　　　　——锅炉车间　　　　　　　　　250
　　管理费用　　　　　　　　　　　　　　1 500
　　贷：应付账款(或银行存款)　　　　　25 050

(3) 根据各车间、部门的工资结算凭证以及社会保险费、福利费等其他职工薪酬的计提办法，编制职工薪酬分配表，如表 7-5 所示。

表 7-5 职工薪酬分配表

202×年 10 月

总账科目	明细科目	生产工时/小时	工资/元			其他职工薪酬(40%)/元	合计/元
			生产工人 (分配率 4.4)	管理员	小计		
基本生产成本	甲产品	25 000	110 000		110 000	44 000	154 000
	乙产品	15 000	66 000		66 000	26 400	92 400
	小计	40 000	176 000		176 000	70 400	246 400

续表

总账科目	明细科目	生产工时/小时	工资/元			其他职工薪酬(40%)/元	合计/元
			生产工人(分配率4.4)	管理员	小计		
辅助生产成本	供水车间		14 000		14 000	5 600	19 600
	锅炉车间		11 000		11 000	4 400	15 400
	小计		25 000		25 000	10 000	35 000
制造费用	基本生产车间			20 000	20 000	8 000	28 000
	供水车间			6 000	6 000	2 400	8 400
	锅炉车间			5 000	5 000	2 000	7 000
	小计			31 000	31 000	12 400	43 400
管理费用				36 000	36 000	14 400	50 400
合计			201 000	67 000	268 000	107 200	375 200

根据表 7-5 编制会计分录如下。

① 编制工资分配的会计分录。

借：基本生产成本——甲产品　　　　110 000
　　　　　　　　——乙产品　　　　　66 000
　　辅助生产成本——供水车间　　　　14 000
　　　　　　　　——锅炉车间　　　　11 000
　　制造费用——基本生产车间　　　　20 000
　　　　　　——供水车间　　　　　　6 000
　　　　　　——锅炉车间　　　　　　5 000
　　管理费用　　　　　　　　　　　　36 000
　贷：应付职工薪酬——工资　　　　　　　　　　268 000

② 编制计提其他职工薪酬的会计分录。

借：基本生产成本——甲产品　　　　44 000
　　　　　　　　——乙产品　　　　　26 400
　　辅助生产成本——供水车间　　　　5 600
　　　　　　　　——锅炉车间　　　　4 400
　　制造费用——基本生产车间　　　　8 000
　　　　　　——供水车间　　　　　　2 400
　　　　　　——锅炉车间　　　　　　2 000
　　管理费用　　　　　　　　　　　　14 400
　贷：应付职工薪酬——其他职工薪酬　　　　　107 200

(4) 根据本月应计折旧的固定资产原值和月折旧率，计算本月应计提固定资产折旧。编制折旧费用分配表，如表 7-6 所示。

根据表 7-6 编制会计分录如下。

借：制造费用——基本生产车间　　　21 500
　　　　　　——供水车间　　　　　3 400
　　　　　　——锅炉车间　　　　　3 560

```
管理费用                    4 000
    贷：累计折旧                      32 460
```

表7-6 固定资产折旧费用分配表

202×年10月   单位：元

总账科目	制造费用				管理费用	合计
明细科目	基本生产车间	供水车间	锅炉车间	小计	折旧费	
金额	21 500	3 400	3 560	28 460	4 000	32 460

(5) 根据有关付款凭证汇总，10月份直接以银行存款支付其他费用，如表7-7所示。

表7-7 其他费用分配表

202×年10月   单位：元

总账科目	明细科目	办公费	劳保费	其他	合计
制造费用	基本生产车间	5 000	4 000	5 000	14 000
	供水车间	800	1 600	2 000	4 400
	锅炉车间	600	1 000	1 100	2 700
	小计	6 400	6 600	8 100	21 100
管理费用		8 000	3 000	6 000	17 000
合计		14 400	9 600	14 100	38 100

根据表7-7编制会计分录如下。

```
借：制造费用——基本生产车间        14 000
          ——供水车间           4 400
          ——锅炉车间           2 700
    管理费用                 17 000
    贷：银行存款                    38 100
```

(6) 根据各项要素费用分配表和其他有关资料，登记甲、乙产品成本明细账(见表7-16、表7-17)、供水车间和锅炉车间的辅助生产成本明细账(见表7-8、表7-9)以及辅助车间制造费用明细账(见表7-10、表7-11)。其他明细账的登记从略。

表7-8 辅助生产成本明细账(供水车间)

车间名称：供水车间   202×年10月   单位：元

202×年		摘要	直接材料	燃料及动力	直接人工	制造费用	合计
月	日						
9	略	根据原材料费用分配表	3 500				3 500
		根据外购动力费用分配表		2 500			2 500
		根据职工薪酬分配表			19 600		19 600
		转入制造费用				17 000	17 000
		合计	3 500	2 500	19 600	17 000	42 600
		结转各受益部门	3 500	2 500	19 600	17 000	42 600

表 7-9 辅助生产成本明细账(锅炉车间)

车间名称：锅炉车间　　　　　　202×年10月　　　　　　　　　单位：元

202×年		摘要	直接材料	燃料及动力	直接人工	制造费用	合计
月	日						
9	略	根据原材料费用分配表	4 100				4 100
		根据外购动力费用分配表		1 500			1 500
		根据职工薪酬分配表			15 400		15 400
		转入制造费用				13 860	13 860
		合　计	4 100	1 500	15 400	13 860	34 860
		结转各受益部门	4 100	1 500	15 400	13 860	34 860

表 7-10 制造费用明细账(供水车间)

车间名称：供水车间　　　　　　202×年10月　　　　　　　　　单位：元

202×年		摘要	机物料消耗	水电费	直接人工	折旧费	办公费	劳保费	其他	合计
月	日									
9	略	根据原材料费用分配表	500							500
		根据外购动力费用分配表		300						300
		根据职工薪酬分配表			8 400					8 400
		根据折旧费用分配表				3 400				3 400
		根据其他费用分配表					800	1 600	2 000	4 400
		合　计	500	300	8 400	3 400	800	1 600	2 000	17 000
		结转至辅助生产成本明细账	500	300	8 400	3 400	800	1 600	2 000	17 000

表 7-11 制造费用明细账(锅炉车间)

车间名称：锅炉车间　　　　　　202×年10月　　　　　　　　　单位：元

202×年		摘要	机物料消耗	水电费	直接人工	折旧费	办公费	劳保费	其他	合计
月	日									
9	略	根据原材料费用分配表	350							350
		根据外购动力费用分配表		250						250
		根据职工薪酬分配表			7 000					7 000
		根据折旧费用分配表				3 560				3 560
		根据其他费用分配表					600	1 000	1 100	2 700
		合　计	350	250	7 000	3 560	600	1 000	1 100	13 860
		结转至辅助生产成本明细账	350	250	7 000	3 560	600	1 000	1 100	13 860

(二)辅助生产成本的归集和分配

(1) 在各辅助生产车间的直接费用登记入账的情况下，将各辅助生产车间所属的制造费用明细账(见表7-10、表7-11)汇集的制造费用总额，分别转入各该车间的辅助生产成本明细账，会计分录如下。

借：辅助生产成本——供水车间　　　　17 000
　　贷：制造费用——供水车间　　　　　　17 000
借：辅助生产成本——锅炉车间　　　　13 860
　　贷：制造费用——锅炉车间　　　　　　13 860

(2) 根据各辅助生产成本明细账及其供应劳务量(见表 7-12)，采用直接分配法分配辅助生产成本，编制辅助生产成本分配表(见表 7-13)，并登记有关明细账。

表 7-12　辅助生产车间劳务供应量汇总表

202×年 10 月

受益单位	供水量/吨	供气量/立方米
供水车间		200
锅炉车间	200	
基本生产车间一般消耗	2 500	5 000
厂部管理部门耗用	5 000	1 000
专设销售部门耗用	1 500	2 000
基建部门施工耗用	5 200	3 620
合计	14 400	11 820

表 7-13　辅助生产成本分配表

(直接分配法)

202×年 10 月　　　　　　　　　　　　　　　　　　　单位：元

项目		供水车间	锅炉车间	合计
待分配费用		42 600	34 860	77 460
供应辅助生产车间以外单位劳务数量		14 200/吨	11 620/立方米	
费用分配率		3	3	
基本生产车间	耗用数量	2 500/吨	5 000/立方米	
	分配金额	7 500	15 000	22 500
厂部管理部门	耗用数量	5 000/吨	1 000/立方米	
	分配金额	15 000	3 000	18 000
专设销售机构	耗用数量	1 500/吨	2 000/立方米	
	分配金额	4 500	6 000	10 500
基建部门(施工用)	耗用数量	5 200/吨	3 620/立方米	
	分配金额	15 600	10 860	26 460
合计		42 600	34 860	77 460

根据表 7-13 编制会计分录如下。

借：制造费用——基本生产车间　　　　7 500
　　管理费用　　　　　　　　　　　　15 000

```
            销售费用                                4 500
            在建工程                               15 600
          贷：辅助生产成本——供水车间              42 600
    借：制造费用——基本生产车间                    15 000
          管理费用                                 3 000
          销售费用                                 6 000
          在建工程                                10 860
          贷：辅助生产成本——锅炉车间              34 860
```

(三)制造费用的归集与分配

根据基本生产车间制造费用明细账归集的制造费用总额(见表 7-14)及各种产品耗用工时，编制制造费用分配表(见表 7-15)并登记甲、乙生产成本明细账。

表 7-14　制造费用明细账

车间名称：基本生产车间　　　　　　202×年 10 月　　　　　　　　　　单位：元

摘　要	机物料消耗	水电费	直接人工	折旧费	办公费	劳保费	蒸汽费	其他	合计
根据原材料费用分配表	20 000								20 000
根据外购动力费用分配表		1 000							1 000
根据职工薪酬分配表			28 000						28 000
根据折旧费用分配表				21 500					21 500
根据其他费用分配表					5 000	4 000		5 000	14 000
根据辅助生产成本分配表		7 500					15 000		22 500
合计	20 000	8 500	28 000	21 500	5 000	4 000	15 000	5 000	107 000
期末分配转出	20 000	8 500	28 000	21 500	5 000	4 000	15 000	5 000	107 000

表 7-15　制造费用分配表

车间名称：基本生产车间　　　　　　202×年 10 月

总账科目	明细科目	生产工时/小时	分配率	分配金额/元
基本生产成本	甲产品	25 000	2.675	66 875
	乙产品	15 000	2.675	40 125
合计		40 000		107 000

根据表 7-15 编制会计分录如下。

```
    借：基本生产成本——甲产品                    66 875
              ——乙产品                           40 125
      贷：制造费用——基本生产车间                107 000
```

(四)全部生产成本在完工产品与在产品之间分配

(1) 将甲产品生产成本明细账所归集的全部生产成本，采用约当产量法进行分配，计算完工产品成本和在产品成本(见表 7-16)。甲产品所用材料于生产开始时一次投入,月末在产品加工程度为 50%。乙产品本月全部完工(见表 7-17)。

表 7-16 生产成本明细账

完工产量：1 800 件
在产品数量：400 件

产品名称：甲产品　　　　　　　　202×年 10 月　　　　　　　　单位：元

202×年		摘　要	直接材料	燃料及动力	直接人工	制造费用	合计
月	日						
9	略	月初在产品成本	8 800	3 650	6 300	505	19 255
		根据原材料费用分配表	902 000				902 000
		根据外购动力费用分配表		11 250			11 250
		根据职工薪酬分配表			154 000		154 000
		根据制造费用分配表				66 875	66 875
		合计	910 800	14 900	160 300	67 380	1 153 380
		产品产量　完工产品数量/件	1 800	1 800	1 800	1 800	
		在产品约当产量/件	400	200	200	200	
		合计/件	2 200	2 000	2 000	2 000	
		完工产品单位成本	414	7.45	80.15	33.69	535.29
		完工产品总成本	745 200	13 410	144 270	60 642	963 522
		月末在产品成本	165 600	1 490	16 030	6 738	189 858

表 7-17 生产成本明细账

完工数量：1000(件)

产品名称：乙产品　　　　　　　　202×年 10 月　　　　　　　　单位：元

202×年		摘　要	直接材料	燃料及动力	直接人工	制造费用	合计
月	日						
9	略	月初在产品成本	7 800	1 895	4 750	260	14 705
		根据原材料费用分配表	663 000				663 000
		根据外购动力费用分配表		6 750			6 750
		根据职工薪酬分配表			92 400		92 400
		根据制造费用分配表				40 125	40 125
		合计	670 800	8 645	97 150	40 385	816 980

(2) 根据甲、乙产品生产成本明细账中的产成品成本,编制完工产品成本汇总表(见表 7-18)并结转产成品成本。

会计分录如下。

　　借：库存商品——甲产品　　　　　963 522
　　　　贷：基本生产成本——甲产品　　　　　963 522
　　借：库存商品——乙产品　　　　　816 980
　　　　贷：基本生产成本——乙产品　　　　　816 980

表 7-18　完工产品成本汇总表

202×年 10 月　　　　　　　　　　　　　　　　　　　　　　　单位：元

成本项目	甲产品(产量：1800 件)		乙产品(产量：1000 件)	
	总产品	单位成本	总产品	单位成本
直接材料	745 200	414	670 800	670.8
燃料及动力	13 410	7.45	8 645	8.645
直接人工	144 270	80.15	97 150	97.15
制造费用	60 642	33.69	40 385	40.385
合　计	963 522	535.29	816 980	816.98

第二节　分　批　法

一、分批法的特点及适用范围

(一)分批法的特点

分批法又称订单法，是按照产品的批别(或订单)归集生产费用，计算产品成本的一种方法。分批法的特点主要表现在以下几个方面。

1. 以产品批别(或订单)作为成本计算对象

分批法是以产品的批别(订单、生产任务通知单)作为成本计算对象，开设产品成本计算单或设置生产成本明细账。

按批别组织生产，并不一定就是按订单组织生产，还要结合企业的生产能力来合理组织安排产品生产的批量和批次。

(1) 如果在一张订单中规定的产品有几个品种，为了分别计算不同产品的生产成本和便于生产管理，则应按产品的品种将其划分为若干批别，按批别组织生产，并计算成本。

(2) 如果在一张订单中规定的产品只有一种，但这种产品数量较大，不便于集中一次投入生产，或者需按用户单位要求分批交货，也可以按照一定数量将产品分为若干批别，按批别分次投入生产，并计算成本。

(3) 如果在一张订单中只规定一件产品，但其属于大型复杂的产品，生产周期长、价值较大、结构复杂，如大型船舶制造，则可按照产品的组成部分，分批组织生产，并计算成本。

(4) 如果在同一时期内，企业收到的不同订单中有相同的产品，为了经济合理地组织生产，则应将不同订单的相同产品合并为一批组织生产，并计算成本。这样，分批法的成本计算对象就不是购货单位原来的订单，而是生产计划部门下达的生产任务通知单。

2. 成本计算期与生产周期一致

采用分批法计算产品成本，产品成本要在产品完工后才能计算，因此，成本计算是不定期的，其成本计算期与订单产品或批次产品的生产周期是一致的，而与会计报告期不一致。但各批次产品仍要按月归集生产费用。

3. 生产费用一般不在完工产品与在产品之间分配

在分批法下，由于企业按批别或订单归集生产费用，在生产周期结束前，其产品成本明细账所归集的生产成本，均为在产品成本；生产周期结束后，其产品成本明细账所归集的生产成本，就是完工产品的成本，因而在月末计算成本时，不存在生产成本在完工产品与在产品之间分配的问题。

但是，如果产品批量较大，存在批内产品跨月陆续完工的情况下，月末计算成本时，一部分产品已完工，另一部分尚未完工，这时就要在完工产品与在产品之间分配生产成本，以便计算完工产品成本和月末在产品成本。

如果跨月陆续完工的情况不多，月末完工产品数量占批量比重较小，可以采用按计划单位成本、定额成本或近期相同产品的实际单位成本计算完工产品成本，从产品成本明细账中转出，剩余的生产费用即为在产品成本。这种分配方法核算工作虽简单，但分配结果不甚正确。因而，在批内产品跨月陆续完工情况较多，月末完工产品数量占批量比重较大时，为了提高成本计算的正确性，就应采用适当的方法如约当产量法将生产成本在完工产品与月末在产品之间进行分配，计算完工产品成本与月末在产品成本。

(二)分批法的适用范围

分批法适用于单件、小批的单步骤生产或管理上不要求分步计算各步骤半成品的多步骤生产，如重型机器制造、船舶制造以及服装、印刷工业等。

二、分批法的成本核算程序

分批法成本核算程序与品种法基本相同，不同的是成本明细账是按产品的批别开设的。其成本核算程序如下。

(一)根据生产批别设置基本生产成本明细账(产品成本计算单)

会计部门根据用户的订单或生产任务通知单所确定的批别，并为每批产品设置生产成本明细账，并按规定的成本项目设置专栏，用以归集和分配生产成本，计算各批产品的成本。

(二)按产品批别归集和分配本月发生的各项要素费用

对于当月发生的各项生产费用，应根据有关的原始凭证等资料，能够按照批次划分的直接计入费用，包括直接材料费用、直接人工费用等，要在费用原始凭证上注明产品批号(或工作令号)，以便据以直接记入各批产品生产成本明细账(产品成本计算单)；对于多批产品共同发生的直接材料和直接人工等间接计入费用，则应在费用原始凭证上注明费用的用途，以便按费用项目归集，按照企业确定的费用分配方法，编制各种费用分配表在各批产品(各受益对象)之间进行分配之后，再分别记入各批产品生产成本明细账(产品成本计算单)。

(三)归集和分配辅助生产费用

在设有辅助生产单位的企业，月末将汇集的辅助生产费用分配给各受益对象，记入各批次产品的基本生产成本明细账、制造费用明细账和其他期间费用明细账。

(四)归集和分配基本生产车间的制造费用

基本生产车间的制造费用应由该生产车间所生产的各批次产品成本负担,月末需要将归集的制造费用分配给各受益对象,记入相应批别的生产成本明细账。

(五)计算结转完工批次产品成本

月末根据完工批别产品的完工通知单,将已完工批别的生产成本明细账所归集的生产费用,也就是该批次产品自下单生产到完工所发生的生产费用,按成本项目加以汇总,计算出该批完工产品的总成本和单位成本。如果出现批内产品跨月陆续完工的情况,应采用计划成本法、约当产量法等方法,将生产费用在完工产品和在产品之间进行分配,计算出该批已完工产品的总成本和单位成本。

分批法成本核算程序如图 7-2 所示。

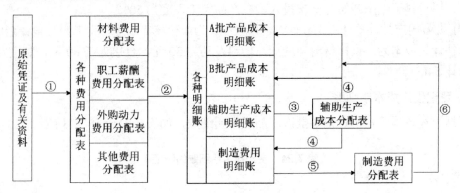

图 7-2 分批法成本核算程序

三、分批法应用举例

【例题 7-2】三姗企业根据购买单位订货单要求,小批生产甲、乙、丙三种产品,采用分批法计算产品成本,该企业 202×年 7 月份有关生产情况和生产成本支出情况的资料如下。

1. 生产情况

601 号甲产品 50 件,6 月份投产,本月全部完工。

602 号乙产品 50 件,6 月份投产,本月完工 30 件,未完工 20 件。

701 号丙产品 80 件,本月投产,计划 8 月份完工,本月提前完工 6 件。

2. 本月的成本核算资料

(1) 各批产品的月初在产品成本如表 7-19 所示。

表 7-19 月初在产品成本

单位:元

批号	直接材料	燃料及动力	直接人工	制造费用	合 计
601	12 000	500	2 400	1 500	16 400
602	11 000	600	1 100	900	13 600

(2) 根据本月各种分配表(略)，汇总各批产品本月发生的生产成本，如表 7-20 所示。

表 7-20 本月生产成本

单位：元

批号	直接材料	燃料及动力	直接人工	制造费用	合　计
601	22 000	4 300	2 500	1 000	29 800
602	5 000	400	960	480	6 840
701	24 000	900	4 200	2 000	31 100

3. 期末各批号产品完成情况

602 批号乙产品，本月未完工产品数量较大，采用约当产量法计算完工产品成本与在产品成本，原材料于生产开始时一次投入，在产品完工程度为 50%。

701 批号丙产品，本月完工 6 件，数量较少，为简化核算工作，完工产品按计划成本转出，每件计划成本为：直接材料 400 元，燃料及动力 30 元，直接人工 60 元，制造费用 50 元。合计 540 元。

4. 登记生产成本明细账

根据上述各项资料，登记各批次产品成本明细账，如表 7-21～表 7-23 所示。

表 7-21 生产成本明细账(甲产品)

产品批号：601　　　　　　　　　　　　　　　　　　　　　投产日期：6 月
产品名称：甲产品　　　　　　　　　　　　　　　　　　　　完工日期：7 月
批量：50 件　　　　　　　　　202×年 7 月　　　　　　　　单位：元

202×年		摘　要	直接材料	燃料及动力	直接人工	制造费用	合计
月	日						
6	30	在产品成本余额	12 000	500	2 400	1 500	16 400
7	31	根据材料费用分配表	22 000				22 000
	31	根据燃料及动力费用分配表		4 300			4 300
	31	根据职工薪酬分配表			2 500		2 500
	31	根据制造费用分配表				1 000	1 000
	31	累　计	34 000	4 800	4 900	2 500	46 200
	31	转出产成品(50 件)	34 000	4 800	4 900	2 500	46 200
	31	产成品单位成本	680	96	98	50	924

编制结转完工产品生产成本的会计分录如下。
　　借：库存商品——甲产品　　　　　　　　　46 200
　　　　贷：基本生产成本——601 批(甲产品)　　46 200

表 7-22　生产成本明细账(乙产品)

产品批号：602　　　　　　　　　　　　　　　　　　　　　　　　　　投产日期：6 月
产品名称：乙产品　　　　　　　　　　　　　　　　　　　　　　　　　完工日期：8 月
批量：50 件　　　　　　　　　202×年 7 月　　　(本月完工 30 件)　　　单位：元

202×年		摘 要	直接材料	燃料及动力	直接人工	制造费用	合计
月	日						
6	30	在产品成本余额	11 000	600	1 100	900	13 600
7	31	根据材料费用分配表	5 000				5 000
	31	根据燃料及动力费用分配表		400			400
	31	根据职工薪酬分配表			960		960
	31	根据制造费用分配表				480	480
	31	累　计	16 000	1 000	2 060	1 380	20 440
	31	完工产品数量	30	30	30	30	
	31	在产品约当产量	20	10	10	10	
	31	分配率(单位完工产品成本)	320	25	51.5	34.5	431
	31	完工产品成本	9 600	750	1 545	1 035	12 930
	31	月末在产品成本	6 400	250	515	345	7 510

注：在表 7-22 中，相关项目计算过程如下：
　　直接材料费用分配率=16 000÷(30+20)=320(元/件)
　　完工产品直接材料费用=320×30=9 600(元)
　　月末在产品直接材料费用=320×20=6 400(元)
　　燃料及动力费用分配率=1000÷(30+10)=25(元/件)
　　完工产品燃料及动力费用=25×30=750(元)
　　月末在产品燃料及动力费用=25×10=250(元)
　　直接人工费用分配率=2060÷(30+10)=51.5(元/件)
　　完工产品直接人工费用=51.5×30=1 545(元)
　　月末在产品直接人工费用=51.5×10=515(元)
　　制造费用分配率=1380÷(30+10)=34.5(元/件)
　　完工产品制造费用=34.5×30=1 035(元)
　　月末在产品制造费用=34.5×10=345(元)

编制结转完工产品生产成本的会计分录如下。
　　借：库存商品——乙产品　　　　　　　　　12 930
　　　　贷：基本生产成本——602 批(乙产品)　　　12 930

表 7-23　生产成本明细账(丙产品)

产品批号：701　　　　　　　　　　　　　　　　　　　　　　　　　　投产日期：7 月
产品名称：丙产品　　　　　　　　　　　　　　　　　　　　　　　　　完工日期：8 月
批量：80　　　　　　　　　　202×年 7 月　　　　(本月完工 6 件)　　　单位：元

202×年		摘 要	直接材料	燃料及动力	直接人工	制造费用	合计
月	日						
7	31	根据材料费用分配表	24 000				24 000
	31	根据燃料及动力费用分配表		900			900
	31	根据职工薪酬分配表			4 200		4 200

续表

202×年		摘　要	直接材料	燃料及动力	直接人工	制造费用	合计
月	日						
	31	根据制造费用分配表				2 000	2 000
	31	累计	24 000	900	4 200	2 000	31 100
	31	单位产品计划成本	400	30	60	50	540
	31	完工6件产品总成本	2 400	180	360	300	3 240
	31	月末在产品成本	21 600	720	3 840	1 700	27 860

编制结转完工产品生产成本的会计分录如下。

借：库存商品——丙产品　　　　　　　　　　　3 240
　　贷：基本生产成本——701批(丙产品)　　　　3 240

四、简化分批法

在批量(单件)生产的企业或车间，当同一月份投产的产品批数较多且生产周期较长，月末未完工产品的批次也较多的情况下，将各项间接费用在若干批别的产品之间进行分配时，其成本核算的工作量很大。为了简化核算工作，可采用简化的不分批计算在产品成本的简化分批法。

该法是对每月发生的间接费用，不是按月在各批产品之间分配，而是将这些间接费用先分别累积起来，设立"基本生产成本二级账"进行登记。到有完工产品的月份，按照完工产品累计生产工时的比例，在各批完工产品之间再进行分配。从而计算出完工产品的总成本和单位成本。对月末尚未完工的各批产品，其生产成本明细账中只登记该批产品各月发生的直接材料费用和生产工时，对其应负担的间接费用，则累计登记在"基本生产成本二级账"中，暂不分配。因此，简化分批法又称作累计间接费用分配法。

(一)简化分批法的特点

(1) 需设置"基本生产成本二级账"，以归集所有批次产品发生的生产费用和累计工时，计算间接费用分配率。

账中按成本项目登记全部产品的月初在产品生产成本、本月发生生产成本和累计的生产成本，同时还登记全部产品的月初在产品生产工时、本月生产工时和累计的生产工时。在有完工产品的月份，根据累计间接费用(一般为除原材料之外的各项费用)和累计生产工时，计算累计间接费用分配率。

$$\text{全部产品某项累计间接费用分配率} = \frac{\text{全部产品该项间接费用累计额}}{\text{全部产品累计生产工时}}$$

(2) 按照产品批别开设生产成本明细账(产品成本计算单)，平时一般只登记直接材料和生产工时，只有在该批产品全部完工时才登记间接费用，是运用生产成本二级账上的间接费用分配率，核算具体完工批别的间接费用。

每一批别产品在完工以前，账内只按月登记该批产品的直接费用(如直接材料费用)和生产工时，而不按月分配、登记各项间接费用，因而也就不能计算各该批产品的在产品成本。只在有完工产品的月份，才按完工产品的累计生产工时和累计间接费用分配率，计算完工产品应负担的各项间接费用并登记转出，月末在产品仍不登记间接费用。间接费用仍留在"基本生产成本二级账"中。完工产品应负担的各项间接费用的公式为

$$\begin{matrix} \text{某批完工产品应负担} \\ \text{的某项间接费用} \end{matrix} = \begin{matrix} \text{该批完工产品} \\ \text{累计生产工时} \end{matrix} \times \begin{matrix} \text{该项累计间接费用} \\ \text{分配率} \end{matrix}$$

(二)简化分批法的成本核算程序

(1) 设置基本生产成本二级账和按产品批别设置基本生产成本明细账。

设置"基本生产成本二级账"，在二级账中按成本项目设置专栏，同时增设"生产工时"专栏，用于登记生产过程中耗用的直接材料、直接人工、制造费用和生产工时。

根据"生产任务通知单"设立各批别产品的基本生产成本明细账，根据材料费用分配表和生产工时记录等将各批别产品耗用的材料费用和耗用的工时记入各批产品成本明细账，与基本生产成本二级账平行登记。明细账只登记直接材料和生产工时，在没有完工产品的情况下，不分配间接费用。

(2) 根据"要素费用分配表"，将人工费用和制造费用等记入"基本生产成本二级账"。

(3) 月末，将二级账中的直接材料费用和生产工时与各批产品成本明细账中的直接材料费用和生产工时进行核对。

(4) 分配累计间接费用。

在有完工产品的月份时，根据"基本生产成本二级账"的记录，计算累计间接费用分配率，根据各批完工产品的累计生产工时分配累计间接费用，并据此分配间接费用，登记完工产品批别的"基本生产成本明细账"，计算完工产品成本。

简化分批法成本核算程序如图 7-3 所示。

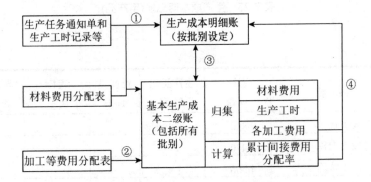

图 7-3　简化分批法成本核算程序

(三)简化分批法举例

【例题 7-3】三姗企业小批生产多种产品，由于产品批数多，为了简化成本核算工作，采用简化的分批法计算成本。该企业 202×年 6 月份的产品批号及具体生产情况如下。

批号	产品	投产时间	完工情况
3051 号	甲产品 8 件	4 月份投产	本月全部完工
3053 号	乙产品 10 件	5 月份投产	本月完工 5 件
4049 号	丙产品 7 件	5 月份投产	尚未完工
5019 号	丁产品 6 件	本月投产	尚未完工
6200 号	戊产品 6 件	本月投产	尚未完工

该企业基本生产成本二级账及各批产品生产成本明细账如表 7-24~表 7-29 所示。

表 7-24 基本生产成本二级账

(各批产品总成本) 单位：元

202×年		摘 要	直接材料	生产工时/小时	燃料及动力	直接人工	制造费用	合计
月	日							
5	31	余 额	67 110	20 500	9 860	43 000	24 700	144 670
6	30	本月发生费用	48 890	19 500	4 140	23 000	12 100	88 130
	30	累计	116 000	40 000	14 000	66 000	36 800	232 800
	30	累计间接费用分配率/(元/小时)			0.35	1.65	0.92	
	30	完工转出成本	45 330	17 600	6 160	29 040	16 192	96 722
	30	余 额	70 670	22 400	7 840	36 960	20 608	136 078

表 7-24 中各成本项目的计算如下。

(1) 燃料及动力累计分配率=14 000÷40 000=0.35(元/小时)

直接人工分配率=66 000÷40 000=1.65(元/小时)

制造费用分配率=36 800÷40 000=0.92(元/小时)

(2) 完工产品直接材料费用和生产工时根据各批产品生产成本明细账中完工产品的直接材料费用和生产工时数汇总登记。

(3) 完工产品的各项间接费用，可以根据本账内完工产品工时与各项累计间接费用分配率相乘求得；也可以根据各批产品生产成本明细账中完工产品的各项间接费用汇总登记。

表 7-25 生产成本明细账(甲产品)

产品批号：3051　　　　　　　　　　　　　　　　　　　　　　　　　　投产日期：4月
产品名称：甲产品　　　　　　　　　　　　　　　　　　　　　　　　　完工日期：6月
产品批量：8 件　　　　　　　　　202×年 6 月　　　　　　　　　　　　　　单位：元

202×年		摘 要	直接材料	生产工时/小时	燃料及动力	直接人工	制造费用	合计
月	日							
4	30	本月发生费用	9 880	5 400				
5	31	本月发生费用	18 970	5 780				
6	30	本月发生费用	4 000	1 420				
	30	累计数及累计间接费用分配率/(元/小时)	32 850	12 600	0.35	1.65	0.92	
	30	完工转出成本	32 850	12 600	4 410	20 790	11 592	69 642
	30	完工产品单位成本	4 106.25	1 575	551.25	2 598.75	1 449	8 705.25

编制结转完工产品生产成本的会计分录如下。

借：库存商品——甲产品　　　　　　　　　69 642

　　贷：基本生产成本——3051 号(甲产品)　　69 642

表 7-26 生产成本明细账(乙产品)

产品批别：3053
产品名称：乙产品
产品批量：10 件

投产日期：5 月
完工日期：6 月
(本月完工 5 件)
单位：元

202×年 6 月

202×年		摘要	直接材料	生产工时/小时	燃料及动力	直接人工	制造费用	合计
月	日							
5	31	本月发生费用	19 860	4 500				
6	30	本月发生费用	5 100	3 700				
		累计数及累计间接费用分配率/(元/小时)	24 960	8 200	0.35	1.65	0.92	
		完工(5件)转出成本	12 480	5 000	1 750	8 250	4 600	27 080
		完工产品单位成本	2 496	1 000	350	1 650	920	5 416
		在产品成本	12 480	3 200				

编制结转完工产品生产成本的会计分录如下。

借：库存商品——乙产品　　　　　　　　　27 080
　　贷：基本生产成本——3053 号(乙产品)　　27 080

表 7-27 生产成本明细账(丙产品)

产品批号：4049
产品名称：丙产品
产品批量：7 件

投产日期：5 月
完工日期：
单位：元

202×年 6 月

202×年		摘要	直接材料	生产工时/小时	燃料及动力	直接人工	制造费用	合计
月	日							
5	31	本月发生费用	18 400	4 820				
6	30	本月发生费用	18 000	3 780				

表 7-28 生产成本明细账(丁产品)

产品批号：5019
产品名称：丁产品
产品批量：6 件

投产日期：6 月
完工日期：
单位：元

202×年 6 月

202×年		摘要	直接材料	生产工时/小时	燃料及动力	直接人工	制造费用	合计
月	日							
6	30	本月发生费用	2 100	3 500				

表 7-29 生产成本明细账(戊产品)

产品批号：6200
产品名称：戊产品
产品批量：6 件

投产日期：6 月
完工日期：
单位：元

202×年 6 月

202×年		摘要	直接材料	生产工时/小时	燃料及动力	直接人工	制造费用	合计
月	日							
6	30	本月发生费用	19 690	7 100				

简化分批法主要是在间接费用的分配上,采用了累计间接费用分配率分配累计费用的方法分配累计费用的方法。每月发生的间接费用先在基本生产二级账中累计,在有完工产品的月份,月末按照该批完工产品的累计生产工时和累计间接费用分配率,计算完工产品应分摊的间接费用,从而计算出完工产品成本,以及应该保留在二级账中的月末在产品成本。在没有完工产品的月份,则不需要分配间接费用,从而简化了费用分配和成本核算工作。

但是,这种方法在各月间接费用水平相差悬殊的情况下则不宜采用,不然就会影响各月产品成本计算的正确性。另外,这种方法只应在同一月份投产的产品批数很多,而且月末未完工批数较多的情况下采用。这样,才会简化核算工作,否则仍要按批数在大多数完工产品成本明细账中分配登记各项间接费用,不能起到简化核算工作的作用。

第三节 分 步 法

一、分步法的特点及适用范围

(一)分步法的特点

分步法是以每种产品经过的每一生产步骤作为成本计算对象归集生产费用,计算产品成本的一种方法。这种方法的主要特点表现在以下几个方面。

(1) 以生产步骤和产品品种为成本计算对象。分步法是以生产步骤和产品品种作为成本计算对象,成本对象最终是要计算出某种产品的总成本和单位成本,所以需要按产品的品种确定成本计算对象。分步法的生产过程需要经过多个步骤的生产才能完成,而且管理上需要提供各生产步骤的生产成本,因而需要在按品种核算的基础上,按各生产步骤确定成本计算对象,生产成本明细账应分别按每种产品及其各个生产步骤的半成品设置,计算各步骤半成品和最终产成品成本。

在实际工作中,采用分步法计算产品成本,产品成本计算方法上的分步与产品实际生产步骤的口径有时一致,有时并不一致。例如,在按生产步骤设立车间的企业中,一般情况下,采用分步法计算成本也就是分车间计算成本。如果企业生产规模很大,车间内又分成几个生产步骤,而管理上又要求分步计算成本,也可以在车间内按要求分步计算成本;相反,如果企业生产规模很小,管理上也不要求分车间计算成本,也可将几个车间合并为一个步骤计算成本。总之,企业应根据管理要求,本着简化核算工作的原则,确定成本计算对象。

(2) 以月作为成本计算期。在大量、大批的多步骤生产中,生产周期较长,而且往往都是跨月陆续完工,因此,成本计算一般都是按月定期进行,成本计算期与产品生产周期不一致,与会计报告期一致。

(3) 生产费用需要在完工产品与在产品之间进行分配。大量、大批多步骤生产的产品往往都是跨月陆续完工,月末各步骤既有完工产品,也有未完工产品,因此各步骤归集的生产费用在各步骤完工产品和在产品之间进行分配,需要采用适当的分配方法,计算出各步骤完工产品成本与在产品成本。

(4) 上一步骤半成品是下一步骤的加工对象。在大量、大批多步骤生产中,由于产品的生产是分步骤进行的,上一步骤生产的半成品是下一步骤的加工对象,因此,各步骤计算出本步骤完工产品成本和在产品成本后，除了最后一个步骤完工的产品成本结转入库以外，其他各步骤的完工产品均为半成品，需要转入下一步骤继续加工，直到最后步骤加工完成。

要计算各种产品的产成品成本，还需要按照产品品种结转各步骤成本，这是分步法与其他成本计算方法的不同之处，也是分步法的一个重要特点。

(二)分步法的适用范围

分步法适用于大量、大批的多步骤生产且管理上要求分步计算成本的工业企业。这些企业，从原材料投入到产品完工，要经过若干连续的生产步骤，除最后一个步骤生产的是产成品外，其他步骤生产的都是完工程度不同的半成品。这些半成品，除少数可能出售外，都是下一步骤加工的对象。例如，钢铁企业可分为炼铁、炼钢、轧钢等步骤；纺织企业可分为纺纱、织布等步骤；机械企业可分为铸造、加工、装配等步骤。

为了加强各生产步骤的成本管理，不仅要求按照产品品种归集生产成本，计算产品成本，而且要求按照产品的生产步骤归集生产成本，计算各步骤产品成本，提供反映各种产品及其各生产步骤成本计划执行情况的资料。

在实际工作中，出于成本管理对各生产步骤成本资料的不同要求(即是否需要计算各生产步骤的半成品成本)和简化成本计算工作的考虑，各生产步骤成本的计算和结转，又分为逐步结转和平行结转两种方法，因此分步法相应地分为逐步结转分步法和平行结转分步法两种。

二、分步法的种类及比较

(一)逐步结转分步法

1. 逐步结转分步法的特点

逐步结转分步法，也称"计算半成品成本法"或"顺序结转分步法"，是指按各加工步骤归集生产成本，计算各加工步骤半成品成本，而且半成品成本随着半成品实物转移而在各加工步骤之间顺序结转，最后计算出产成品成本的一种成本计算方法。逐步结转分步法主要有以下几个特点。

(1) 各生产步骤半成品成本的结转与实物的结转相一致，即半成品实物转入哪一个生产步骤，半成品成本也随之转入哪一个生产步骤。

(2) 除第一生产步骤外，其余各生产步骤的生产成本均包括两部分，即上一步骤转入的半成品成本和本步骤所发生的生产成本。

(3) 各生产步骤的完工产品，除最后步骤为产成品外，其余各步骤均为半成品，同时，各步骤的在产品均为狭义在产品，即各生产步骤正在加工尚未完工的在制品。在产品成本是按在产品实物所在地反映的，各步骤产品成本明细账的期末余额，就是结存在该步骤的在产品的全部成本。

(4) 是否需要进行成本还原，要根据成本结转时所采用的具体方法来确定。逐步结转分步法，按照半成品成本在下一步骤成本明细账中的反映方法，分为综合结转分步法和分项结转分步法两种方法。综合结转分步法一般需要进行成本还原。

2. 逐步结转分步法的成本核算程序

逐步结转分步法的成本核算程序取决于半成品实物的流转程序，半成品实物的流转程序有两种：一种是半成品不通过仓库收发，另一种是半成品通过仓库收发。

1) 半成品不通过仓库收发

半成品不通过仓库收发的情况下，逐步结转分步法的产品成本核算程序是：先计算第一步骤所产半成品成本，然后随半成品实物的转移，将其半成品成本从第一步骤产品成本明细账转入第二步骤相同产品的产品成本明细账中，再加上第二步骤所发生的生产成本，计算出第二步骤所产半成品成本，并将其转入第三步骤，这样，按照生产步骤逐步计算(累计)并结转半成品成本，直到最后步骤计算出产成品成本。其成本核算程序如图 7-4 所示。

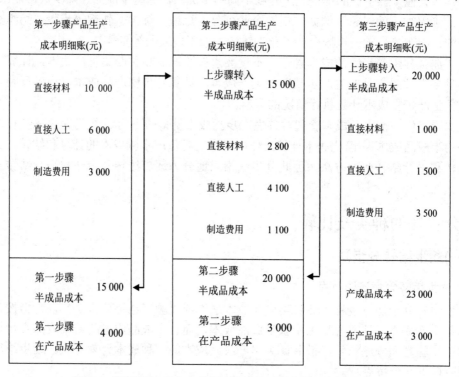

图 7-4　逐步结转分步法成本核算程序(半成品不通过仓库收发)

2) 半成品通过仓库收发

如果各步骤半成品完工后须通过仓库收发，那么应设置自制半成品明细账进行核算，其核算程序如图 7-5 所示。

在逐步结转分步法下，半成品通过仓库进行收发，其基本核算程序与不通过半成品仓库收发类似，主要区别在于如果半成品是通过仓库收发进行的，则要设置"自制半成品"账户核算完工半成品的入库和发出情况。其会计处理如下。

第一生产步骤完工的半成品入库时，编制的会计分录如下。

借：自制半成品——甲半成品
　　贷：基本生产成本——第一步骤(甲半成品)

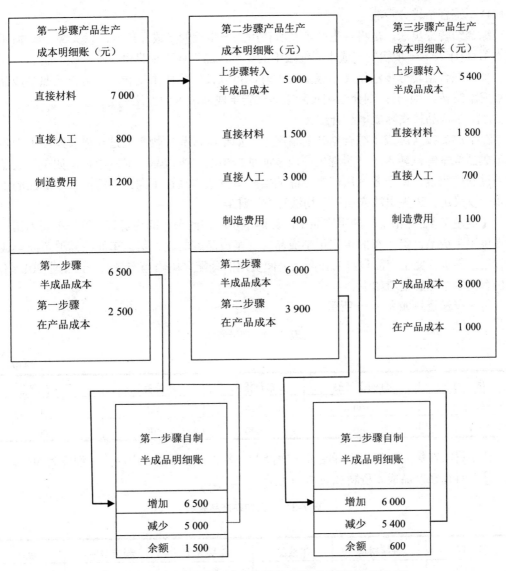

图 7-5 逐步结转分步法成本核算程序(半成品通过仓库收发)

当下一生产步骤领用上一步骤的自制半成品继续加工时,编制的会计分录如下。
借:基本生产成本——第二步骤(乙半成品)
　　贷:自制半成品——甲半成品
以此类推,直至最后步骤生产加工完成。核算程序可参见图 7-3。

逐步结转分步法实际上是品种法的多次连续应用。即在采用品种法计算出第一步骤的半成品成本以后,按照下一步骤的耗用计入下一步骤的生产费用,下一步骤再一次采用品种法归集所耗半成品的费用和本步骤其他费用,计算其半成品成本,如此逐步结转,直到最后一步算出产成品成本。

3. 逐步结转分步法的分类

逐步结转分步法,按照半成品成本在下一步骤成本明细账中的反映方法,分为综合结转分步法和分项结转分步法两种方法。

1) 综合结转分步法

综合结转分步法，是将各生产步骤所耗用上一步骤的半成品成本，以其综合成本(不分成本项目)计入下一步骤生产成本明细账中的"半成品"成本项目中。

采用综合结转分步法结转半成品成本时，可以按实际成本结转，也可以按照半成品的计划成本结转。本书详细介绍按实际成本结转半成品成本的方法。

(1) 半成品按实际成本综合结转。

在半成品按实际成本综合结转的情况下，如果半成品实物不通过仓库收发，上一步骤的半成品成本等额转入下一步骤生产成本明细账中的"半成品"成本项目；如果半成品实物通过仓库收发，由于各月所产半成品的实际单位成本往往不同，因而所耗半成品的单位成本可以采用先进先出法或加权平均法等方法计算。

【例题 7-4】九岳工厂的甲产品生产分两个步骤在两个车间内进行，第一车间为第二车间提供甲半成品。第一车间生产甲半成品，交半成品库验收，第二车间按需要量向半成品库领用。各步骤完工产品与月末在产品之间费用的分配采用约当产量法。该企业 201×年 5月份有关成本计算资料如下。

① 产量资料如表 7-30 所示。

表 7-30 产量资料

单位：件

项 目	月初在产品	本月投入	本月完工	月末在产品
第一车间	100	340	360	80
第二车间	60	440	400	100

假定材料在第一车间生产开始时一次投入，各加工步骤的在产品完工程度为 50%。

② 月初在产品成本资料如表 7-31 所示。

表 7-31 月初在产品成本

单位：元

项 目	直接材料	半成品	直接人工	制造费用	合计
第一车间	3 200		1 200	600	5 000
第二车间		14 200	1 450	700	16 350

③ 月初库存甲半成品 500 件，其实际成本为 63 620 元。

④ 本月发生费用(第二车间不包括第一车间转入的费用)如表 7-32 所示。

表 7-32 本月生产成本

单位：元

项 目	直接材料	直接人工	制造费用	合计
第一车间	32 000	10 000	4 000	46 000
第二车间		9 800	3 800	13 600

⑤ 假定半成品成本按加权平均法计算，其各步骤的成本计算如下。

a. 根据月初在产品成本资料及本月发生的生产成本及产量资料，登记第一车间生产成本明细账(见表 7-33),即可计算出甲半成品成本。

表 7-33 第一车间生产成本明细账

甲半成品　　　　　　　　　201×年 5 月　　　　　　　完工：360 件
　　　　　　　　　　　　　　　　　　　　　　　　　　在产品：80 件

项　目		直接材料	直接人工	制造费用	合计
月初在产品成本		3 200	1 200	600	5 000
本月生产成本		32 000	10 000	4 000	46 000
生产成本合计		35 200	11 200	4 600	51 000
产品产量	完工产品数量	360	360	360	
	在产品约当产量	80	40	40	
	合　计	440	400	400	
分配率(单位成本)		80	28	11.5	119.5
完工半成品成本		28 800	10 080	4 140	43 020
月末在产品成本		6 400	1 120	460	7 980

根据第一车间的半成品交库单所列交库数量及成本,编制会计分录如下。
　　借：自制半成品——甲半成品　　　　　　　　　43 020
　　　　贷：基本生产成本——第一车间(甲半成品)　　43 020

b. 根据第一车间所生产的甲半成品交库单及第二车间领用半成品的领用单,登记自制半成品明细账,如表 7-34 所示。

表 7-34 自制半成品明细账

半成品：甲半成品　　　　　　　201×年 5 月　　　　　　　数量单位：件

月份	月初结存		本月增加		合　计			本月减少	
	数量	实际成本	数量	实际成本	数量	实际成本	单位成本	数量	实际成本
5	500	63 620	360	43 020	860	106 640	124	440	54 560
6	420	52 080							

表中：
甲半成品加权平均单位成本=106 640÷860=124(元)
发出甲半成品成本=440×124=54 560(元)
根据第二车间半成品领用单,编制会计分录如下。
　　借：基本生产成本——第二车间(甲产品)　　　54 560
　　　　贷：自制半成品——甲半成品　　　　　　　54 560

c. 根据月初在产品成本资料、本月发生生产成本及产量资料、第二车间半成品领用单,登记第二车间生产成本明细账(见表 7-35),计算完工产品成本。

表 7-35　第二车间生产成本明细账

甲产品　　　　　　　　　　　201×年5月　　　　　　　　　　　完工：400件　　在产品：100件

项　目		半成品	直接人工	制造费用	合计
月初在产品成本/元		14 200	1 450	700	16 350
本月生产成本/元		54 560	9 800	3 800	68 160
生产成本合计		68 760	11 250	4 500	84 510
产品产量/件	完工产品数量	400	400	400	
	在产品约当产量	100	50	50	
	合　计	500	450	450	
分配率(单位成本)		137.52	25	10	172.52
完工产品成本/元		55 008	10 000	4 000	69 008
月末在产品成本/元		13 752	1 250	500	15 502

在上列生产成本明细账中，增设了"半成品"成本项目栏，其目的就是为了综合登记所耗用第一车间半成品的成本。其中本月半成品费用，应根据计价后的第二车间半成品领用单登记。

根据第二车间的产成品交库单所列产成品交库数量和第二车间生产成本明细账中完工转出产成品成本，编制会计分录如下：

借：库存商品——甲产品　　　　　　　　　　69 008
　　贷：基本生产成本——第二车间(甲产品)　　　69 008

(2) 综合结转分步法的成本还原。

① 成本还原的含义。采用综合结转分步法结转半成品成本时，上一生产步骤转入的自制半成品成本，综合记入"半成品"成本项目，这样，简化了成本计算手续。但是，在最后生产步骤计算出的产成品成本中，除了本步骤发生的生产成本是按原始成本项目反映外，前面各个生产步骤发生的各项费用，都集中在"半成品"成本项目中，这样的计算结果不能反映出直接材料、燃料及动力、直接人工、制造费用等成本项目在全部成本中所占的比重，即不能提供按成本项目反映的成本资料。因此，当成本管理要求按照规定成本项目考核和分析企业产品成本计划的完成情况时，就需要进行成本还原，即将产成品所耗半成品的综合成本分解为"直接材料""直接人工""制造费用"等按原始成本项目反映的成本，以满足企业考核和分析产成品成本构成的需要。

② 成本还原的程序。通常采用的成本还原程序是：从最后一个生产步骤开始，将产成品所耗上一生产步骤自制半成品的综合成本，按照上一生产步骤本月所产该种半成品的成本结构进行还原，依次从后往前逐步分解，直至第一加工步骤为止，还原为直接材料、燃料及动力、直接人工、制造费用，然后，再汇总各加工步骤相同成本项目的金额，从而计算出按原始成本项目反映的产成品成本。

在具体进行成本还原时，可以采用还原分配率法进行还原。该方法的计算公式为

$$某步骤还原分配率 = \frac{本月产成品所耗上一步骤自制半成品成本}{本月所产该种自制半成品总成本}$$

【例题 7-5】 仍以表 7-35 的资料为例,说明产成品的还原方法。表中产成品成本为 69 008 元,其中所耗用的自制半成品成本为 55 008 元,按其占第一步骤(车间)生产成本明细账中本月所产该种自制半成品总成本 43 020 元的比例,分解还原成按原始成本项目反映的产成品成本,其计算公式为

$$成本还原分配率 = \frac{本月产成品所耗上一步骤自制半成品成本}{本月所产该种自制半成品总成本}$$

所耗用的自制半成品成本还原为各成本项目金额=本月所产该自制半成品成本中的各该成本项目金额×成本还原分配率

成本还原分配率=55 008÷43 020=1.28

所耗自制半成品还原为直接材料= 28 800×1.28= 36 864(元)

所耗自制半成品还原为直接人工=10 080×1.28= 12 902.4(元)

所耗自制半成品还原为制造费用=55 008-36 864-12 902.4=5 241.6(元)

         合计   55 008 (元)

还原后各成本项目之和为 55 008 元,与产成品所耗自制半成品成本抵消。然后,将还原前产成品成本与产成品中自制半成品成本的还原额,按照相同的成本项目汇总,计算出还原后产成品成本。还原后产成品成本为。

直接材料 =   36 864 (元)

直接人工=10 000+12 902.4 =22 902.4 (元)

制造费用=4 000+5241.6 = 9 241.6(元)

     合计   69 008 (元)

在实际工作中,成本还原一般是通过成本还原计算表进行的,成本还原计算表如表 7-36 所示。

表 7-36 产品成本还原计算表

甲产品　　　　　　　　　　　201×年 5 月　　　　　　　　　　　单位:元

行次	项目	还原率	半成品	直接材料	直接人工	制造费用	合计
①	还原前产成品成本		55 008		10 000	4 000	69 008
②	本月所产半成品成本			28 800	10 080	4 140	43 020
③	产成品中半成品成本还原	55 008÷43 020 =1.28	-55 008	36 864	12 902.4	5 241.6	0
④=①+③	还原后产成品成本			36 864	22 902.4	9 241.6	69 008

如果产品的生产步骤不止两步,那么在进行一次还原后,还会有自制半成品成本项目,则应继续还原,直到自制半成品成本项目全部分解成按原始成本项目反映为止。

以上采用的成本还原方法是"按本月所产该半成品的成本结构进行还原的方法"。这种方法相对来说比较简单,但由于没有考虑以前月份所产半成品成本结构的影响,在各月所产半成品的成本结构变化较大的情况下,采用这种方法进行成本还原会产生误差。

由例题 7-5 所知,综合结转分步法可以在各生产步骤的生产成本明细中反映各该步骤所

耗半成品成本的水平和本步骤加工费用的水平，有利于各个生产步骤的成本管理。但需要进行成本还原，增加了核算工作量。

2) 分项结转分步法

分项结转分步法，是将各生产步骤所耗用的上一步骤半成品成本，按照成本项目分项转入各该步骤生产成本明细账的各个成本项目中，如果半成品通过半成品库收发，在自制半成品明细账中登记半成品成本时，也要按照成本项目分别登记。

采用分项结转分步法时，可以按照半成品的实际成本结转，也可以按照半成品的计划成本结转，然后再按成本项目分项调整成本差异。但按计划成本结转时，因分项调整成本差异的工作量较大，因此，在实际工作中大多采用按实际成本分项结转的方法。

【例题 7-6】仍以表 7-33～表 7-35 资料为例，说明采用分项结转分步法的成本计算程序。根据第一车间生产成本明细账、第一车间半成品交库单及第二车间半成品领用单，登记自制半成品明细账，如表 7-37 所示。

表 7-37 自制半成品明细账

甲半成品　　　　　　　　　　　201×年 5 月　　　　　　　　　　　单位：元

月份	项 目	产量/件	实际成本			
			直接材料	直接人工	制造费用	成本合计
5	月初余额	500	44 988	13 742	4 890	63 620
	本月增加	360	28 800	10 080	4 140	43 020
	合 计	860	73 788	23 822	9 030	106 640
	单位成本		85.80	27.70	10.50	124
	本月减少	440	37 752	12 188	4 620	54 560
6	月初余额	420	36 036	11 634	4 410	52 080

根据月初在产品成本资料、本月发生生产成本及产量资料、第二车间半成品领用单及自制半成品明细账，即可计算出完工产品成本，如表 7-38 所示。

表 7-38 第二车间生产成本明细账

完工：400 件
产品名称：甲产品　　　　　　　　201×年 5 月　　　　　　　　在产品：100 件

摘 要		直接材料		直接人工		制造费用		合计
		上步骤转入	本步骤发生	上步骤转入	本步骤发生	上步骤转入	本步骤发生	
月初在产品成本/元	上步骤转入	8 328		3 940		1 932		14 200
	本步骤发生				1 450		700	2 150
本月发生费用/元	上步骤转入	37 752		12 188		4 620		54 560
	本步骤发生				9 800		3 800	13 600
生产成本合计		46 080		16 128	11 250	6 552	4 500	84 510
产品产量/件	完工产品数量	400		400	400	400	400	
	在产品约当产量	100		100	50	100	50	
	合计	500		500	450	500	450	

续表

摘 要	直接材料		直接人工		制造费用		合计
	上步骤转入	本步骤发生	上步骤转入	本步骤发生	上步骤转入	本步骤发生	
分配率	92.16		32.256	25	13.104	10	172.52
完工产成品成本/元	36 864		12 902.4	10 000	5 241.6	4000	69 008
月末在产品成本/元	9 216		3 225.6	1 250	1 310.4	500	15 502

通过表 7-38 可以看出，表中"月初在产品成本"和"本月发生费用"等项目，都要分设"上步骤转入"和"本步骤发生"两个栏目，这是因为采用约当产量法计算产品成本时，对这两部分费用的处理方法是不同的。对于月末在产品成本来说，上步骤转入的半成品各成本项目的费用，在转入本步骤加工时就已经全部投入，可以直接按本月完工产品(指本步骤完工半成品或产成品)数量和在产品数量进行分配；对于本月本步骤发生的生产成本，除生产开始时一次投入的原材料费用外，其余项目的费用尚未全部投入，一般都是随着生产进度陆续发生，需要按照完工产品数量和在产品约当产量进行分配，这样，成本计算结果才会准确，否则成本计算的正确性就会受到影响。

半成品成本分项结转，采用约当产量法计算在产品成本的工作量比较大。为简化成本核算工作，在定额管理基础较好，各项消耗定额或费用定额比较准确、稳定的企业，月末在产品成本可以采用定额比例法或定额成本法计算，这样各成本项目就不必分设"上步骤转入"和"本步骤发生"两个栏目，而是直接以成本项目列示。

根据第二车间甲产品生产成本明细账(见表 7-38)，编制完工产品成本汇总表，如表 7-39 所示。

表 7-39 完工产品成本汇总表

完工：370 件

产品名称：甲产品　　　　　　　　　201×年 5 月　　　　　　　　　单位：元

项 目	直接材料	直接人工	制造费用	合计
完工产品总成本	36 864	22 902.4	9 241.6	69 008
完工产品单位成本	92.16	57.256	23.104	172.52

表 7-39 的计算结果表明，本月完工甲产品 400 件的总成本为 69 008 元，这与前列甲种产成品成本还原计算表中的还原后产成品总成本及单位成本完全相同，但是两者的成本结构并不相同。这是因为产成品成本还原计算表中产成品所耗半成品的各项费用，是按本月所产半成品的成本结构还原算出来的，没有考虑以前月份所产半成品成本，即月初结存半成品成本结构的影响。而上列第二车间生产成本明细账中产成品所耗半成品的各项费用，不是按本月所产半成品的成本结构算出的，而是按其原始成本项目分项逐步转入的，包括了以前月份所产半成品成本结构的影响，比较准确。

综上所述，采用分项结转分步法结转半成品成本，可以直接、正确地提供按原始成本项目反映的企业产品成本资料，便于从整个企业的角度考核和分析产品成本计划的执行情况，不需要进行成本还原。但是，这一方法的成本结转工作比较复杂，自制半成品成本明细账也要分成本项目进行登记，成本的计算、结转和登记的工作量比较大。因此，分项结转法一般适用于在管理上不要求计算各步骤完工产品所耗半成品费用和本步骤加工费用，而要求按原始成本项目计算产品成本的企业。

(二)平行结转分步法

平行结转分步法，也称为"不计算半成品成本的分步法"，是指各生产步骤不计算所耗上一步骤的半成品成本，只计算本步骤发生的生产成本，以及生产成本中应计入产成品成本的份额，即将各步骤应计入产成品成本的份额，从各步骤生产成本明细账中平行结转出来，汇总计算产成品成本的一种成本计算方法。

1. 平行结转分步法的特点

(1) 生产费用只归集本步骤发生的费用。

各生产步骤只归集本步骤发生的生产费用，不归集所耗用半成品的成本。

各步骤之间不结转半成品成本，不设置半成品成本账户。

采用平行结转分步法，由于各生产步骤不计算，也不逐步结转半成品成本，所以无论半成品实物是否通过半成品仓库收发，都不需要设置"自制半成品"账户和"自制半成品明细账"进行核算，也不需要编制半成品结转的会计分录。

各生产步骤明细账仅归集本步骤所发生的生产成本，不需设置"半成品"成本项目，并且各步骤半成品成本也不需随半成品实物的转移而转移，而是留在原各步骤生产成本明细账中，半成品成本的核算与实物相脱节。

(2) 期末各步骤的生产费用合计要在最后步骤的完工产品和广义在产品之间进行分配。

平行结转分步法下的完工产品是指最终完工的产成品，不是指各步骤完工的半成品，因而某步骤生产成本明细账中转出的完工产品成本，只是指该步骤生产成本中应由产成品负担的份额。

平行结转分步法下的在产品是广义的在产品。平行结转分步法下的在产品，既包括本步骤正在加工的在制品，又包括本步骤已加工完毕交给各半成品仓库的半成品或本步骤已完工但正在以后步骤进一步加工尚未最终完工的半成品，只要产品尚未最后完工，无论停留在哪个步骤都只能算在产品。

各步骤不计算半成品成本，但要计算应转入完工产成品成本的"份额"。因而月末需要将各步骤生产费用合计在完工产成品与月末广义在产品之间进行分配。

(3) 将各步骤生产费用合计中应计入最终完工产品成本的"份额"平行结转、汇总，计算该种最终完工产品的总成本和单位成本。

2. 平行结转分步法的适用范围

平行结转分步法主要适用于成本管理上不要求计算半成品成本的企业，尤其是半成品不对外销售的大量大批装配式多步骤生产企业。

在这类企业中，从原材料投入生产到产成品制成的过程中，首先是对各种原材料平行地进行加工，加工成各种零件和部件(半成品)，然后再由装配车间装配成各种产成品。若这类企业各生产步骤半成品的种类很多，但半成品对外销售的情况却很少，在管理上不需计算半成品成本，采用平行结转分步法可以简化和加速成本计算工作。

在某些连续式多步骤生产企业，如果各生产步骤所生产的半成品仅供本企业下一步骤继续加工，不准备对外出售，也可以采用平行结转分步法计算产品成本。

3. 平行结转分步法的成本核算程序

(1) 按所生产的产品的品种及其所经过的生产步骤设置产品生产成本明细账，按各生产步骤归集生产成本，计算出每一步骤所发生的生产成本。

(2) 月末，采用一定的方法将各生产步骤所归集的生产成本在产成品和广义在产品之间分配，计算出各生产步骤应计入产成品成本的份额。

(3) 将各生产步骤生产成本中应计入产成品成本的份额平行结转、汇总，计算出产成品成本。其成本核算程序如图 7-6 所示。

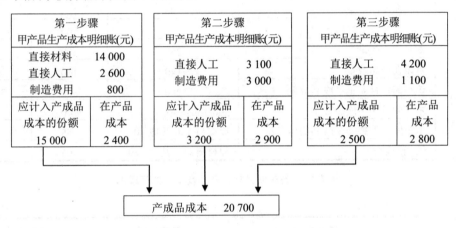

图 7-6 平行结转分步法成本核算程序图

4. 产成品成本份额的计算

在采用平行结转分步法计算产品成本时，各步骤应计入产成品成本的份额应按下列公式计算：

某步骤应计入产成品成本的份额=产成品数量×单位产成品耗用该步骤半成品数量×该步骤半成品单位成本

$$某步骤半成品单位成本 = \frac{该步骤月初在产品成本 + 该步骤本月发生的生产费用}{该步骤完工产品数量(约当产量)}$$

某步骤完工产品数量(约当产量)=该步骤狭义月末在产品约当产量+本月完工产成品所耗用该步骤半成品数量+该步骤已完工留存在半成品库和以后各步骤月末半成品数量

=该步骤的月初半成品数量+本月完工半成品数量+该步骤狭义月末在产品约当产量

式中"该步骤的月初半成品数量"是指月初已经过该步骤加工完毕而留存在半成品仓库的半成品数量和已转至后续各步骤需继续加工的在产品(半成品)数量之和。由于这部分半成品在该步骤加工的费用已归集在该步骤月初在产品成本中，因而其数量应计入某步骤分配成本的约当产量中。

5. 平行结转分步法举例

【例题 7-7】 九岳工厂生产甲产品，需分三个步骤分别由三个基本生产车间进行加工，半成品不经过半成品库收发，第一车间生产的半成品直接转至第二车间继续加工，加工成第二车间的半成品再直接转至第三车间，然后加工成产成品，该企业202×年5月份有关产量和成本资料如表7-40、表7-41所示。

表7-40　产量资料

202×年5月　　　　　　　　　　　　　　　　　　　　　　单位：件

摘　要		第一车间	第二车间	第三车间
半成品数量转移情况	月初在产品数量	80	150	140
	本月投产或上步转入数量	320	260	300
	本月完工数量	260	300	360
	月末在产品数量	140	110	80
各车间总产量计算	该车间本月完工半成品数量	260	300	360
	本车间月初半成品数量	290(150+140)	140	
	本车间月末狭义在产品约当产量	原材料140 其他70	55	40
	约当产量	原材料690 其他620	495	400

表7-41　各车间月初在产品及本月生产成本

202×年5月　　　　　　　　　　　　　　　　　　　　　　单位：元

项　目	第一车间				第二车间			第三车间		
	直接材料	直接人工	制造费用	合计	直接人工	制造费用	合计	直接人工	制造费用	合计
月初在产品成本	30 000	6 200	5 500	41 700	9 200	5 100	14 300	2 600	1 000	3 600
本月生产费用	39 000	12 400	6 900	58 300	10 600	4 800	15 400	5 800	3 800	9 600
生产成本合计	69 000	18 600	12 400	100 000	19 800	9 900	29 700	8 400	4 800	13 200

假定各车间的月末在产品的加工程度为50%，原材料在第一车间生产开始时一次投入，计算各车间应计入最终产品(产成品)成本的份额，如表7-42、表7-43、表7-44所示。

表7-42　第一车间生产成本明细账

202×年5月　　　　　　　　　　　　　　　　　　　　　　单位：元

项　目	直接材料	直接人工	制造费用	合计
月初在产品成本	30 000	6 200	5 500	41 700
本月生产成本	39 000	12 400	6 900	58 300
生产成本合计	69 000	18 600	12 400	100 000
约当产量	690	620	620	
分配率(单位成本)	100	30	20	150
应计入产成品成本份额	36 000	10 800	7 200	54 000
月末在产品成本	33 000	7 800	5 200	46 000

表7-42中应计入产成品成本份额的计算方法如下。
直接材料约当产量：140+260+150+140=690(件)
或 360+80+110+140=690(件)
直接人工约当产量：140×50%+260+150+140=620(件)
或 360+80+110+140×50%=620(件)
制造费用约当产量：140×50%+260+150+140=620(件)
或 360+80+110+140×50%=620(件)
应计入产成品成本份额，根据前列公式计算：
直接材料=69 000÷690×360=36 000(元)
直接人工=18 600÷620×360=10 800(元)
制造费用=12 400÷620×360=7 200(元)

表7-43 第二车间生产成本明细账

202×年5月　　　　　　　　　　　　　　　　　单位：元

项　　目	直接材料	直接人工	制造费用	合计
月初在产品成本		9 200	5 100	14 300
本月生产成本		10 600	4 800	15 400
生产成本合计		19 800	9 900	29 700
约当产量		495	495	
分配率(单位成本)		40	20	60
应计入产成品成本份额		14 400	7 200	21 600
月末在产品成本		5 400	2 700	8 100

表7-43中应计入产成品成本份额的计算方法如下。
直接人工约当产量：110×50%+300+140=495(件)
或 360+80+110×50%=495(件)
制造费用约当产量：与直接人工计算方法相同(略)
应计入产成品成本份额：
直接人工=19 800÷495×360=14 400(元)
制造费用=9 900÷495×360=7 200(元)

表7-44 第三车间生产成本明细账

202×年5月　　　　　　　　　　　　　　　　　单位：元

项　　目	直接材料	直接人工	制造费用	合计
月初在产品成本		2 600	1 000	3 600
本月生产成本		5 800	3 800	9 600
生产成本合计		8 400	4 800	13 200
约当产量		400	400	
分配率(单位成本)		21	12	33
应计入产成品成本份额		7 560	4 320	11 880
月末在产品成本		840	480	1 320

表7-44中应计入产成品成本份额的计算方法如下。

直接人工约当产量：360+80×50%=400(件)

制造费用约当产量：360+80×50%=400(件)

应计入产成品成本份额：

直接人工=8 400÷400×360=7 560(元)

制造费用=4 800÷400×360=4 320(元)

最后汇总各车间应计入产成品成本的份额，计算产成品成本，如表7-45所示。

表7-45　甲产品成本汇总计算表

产品名称：甲产品　　　　　　　　202×年5月　　　　　完工数量：360件　　单位：元

项　目	直接材料	直接人工	制造费用	合计
第一车间计入产成品成本的份额	36 000	10 800	7 200	54 000
第二车间计入产成品成本的份额		14 400	7 200	21 600
第三车间计入产成品成本的份额		7 560	4 320	11 880
完工产品(360件)总成本	36 000	32 760	18 720	87 480
完工产品单位成本	100	91	52	243

根据产成品入库单，编制的会计分录如下。

借：库存商品——甲产品　　　　　　　　　　　　　87 480
　　贷：基本生产成本——第一车间　　　　　　　　54 000
　　　　　　　　　　——第二车间　　　　　　　　21 600
　　　　　　　　　　——第三车间　　　　　　　　11 880

6. 平行结转分步法的优缺点

1) 平行结转分步法的优点

(1) 加速成本计算工作。由于各步骤不计算所耗上一步骤半成品的成本，只计算本步骤所发生的生产成本应计入产成品成本中的份额，将这一份额平行汇总即可计算出产成品成本。因此，各生产步骤月末可以同时进行成本计算，不必等上一步骤半成品成本的结转，从而加速了成本计算工作，缩短了成本计算的时间。

(2) 简化成本计算工作。可以直接提供按规定成本项目反映的产品成本资料，不需要进行成本还原，使成本计算工作减少。

(3) 由于各步骤成本水平不受上一步骤的影响，因而有利于控制和分析各步骤成本水平。

2) 平行结转分步法的缺点

(1) 由于各步骤不计算半成品成本，因而不能提供各步骤半成品成本的资料。

(2) 各步骤不能全面反映包括所耗半成品在内的生产耗费水平。由于各步骤只核算本步骤发生的生产成本，各步骤产品成本，不包括所耗半成品成本，不能提供各步骤产品所耗上一步骤半成品成本资料，因此，除第一步骤外，各步骤不能全面反映包括所耗半成品在内的生产耗费水平，不利于各步骤的成本管理。

(3) 半成品成本的结转与实务结转脱节,不利于在产品的实物管理和资金管理。由于各步骤的半成品成本不随半成品实物的转移而同步转移,各步骤的半成品实物虽已向下一步骤转移,但在没有最后完工之前,其金额仍保留在原步骤的账上,这种在产品成本与它的实物相分离的情况,不利于在产品的实物管理和资金管理。

(三)逐步结转分步法与平行结转分步法的比较

1. 成本计算的及时性不同

逐步结转分步法下的产品成本是按加工步骤的顺序累计起来的,本步骤产品成本的计算必须在上一步成本计算完成的基础上进行。平行结转分布法是先计算出各步骤应计入产成品成本的"份额",然后将其汇总,可计算出产成品的成本。即期末各步骤可以同时计算其产品成本。

2. 成本与实物的关系不同

在逐步结转分步法下,成本的结转与实物的转移是一致的,即半成品实物转移到哪,其成本也随之转移到哪;而在平行结转分步法下,成本的结转与实物的转移是脱节的,当半成品转移到下一步或自制半成品库时,其成本并不转移,还留在原生产步骤的生产成本明细账中。

3. 在产品的含义不同

在逐步结转分步法下,月末在产品是狭义的在产品,仅仅是指月末正在本步骤加工的产品;而在平行结转分步法下,月末在产品是广义的在产品,它不仅包括月末本步骤正在加工的产品,而且还包括本步骤已完工转入半成品库的半成品和已从半成品库转到以后各步骤进一步加工,尚未最后制成产成品的一切半成品。

本 章 小 结

成本计算方法是指按一定的成本计算对象归集和分配生产成本,并计算其总成本和单位成本的方法。为了适应生产类型的特点和满足成本管理要求,在确定产品成本计算对象时,有三种成本计算基本方法:品种法、分批法和分步法。

产品成本计算的品种法是按照产品品种归集生产成本,计算产品成本的一种方法。品种法是产品成本计算方法中最基本的方法,其他各种成本计算方法都是在品种法的基础上发展而来的。

产品成本计算的分批法是按照产品的批别归集生产成本,计算产品成本的一种方法。

每月完工批数不多的情况下,为了简化核算工作,可采用简化的分批法计算产品成本。采用简化分批法,必须设立基本生产成本二级账,正确计算累计间接费用分配率,完成具体批别间接计入费用的核算。

分步法是以产品的生产步骤为成本计算对象归集生产成本,计算产品成本的一种方法。分步法下按半成品成本结转的方式可分为逐步结转分步法和平行结转分步法两种。逐步结转分步法下的综合结转分步法需要进行成本还原,需要理解还原分配率的原理。平行结转分步法需要理解"平行结转产成品在各步骤负担的份额"及广义在产品的含义。

企业应根据自身生产特点和管理要求，正确选用成本计算方法。

案 例 链 接

戴尔公司的直销模式

戴尔公司(Dell)于1984年创立，是目前全球领先的计算机系统直销商，同时也是电子商务基础建设的主要领导厂商。戴尔公司能够有如此成就离不开它日渐完善的供应链管理模式。

戴尔公司采用零库存，而零库存的关键在于生产是根据订单进行的。这样的按需生产就要求准确把握用户的需求。零库存也能最大限度地降低成本。零库存又是怎么实现的呢？戴尔公司首创了一种"直销模式"——将计算机直接而不是通过中间商销售给最终的用户，这也避免了由于中间商的加价而使戴尔公司失去价格上的竞争优势。在订货之前，顾客可以获得各种不同配置的建议及报价。顾客可以在众多可供选择的配置方案中，选择满足自己需要的方案。

戴尔在全球有6家工厂，它将原本下给200多家供货商的订单集中，并交给其中的50家，但条件是这50家供货商要在戴尔工厂旁边盖仓库，就近供货，不愿配合的就从供应链中剔除。戴尔接到订单后，再通知供货商送零件来，从进料到组装完出货只要4小时，从而实现了零库存，降低了库存成本，不用为库存堆积而蒙受损失。

此外，戴尔也强化了其供应链上的信息流通速度和透明度。戴尔公司的供应商，等于是帮它管理库存，必须很清楚戴尔未来的生产计划，以免库存过多自己赔本或库存不够被戴尔撤换。对戴尔来说，它也必须随时掌握整条供应链上的库存情况，确保其中每一家公司的运作都正常。在供应链的运作上，需要戴尔与供货商相互熟悉，高度契合。换供货商会导致需要时间达到契合，所以换供货商的成本会很高。戴尔高度运用信息科技架构连结客户、管理生产线和联络供应商的基本骨干，并要求供货商配合。

戴尔公司采用的直销模式、生产方法和供应链管理有助于降低成本，包括戴尔对办公地点的选择和对新技术的研发。这些削减的成本最后会反映到用户身上。戴尔公司的成本核算系统为其管理层提供每一条生产线的生产成本信息。管理者根据这些信息确立定价政策并判断生产线状况，因此客户买产品的价格就会趋于更加合理。

(资料来源：https://wenku.baidu.com/view/276a690279563c1ec5da71df.html?re=view)

思考与讨论：
(1) 分析案例说明戴尔公司最可能采用的成本计算方法。
(2) 戴尔公司为什么可以采用零库存？给公司带来的影响是什么？
(3) 评价戴尔公司的商业模式。

同步测试题

一、单项选择题

1. 下列方法中，不属于成本计算基本方法的有(　　)。
    A. 品种法　　　　B. 分步法　　　　C. 分类法　　　　D. 分批法
2. 区分各种成本计算基本方法的主要标志是(　　)。
    A. 成本计算期　　　　　　　　　B. 成本计算对象
    C. 产品的生产过程　　　　　　　D. 生产组织
3. 若企业只生产一种产品，则发生的费用(　　)。
    A. 全部是间接费用　　　　　　　B. 全部是直接费用
    C. 部分是直接费用，部分是间接费用　　D. 全部是期间费用
4. 采用分批法计算产品成本时，若是单件生产，月末计算产品成本时，(　　)。
    A. 需要将生产成本在完工产品和月末在产品之间进行分配
    B. 不需要将生产成本在完工产品和月末在产品之间进行分配
    C. 应视不同情况确定是否在完工产品和月末在产品之间分配生产成本
    D. 应采用同小批、单件生产一样的核算方法
5. 分批法与简化分批法的主要区别在于(　　)。
    A. 简化分批法不分批计算在产品成本　　B. 分批法不计算在产品成本
    C. 简化分批法分批计算在产品成本　　　D. 分批法分批计算在产品成本
6. 简化分批法不适宜在(　　)的情况下采用。
    A. 月末未完工批数较多
    B. 各月间接费用的水平相差不大
    C. 同一月份投产的产品批数很多，但月末完工批数较少
    D. 本月份间接费用水平与前几个月份间接费用水平相差悬殊
7. 在各种成本计算方法中，必须设置生产成本二级账的是(　　)。
    A. 简化分批法　　　　　　　　　B. 分批法
    C. 分步法　　　　　　　　　　　D. 品种法
8. 采用简化分批法，在产品完工之前，产品成本明细账(　　)。
    A. 不登记任何生产成本　　　　　B. 只登记直接费用和生产工时
    C. 登记全部生产成本　　　　　　D. 登记其应负担的各项费用
9. 管理上要求计算各步骤完工产品所耗半成品费用，而不要求进行成本还原的情况下应采用(　　)。
    A. 实际结转分步法　　　　　　　B. 平行结转分步法
    C. 综合结转分步法　　　　　　　D. 分项结转分步法
10. 采用(　　)，为反映原始成本项目，必须进行成本还原。
    A. 综合结转分步法　　　　　　　B. 分项结转分步法
    C. 平行结转分步法　　　　　　　D. 逐步结转分步法

11. 成本还原是将( )耗用各步骤半成品的综合成本，逐步分解还原为原来的成本项目。
    A. 在产品　　　　　　　　　　B. 自制半成品
    C. 狭义在产品　　　　　　　　D. 产成品
12. 成本还原应从( )开始。
    A. 第一生产步骤　　　　　　　B. 中间生产步骤
    C. 任意某个生产步骤　　　　　D. 最后一个生产步骤
13. 在管理上不要求计算各步骤完工产品所耗半成品费用和本步骤加工费用，而要求按原始成本项目计算产品成本的企业，采用分步法计算成本时，应采用( )。
    A. 平行结转分步法　　　　　　B. 综合结转分步法
    C. 分项结转分步法　　　　　　D. 按计划成本结转法
14. 在大量大批多步骤生产企业，当半成品的种类很多，但半成品对外销售的情况却很少，管理上不要求计算半成品成本时，可采用( )。
    A. 平行结转分步法　　　　　　B. 综合结转分步法
    C. 分项结转分步法　　　　　　D. 按计划成本结转法
15. 平行结转分步法各步骤的费用( )。
    A. 第一步骤只包括本步骤的费用，其余步骤不仅包括本步骤的费用，也包括上一步骤转入的费用
    B. 只包括本步骤发生的费用，不包括上一步骤转入的费用
    C. 包括本步骤和上一步骤转入的费用
    D. 最后步骤包括前边所有步骤的费用
16. 平行结转分步法下，每一生产步骤计入完工产品成本的"份额"是( )。
    A. 该步骤完工产成品的成本
    B. 该步骤完工半成品的成本
    C. 该步骤生产成本中应计入产成品成本的份额
    D. 该步骤生产成本中应计入在产品成本的份额
17. 采用平行结转分步法计算产品成本时( )。
    A. 可以提供所有步骤耗用上一步骤半成品的成本资料
    B. 不能提供各个步骤耗用上一步骤半成品的成本资料
    C. 只能提供第二步骤耗用上一步骤半成品的成本资料
    D. 只能提供最后步骤耗用上一步骤半成品的成本资料
18. 采用( )这种成本计算方法，半成品成本不随实物转移而转移。
    A. 综合结转分步法　　　　　　B. 分项结转分步法
    C. 平行结转分步法　　　　　　D. 分批法
19. 平行结转分步法下，在产品的含义是指( )。
    A. 广义在产品　　　　　　　　B. 自制半成品
    C. 狭义在产品　　　　　　　　D. 本步骤在制品
20. 平行结转分步法下，产成品的含义是指( )。
    A. 本步骤在制品　　　　　　　B. 狭义在产品

C. 广义在产品   D. 最终产成品

二、多项选择题

1. 企业确定的成本计算对象分别是( )。
   A. 产品的品种   B. 产品的批别
   C. 产品的生产步骤   D. 产品的生产规模

2. 产品成本计算的基本方法有( )。
   A. 品种法   B. 分批法
   C. 分类法   D. 分步法

3. 根据企业生产特点，下列企业中适宜采用品种法计算产品成本的是( )。
   A. 发电厂   B. 玻璃制品厂
   C. 机械制造厂   D. 自来水厂

4. 品种法的特点是( )。
   A. 以生产的产品品种为成本计算对象
   B. 成本计算期与会计期间一致
   C. 生产成本在完工产品与在产品之间的分配要视具体情况而定
   D. 一般适用于小批单件生产企业

5. 分批法与品种法的主要区别是( )。
   A. 生产周期不同   B. 产成品的含义不同
   C. 成本计算对象不同   D. 成本计算期不同

6. 简化分批法的适用条件是( )。
   A. 月末未完工批数较多
   B. 各月间接费用的水平相差不大
   C. 同一月份投产的产品批数很多，但月末完工批数较少
   D. 本月份间接费用水平与前几个月份间接费用水平相差悬殊

7. 采用简化分批法，月末( )。
   A. 只计算完工产品成本
   B. 只对完工产品分配间接费用
   C. 要在完工产品与在产品之间分配费用
   D. 不分批计算在产品成本

8. 采用简化分批法( )。
   A. 必须设置基本生产成本二级账
   B. 产品完工时必须计算全部产品各项累计间接费用分配率
   C. 按照产品批别开设生产成本明细账，账内只登记直接费用和生产工时
   D. 不分批计算在产品成本

9. 出于是否需要计算各生产步骤的半成品成本和简化成本计算工作的考虑，分步法分为( )。
   A. 逐步结转分步法   B. 平行结转分步法
   C. 综合结转分步法   D. 分项结转分步法

10. 逐步结转分步法按照半成品成本在下一步骤成本明细账中的反映方法，可分为（　　）。
　　A. 综合结转分步法　　　　　　B. 逐步结转分步法
　　C. 分项结转分步法　　　　　　D. 平行结转分步法
11. 综合结转分步法下，半成品成本的结转可以（　　）。
　　A. 按照半成品的实际成本结转　　B. 按照半成品的预算成本结转
　　C. 按照半成品的作业成本结转　　D. 按照半成品的计划成本结转
12. 分项结转分步法下，半成品成本的结转可以（　　）。
　　A. 按实际成本结转　　　　　　B. 按计划成本结转
　　C. 按预算成本结转　　　　　　D. 按标准成本结转
13. 逐步结转分步法的特点是（　　）。
　　A. 除第一生产步骤外，其余各生产步骤的生产成本均包括上步骤转入的半成品成本和本步骤所发生的生产成本
　　B. 半成品成本随实物的转移而转移
　　C. 各生产步骤的完工产品，除最后步骤为产成品外，其余各步骤均为半成品
　　D. 各步骤的在产品均为狭义在产品
14. 应当采用逐步结转分步法计算成本的企业主要是（　　）。
　　A. 自制半成品可以加工成多种产品的企业
　　B. 有自制半成品对外销售的企业
　　C. 为加强成本管理，考核自制半成品成本计划执行情况的企业
　　D. 按订单组织生产的企业
15. 在分步法中不用成本还原，可直接按成本项目反映产成品成本的分步法是（　　）。
　　A. 综合结转分步法　　　　　　B. 分项结转分步法
　　C. 平行结转分步法　　　　　　D. 逐步结转分步法
16. 采用平行结转分步法，各生产步骤的期末在产品包括（　　）。
　　A. 本步骤正在加工的在制品
　　B. 本步骤已加工完毕交给各半成品仓库的半成品
　　C. 上步骤正在加工的在制品
　　D. 本步骤已完工但正在以后步骤进一步加工并尚未最终完工的半成品
17. 半成品成本随实物的转移而转移的分步法是（　　）。
　　A. 综合结转分步法　　　　　　B. 分项结转分步法
　　C. 平行结转分步法　　　　　　D. 预算法
18. 与逐步结转分步法相比，平行结转分步法（　　）。
　　A. 不必进行成本还原
　　B. 可以提供各步骤的半成品成本资料
　　C. 不利于在产品的实物管理和资金管理
　　D. 各步骤不可以同时计算产品成本
19. 采用平行结转分步法（　　）。
　　A. 各步骤可以同时计算产品成本
　　B. 不能提供半成品成本资料

C. 半成品成本的核算与实物相脱节
D. 不能全面地反映各个生产步骤产品的生产耗费水平

20. 平行结转分步法的特点是( )。
A. 各生产步骤不计算在产品成本,只计算本步骤发生的生产成本
B. 各步骤半成品成本不需随半成品实物的转移而转移,半成品成本的核算与实物相脱节
C. 某步骤生产成本明细账中转出的完工产品成本,只是指该步骤生产成本中应由产成品负担的份额
D. 各步骤生产成本的分配是在产成品与广义在产品之间进行的

三、判断题

1. 成本计算对象是区分成本计算基本方法的主要标志。( )
2. 不论哪种类型的企业,无论采用哪种成本计算方法,最终都必须按照产品品种计算出产品成本。( )
3. 在成本计算的基本方法中,品种法是最基本的成本计算方法。( )
4. 品种法下的生产成本明细账应按所生产的产品品种设置,并按成本项目分别设置。( )
5. 采用品种法计算产品成本时,如果企业只生产一种产品,该种产品就是成本计算对象,所发生的各种生产成本,可以直接计入该种产品的成本明细账。( )
6. 分批法的成本计算期与产品生产周期不一致。( )
7. 采用简化的分批法,不必设立基本生产成本二级账。( )
8. 若本月份间接费用水平与前几个月份间接费用水平相差悬殊,按累计平均的间接费用分配率计算本月投产、本月完工的产品成本,将会影响到成本计算的准确性。( )
9. 采用简化的分批法,各未完工批别的成本明细账能完整地反映各批产品的在产品成本。( )
10. 采用简化的分批法,应在各月间接费用的水平相差不大且同一月份投产的产品批数很多,但月末完工批数较少、未完工批数较多的情况下采用。( )
11. 采用简化分批法,产品在完工以前,生产成本明细账登记产品的各项费用和生产工时。( )
12. 分步法是指以产品的品种及其所经过的生产步骤作为成本计算对象归集生产成本,计算产品成本的方法。( )
13. 采用逐步结转分步法,半成品成本的结转与实物的结转相一致,可以提供半成品和在产品实物管理和资金管理的数据。( )
14. 在逐步结转分步法下,除第一生产步骤外,其余各生产步骤的生产成本均包括两部分,即上步骤转入的半成品成本和本步骤所发生的生产成本。( )
15. 在逐步结转分步法下,各生产步骤的完工产品,除最后步骤为产成品外,其余各步骤均为半成品。( )
16. 逐步结转分步法,按照半成品成本在下一步骤成本明细账中的反映方法,分为综合结转分步法和分项结转分步法。( )
17. 进行成本还原,是将产成品所耗半成品的综合成本分解还原为按原始成本项目反映

的成本，以满足企业考核和分析产成品成本构成的需要。（ ）

18. 采用分项结转法结转半成品成本，可以直接提供按原始成本项目反映的产品成本资料。（ ）

19. 在平行结转分步法下，只计算本步骤发生的生产成本，以及生产成本中应计入产成品成本的份额。（ ）

20. 在平行结转分步法下，各生产步骤生产成本的分配是在产成品与广义在产品之间进行的。（ ）

四、业务核算题

1. 九岳工厂一车间生产甲、乙两种产品，原材料于生产开始时一次投入，成本计算采用品种法。共同耗用的原材料按预算耗用量比例进行分配；生产工人工资和制造费用按实际工时比例分配；生产成本在完工产品与在产品之间采用约当产量法进行分配，在产品完工程度为50%。202×年9月有关资料如下。

(1) 产量资料如表7-46所示。

表7-46 产量资料

单位：元

项　目	月初在产品数量	本月投产数量	本月完工数量	月末在产品数量
甲产品	23	87	80	30
乙产品	10	70	80	—

(2) 成本资料如表7-47、表7-48所示。

表7-47 月初在产品成本

单位：元

项　目	直接材料	直接人工	制造费用	合　计
甲产品	5 600	1 100	1 175	7 875
乙产品	400	800	1 360	2 560

表7-48 本月生产成本

单位：元

项　目	直接材料	直接人工	制造费用	合　计
甲产品				
乙产品				
合计	81 000	14 000	9 600	104 600

(3) 本月材料消耗预算及发生生产工时资料如表7-49、表7-50所示。

表7-49 材料消耗预算及生产工时资料

单位：元

项　目	材料消耗预算/千克	生产工时/小时
甲产品	5 000	600
乙产品	4 000	400
合计	9 000	1 000

要求：

(1) 编制原材料费用分配表、职工薪酬分配表、制造费用分配表。

(2) 计算完工甲、乙产品的生产成本。

(3) 编制产成品入库的会计分录。

2. 三姗企业生产甲产品，需经三个生产步骤分别由三个基本生产车间连续加工。第一车间完工的产品为 A 半成品，A 半成品全部直接转入第二车间继续加工，第二车间完工的产品为 B 半成品，B 半成品全部直接转入第三车间继续加工成甲产品。原材料在生产开始时一次投入，月末在产品完工程度均为 50%。各步骤的生产成本均采用约当产量法在完工产品与月末在产品之间进行分配。202×年 7 月份有关成本计算资料如下。

(1) 产量资料如表 7-50 所示。

表 7-50 产量资料

单位：件

项 目	第一车间	第二车间	第三车间
月初在产品数量	40	60	80
本月投产数量	90	100	120
本月完工数量	100	120	140
月末在产品数量	30	40	60

(2) 成本资料如表 7-51、表 7-52 所示。

表 7-51 月初在产品成本

单位：元

项 目	直接材料(或半成品)	直接人工	制造费用	合 计
第一车间	3 600	900	2 200	6 700
第二车间	6 600	2 200	1 400	10 200
第三车间	18 400	2 900	2 400	23 700

表 7-52 本月生产成本

单位：元

项 目	直接材料	直接人工	制造费用	合 计
第一车间	8 100	3 700	4 700	16 500
第二车间		7 600	5 600	13 200
第三车间		7 300	6 100	13 400

要求：(1) 计算第一车间完工 A 半成品成本，并将计算结果填入表 7-53。

表 7-53 第一车间生产成本明细账

完工产品数量：100(件)

产品名称：A 半成品　　　　　　　202×年 7 月　　　　　　　在产品数量：30(件)

摘 要	直接材料	直接人工	制造费用	合 计
期初在产品成本				
本月生产成本				
生产成本合计				

续表

摘要		直接材料	直接人工	制造费用	合计
产品产量	完工产品数量				
	在产品约当产量				
	合计				
分配率					
完工产品成本					
在产品成本					

(2) 计算第二车间完工 B 半成品成本，并将计算结果填入表 7-54。

表 7-54　第二车间生产成本明细账

产品名称：B 半成品　　　　　　　　202×年 7 月　　　　　　完工产品数量：120(件)　　在产品数量：40(件)

摘要		半成品	直接人工	制造费用	合计
期初在产品成本					
本月生产成本					
生产成本合计					
产品产量	完工产品数量				
	在产品约当产量				
	合计				
分配率					
完工产品成本					
在产品成本					

(3) 计算第三车间甲产品成本，并将计算结果填入表 7-55。

表 7-55　第三车间生产成本明细账

产品名称：甲产品　　　　　　　　202×年 7 月　　　　　　完工产品数量：140(件)　　在产品数量：60(件)

摘要		半成品	直接人工	制造费用	合计
期初在产品成本					
本月生产成本					
生产成本合计					
产品产量	完工产品数量				
	在产品约当产量				
	合计				
分配率					
完工产品成本					
在产品成本					

(4) 对甲产品进行成本还原,并将还原结果填入表 7-56。

表 7-56 产品成本还原计算表

产品名称:甲产品　　　　　　202×年 7 月　　　　　　产量:140 件

项目		还原率	半成品		直接材料	直接人工	制造费用	合计
			B	A				
还原前产成品成本								
本月所产半成品成本	第一步骤							
	第二步骤							
成本还原	第一次还原(第三步骤)							
	第二次还原(第二步骤)							
还原后产成品成本								

微课视频

扫一扫,获取本章相关微课视频及本章同步测试题答案。

7-1 品种法

7-2 简化分批法

7-3 分步法
(逐步结转分步法)

7-4 分步法(成本还原)

7-5 分步法
(平行结转分步法)

本章同步测试题答案

第八章 产品成本计算的辅助方法

【教学目的与要求】
- 了解分类法的特点。
- 理解分类法的成本核算程序。
- 掌握分类法下的费用分配方法。
- 掌握联产品、副产品及等级产品的成本计算。

第一节 分 类 法

分类法是以产品的类别作为成本计算对象,开设生产成本明细账归集生产费用,在计算出各类产品成本的基础上,再按照一定的方法或标准计算和分配各种产品成本的一种方法。

一、分类法的特点

(一)以产品的类别作为成本计算对象

成本计算对象是类别,按类别归集各类产品的生产成本。归集时,直接费用直接计入,间接费用采用一定的分配标准分配计入。

(二)成本计算期取决于生产特点及成本管理要求

成本计算期取决于生产特点及成本管理要求。如果是大批量生产,应结合品种法或分步法定期在月末进行成本计算;如果与分批法结合运用,成本计算期可不固定,而与生产周期一致。

(三)选择合理的标准分配类内各种完工产品成本

月末一般要将各类产品生产成本总额在完工产品和月末在产品之间进行分配,还需要按照一定的标准在类内各种产品之间分配计算各种产品的成本。因此该方法下成本计算的准确性还取决于分配标准的选择。

(四)分类法不是一种独立的成本计算方法

分类法是成本计算的辅助方法,是根据各类产品的生产工艺特点和管理要求,与品种法、分步法和分批法结合运用。

分类法与生产的类型没有直接的联系,因而可以在各种类型的生产中应用。如可以在产品品种、规格繁多的生产中应用,也可以在联合产品、副产品、等级产品的生产中应用。

二、分类法的成本核算程序

(1) 按产品类别设置产品成本明细账,计算各类产品的实际总成本。

采用分类法计算成本时,首先,应根据产品结构、所用原材料和工艺技术过程的不同,将产品划分为若干类别,按照产品的类别设置产品成本明细账,归集产品的生产成本,计算各类产品的成本。

(2) 按照产品成本的基本方法计算出各类完工产品的总成本。

(3) 选择合理的分配标准,计算类内各种产品的实际总成本和单位成本。

企业应当选用合理的分配标准,将各类完工产品总成本,按成本项目在类内各种完工产品之间进行分配,计算并结转各种完工产品总成本和单位成本。

分类法的成本核算程序如图 8-1 所示。

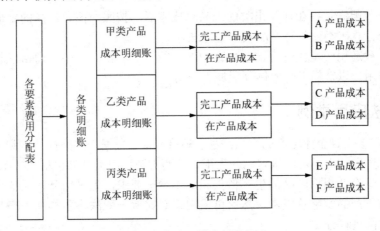

图 8-1 分类法成本核算程序

三、分类法的费用分配方法

类内产品成本的分配通常根据企业产品生产的特点确定,各成本项目可以按同一个分配标准进行分配,也可以按照各成本项目的性质,分别采用不同的分配标准进行分配,以使分配结构更趋于合理。例如,直接材料费用可以按照材料定额消耗量或材料定额费用比例进行分配,直接人工等其他加工费用则可以按照定额工时比例进行分配。

类内产品成本的计算,一般采用系数比例、定额比例等分配方法。

(一)系数比例分配法

系数比例分配法，即系数法，就是企业为了简化类内不同品种、规格的产品成本分配工作，在类内选择一种产量较大、生产稳定、规格适中的产品作为标准产品，将其分配标准定为1，然后将类内其他各种产品的分配标准与标准产品的分配标准进行比较，分别求出其他产品与标准产品的比例，即系数。

在每一种产品的系数确定以后，再将类内各种产品的实际产量，分别乘以该种产品的系数，折算为总系数。总系数又称为标准产量，它是系数分配法的分配标准。

最后用该类完工产品总成本除以标准产量，得出费用分配率，从而计算出类内各种产品的实际总成本和单位成本。

采用系数分配法，有关计算公式如下。

$$类内某种产品单位标准系数 = \frac{该种产品的分配标准}{标准产品的分配标准}$$

$$某产品总系数 = 该产品实际产量 \times 该产品单位标准系数$$

$$费用分配率 = \frac{应分配成本总额}{各种产品总系数之和}$$

$$某产品应分配费用 = 该产品总系数 \times 费用分配率$$

(二)定额比例分配法

定额比例分配法是指在计算出类内产品总成本后，按照类内各产品的定额比例进行成本分配，进而计算出类内各种产品成本的方法。

该方法一般适用于定额管理比较稳定和健全的企业。在企业中，通常以材料定额消耗量分配材料费用，以定额工时比例分配加工费用。

四、分类法应用举例

【例题8-1】三姗企业生产的产品品种、规格较多，根据产品结构特点和所耗用的原材料、工艺技术过程的不同可以将它们分为甲、乙两大类，甲类产品包括A、B、C三种不同规格的产品。该企业根据产品的生产特点和成本管理要求，先采用品种法计算出甲、乙两大类产品的完工产品实际总成本，然后再采用系数比例分配法将各类完工产品总成本在类内各种产品之间进行分配。

202×年9月甲类完工产品总成本与在产品成本资料、产量资料及消耗资料分别如表8-1、表8-2和表8-3所示。

表8-1 产品成本计算单

产品类别：甲类　　　　　　　　　　202×年9月　　　　　　　　　　单位：元

项 目	直接材料	直接人工	制造费用	合 计
月初在产品成本	5 000	800	800	6 600
本月发生费用	22 000	11 600	10 000	43 600
生产成本合计	27 000	12 400	10 800	50 200
完工产品成本	20 200	11 220	9 350	40 770
月末在产品成本	6 800	1 180	1 450	9 430

表 8-2 产量资料

产品类别：甲类　　　　　　　　　　　　202×年9月

项 目	计量单位	A产品	B产品	C产品
实际产量	件	600	1 000	900

表 8-3 原材料和人工消耗资料

产品类别：甲类　　　　　　　　　　　　202×年9月

产品类别	产品品种	计量单位	原材料消耗/千克	工时/小时
甲类	A产品	件	64	7
	B产品	件	80	10
	C产品	件	48	5

根据上述资料，采用系数比例分配法分配费用。

其中：直接材料费用按原材料消耗系数分配，其他费用按工时系数分配。

甲类产品中 A、B、C 产品成本计算过程如下。

(一)选定标准产品

甲类产品以生产比较稳定、产量较大、规格适中的 B 产品为标准产品，将其系数定为 1。

(二)确定类内各种产品的系数

确定类内各种产品的系数，其计算过程如表 8-4 所示。

表 8-4 产品系数计算表

产品类别：甲类　　　　　　　　　　　　202×年9月

产品名称	材料消耗量/千克	系 数	工时消耗量/小时	系 数
A产品	64	0.8	7	0.7
B产品	80	1	10	1
C产品	48	0.6	5	0.5

(三)计算类内各种产品本月总系数

生产成本在类内各种产品之间的分配标准是总系数(标准产量)。根据表 8-4 所列各种产品的系数和本月各种产品产量资料，编制产品总系数计算表，如表 8-5 所示。

表 8-5 产品总系数(标准产量)计算表

产品类别：甲类　　　　　　　　　　　　202×年9月

产品名称	产品产量/件	材 料		工 时	
		系 数	总 系 数	系 数	总 系 数
A产品	600	0.8	480	0.7	420
B产品	1 000	1	1 000	1	1 000
C产品	900	0.6	540	0.5	450
合计			2 020		1 870

(四)计算类内各种产品的总成本和单位成本

根据表8-1所列甲类完工产品总成本,以及表8-5所列A、B、C产品总系数,计算A、B、C三种产品成本,如表8-6所示。

表8-6 产品成本计算单

产品类别:甲类　　　　　　　　　　　　202×年9月　　　　　　　　　　　　　单位:元

产品名称	产品产量/件	材料总系数	直接材料 分配率	直接材料 分配金额	工时总系数	直接人工 分配率	直接人工 分配金额	制造费用 分配率	制造费用 分配金额	产成品总成本	产成品单位成本
A产品	600	480		4 800	420		2 520		2 100	9 420	15.70
B产品	1 000	1 000		10 000	1 000		6 000		5 000	21 000	21.00
C产品	900	540		5 400	450		2 700		2 250	10 350	11.50
合计		2 020	10	20 200	1 870	6	11 220	5	9 350	40 770	

注:直接材料分配率=20 200÷2 020=10
　　直接人工分配率=11 220÷1 870=6
　　制造费用分配率=9 350÷1 870=5

采用分类法,按产品类别归集费用、计算成本,不仅可以简化成本核算工作,而且能够在产品品种、规格繁多的情况下,分类考核分析产品成本的水平;但是由于类内各产品成本是按一定标准分配计算出来的,因而计算结果带有一定的假设性。因此,在分类法下,分配标准的选择成为成本计算正确性的关键,企业应选择与成本水平高低有直接关系的分配标准来分配费用,并随时根据实际情况的变化修订或变更分配标准,以保证分类法下成本计算结果的准确性。

第二节　联产品、副产品和等级产品的成本计算

一、联产品的成本计算

(一)联产品的含义

联产品是指在企业生产过程中,使用同种原材料,经过同一生产过程,同时生产出两种或两种以上的主要产品。如炼油厂使用同一原油,经过相同生产过程催化分解后同时提炼出汽油、轻柴油、重柴油等联产品,这些产品虽然性质和用途不同,但均为炼油厂生产的主要产品。通常情况下,只要生产联产品中的一种,则必须生产其全部联产品。

联产品可根据各联产品之间的产量增减关系分为补充联产品和代用联产品。补充联产品是指一种联产品的产量增加或减少会导致其他联产品的产量同比例地增加或减少。代用联产品是指一种联产品的增加会导致另一种联产品的减少。

(二)联产品成本计算的特点

联产品是生产过程中使用同一种原材料,经过同一生产过程,在某一"点"上分离出不同的产品。联产品有时可能在生产过程中的某一步骤中先分离出某一种联产品或在生产过程终了时进行全部分离。联产品分离出来的时点称为"分离点"。联产品在分离前,各联产品成本不可能单独归集和分配,只能将其合并为一类,按照分类法的成本计算程序汇总分离前所发生的各项料、工、费。联产品在分离后,如果不需进一步加工即可销售或结转,其成本即为分配的联产品成本;如分离后仍需继续加工生产,则需要根据分离后产品的生产特点,选择适当的成本计算方法计算分离后各联产品的加工成本。通常将分离前各产品发生的成本称为"联合成本",分离后各产品发生的成本称为"可归属成本"。因此,各联产品的成本应当包括其所应负担的联合成本和分离后的可归属成本。

(三)联产品的成本分配方法

联产品分离前一般可采用分类法计算联合成本,需要在各联产品之间进行分配,企业可根据具体情况选用适当的分配方法。常用的分配方法有实物计量分配法、系数分配法和相对销售价值分配法等。

1. 实物计量分配法

实物计量分配法是将联合成本按照分离点上各种联产品的实物量(如重量、容积、长度等)比例进行分配的一种方法。其计算公式为

$$联产品分配率 = \frac{联合成本合计}{各联产品实物数量之和}$$

某种产品应分配的联合成本=该联产品实物数量×联产品分配率

【**例题8-2**】九鼎企业使用某种原材料经过同一生产过程生产出A、B、C三种联产品。其中联产品A需要进一步加工后销售,联产品B和联产品C可直接对外销售。联产品成本为26 000元,其中原材料为16 000元,生产工人工资为4 000元,制造费用为6 000元。A产品可归属成本为4 000元(其中直接材料为2 300元,生产工人工资为600元,制造费用为1 100元),采用实物计量分配法分配如下。

假定本期生产A产品50千克,B产品60千克,C产品20千克,按实物计量比例分配的过程如表8-7所示。

表8-7 联合成本按实物计量比例计算分配表

产品名称	产量/千克	分配率	联合成本分配/元	单位成本/(元/千克)
A产品	50		10 000	200
B产品	60		12 000	200
C产品	20		4 000	200
合计	130	200	26 000	

注:联产品分配率=26 000/130=200(元/千克)

企业采用实物计量分配法的,企业中各种联产品均可使用实物单位计量,分配标准容易取得,联合成本计算简便。但是采用该种方法的假设前提是各联产品单位成本完全相同,

联合成本仅与实物量直接相关且呈正比例变动,而实际情况往往并非如此。因此,这种方法仅适用于联产品成本与实物量密切相关、销售单价相近的联产品的成本分配。

2. 系数分配法

系数分配法,又称标准产量比例法,是根据各种联产品的实际产量,按系数将其折算成标准产量来分配联合成本的一种方法。其具体计算步骤如下。

第一,确定各种联产品的系数,并用每种联产品的产量乘以各自的系数,计算出各种联产品的标准产量。设定标准产品的分配系数为1。

$$某种产品的分配系数 = \frac{该种产品的分配标准}{标准产品的分配标准}$$

某种产品的标准产量=某种产品的产量×分配系数

第二,计算联合成本分配率

$$联合成本分配率 = \frac{联合成本合计}{各联产品标准产量之和}$$

第三,计算各种联产品应负担的联合成本

某种产品应分配的联合成本=该联产品标准产量×联合成本分配率

【例题 8-3】 承例 8-2,该企业对联产品的分配采用系数分配法,假定以产量为标准确定系数,以 A 产品作为标准产品,标准产品系数确定为 1,各产品应负担的联合成本如表 8-8 所示。

表 8-8 联合成本按系数分配表

单位:元

产品名称	产量/千克 ①	系数 ②	标准产量 ③=②×①	联合成本 ④	分配率/千克 ⑤	联合成本分配 ⑥=③×⑤
A 产品	50	1	50			10 000
B 产品	60	1.2	72			14 400
C 产品	20	0.4	8			1 600
合计			130	26 000	200	26 000

联合成本分配率=26 000/130=200

根据上述计算结果,编制 A 产品成本汇总计算表,如表 8-9 所示。

表 8-9 A 产品成本汇总计算表

单位:元

费用项目	分离前的联合成本总额 ①	各成本项目占总成本的比重/% ②=①÷26 000	A 产品分配的联合成本总额 ③	各成本项目分配的联合成本 ④=②×③	可归属成本 ⑤	A 成品总成本 ⑥=④+⑤
直接材料	16 000	61.54		6 154	2 300	8 454
直接人工	4 000	15.38		1 538	600	2 138
制造费用	6 000	23.08		2 308	1 100	3 408
合计	26 000		10 000	10 000	4 000	14 000

企业采用系数分配法分摊联产品的联合成本,其实质是按照产量加权的总系数分配联合成本,该方法比按实物计量直接分配要准确。由此可见,保证各种联产品成本分配正确性的关键是系数的确定是否得当。

3. 相对销售价值分配法

相对销售价值分配法是指按照各种联产品的销售价值作为分配比例进行联产品成本分配的一种方法。

采用销售价值分配法,计算公式如下。

$$联合成本分配率 = \frac{联合成本合计}{各联产品销售价值之和}$$

某种产品应分配的联合成本=该联产品销售价值×联合成本分配率

这里的销售价值是按产品产量计量的产品销售收入,是已售产品价值与未售产品价值之和。

【例题 8-4】 承例 8-2、例 8-3,销售价值分配法下联合成本的分配如表 8-10 所示。

表 8-10 联合成本按相对销售价值分配表

产品	A产品	B产品	C产品	合计
产量/千克	50	60	20	130
销售单价/(元/千克)	280	240	220	—
销售收入/元	14 000	14 400	4 400	32 800
继续加工成本/元	4 000			4 000
净收入/元	10 000	14 400	4 400	28 800
分配率				0.9028
联合成本分配/元	9 028	13 000.32	3 971.68	26 000
单位成本/(元/千克)	180.56	216.672	198.584	

注:联合成本分配率=26 000÷28 800≈0.9028,尾差全部由 C 产品负担。

相对销售价值分配法将联产品的成本分配与最终价值联系在一起,认为联产品的成本分配与各种产品的最终获利能力存在一定的比例关系,然而产品成本的高低并非都与产品售价相关,售价高的产品其生产成本未必高,因此,该方法一般适用于产品售价与成本高低密切相关,联产品分离后不需要继续加工,且价格波动不大的情况。

二、副产品的成本计算

(一)副产品的含义

副产品是指企业在生产其主要产品的过程中,附带生产出的一些非主要产品。副产品虽不是企业的主要产品,但具有一定的社会和经济价值。如炼油厂提炼原油过程中产生的渣油、油焦,制皂生产中产生的甘油等。

副产品与联产品均为使用相同原材料,经过同一生产过程而生产的产出物。二者的区别在于副产品经济价值相对较低,在企业全部生产产品中所占比重较小;而联产品销售收入较高,其生产的好坏直接影响企业的经济收益。

另外,从产品之间的关系上看,一般而言,所有联产品均为企业的主要产品,而副产品是依附于主要产品,附带生产出来的,不是企业的主要生产目的,对企业生产影响不大。

联产品和副产品虽然各自具有明显的特点,但它们的区分并不是绝对的,在某些情况下甚至可以互相转化。随着科技的进步,生产流程的不断优化,原有的副产品,其经济用途可能会扩大,经济价值随之提高,从而上升为联产品。而在联产品中,由于替代材料的出现,可能使得部分联产品的销量和售价都受到影响,从而降为副产品。

(二)副产品的成本计算

由于企业的副产品价值相对较低,在生产成本中的占比较小,可以采用简化的成本计算方法。副产品的成本在与主要产品成本分离前,先将二者归为一类,按照分类法归集费用,计算总成本,将主、副产品分离前的成本视为联合成本,然后将副产品成本按照一定的方法计价,从总成本中扣除,扣除后的成本即为主要产品的成本。由此可见,副产品的成本计价是计算主要产品成本的关键。

副产品的成本计价通常可分为以下四种情况。

1. 副产品成本不计价

对分离后不再加工,且价值较低的副产品,可以不负担分离前的产品成本,副产品成本不计价。将副产品的销售收入直接列作其他业务收入处理。

2. 副产品按照销售价格扣除销售税金、销售费用后的余额计价

对分离后不再加工,但价格较高的副产品,通常以销售价格扣除销售税金、销售费用和按正常利润率计算的销售利润后的余额计价,并以此作为分离成本时联合成本中副产品应负担的部分。如果副产品在分离后还需进一步加工才能售出,采用该方法对副产品计价,还应从销售价格中扣除继续加工的成本。

3. 副产品按照分离后继续加工成本计价

对分离后仍需继续加工才能出售的副产品,如果其价值较低,则在成本计价中,副产品成本只包括分离后继续加工的成本,分离前发生的联合成本全部由主要产品负担;如果副产品价值较高,为保证产品成本计算的合理性和准确性,副产品需同时负担继续加工成本和分离前发生的联合成本。

4. 副产品按照固定值计价

对于在同一生产过程中产出的副产品较多时,为了简化计算,副产品成本可按照事先确定的固定值计价,从主要产品成本中扣除。其中,固定值可以为固定单价,也可以为计划单位成本。当市价波动频繁,副产品成本变动较大时,该方法会影响主要产品成本计价的准确性,因此,应及时调整副产品的固定值。

(三)副产品成本的扣除方式

副产品成本计算出来后,还应考虑副产品成本如何从联合成本中扣除的问题,扣除的方式主要由副产品成本占分离前联合成本的比重决定:当副产品中直接材料费用所占比重较大或副产品成本占分离前联合成本比重很小时,可直接将副产品成本从分离前联合成本的"直接材料"项目中扣除;当副产品成本中各成本项目之间比重相差不大,或副产品成

本占分离前联合成本一定比重时，需要将副产品成本按比例从分离前联合成本的各项目中扣除。

(四)副产品成本计算举例

【例题 8-5】 假设某企业在生产主要产品 A 产品的同时，生产出 B、C 和 D 三种副产品。本月月末没有在产品，B 产品按售价扣减销售税费等项目后的余额计算，并按比例从联合成本各成本项目中扣除；C 产品按固定的单价计算；D 产品由于数量较少、价值较低，采用简化方法不予计价。B 产品分离后仍需继续加工才能出售，C 和 D 两种副产品无须再继续加工，成本计算有关资料及计算结果如表 8-11～表 8-13 所示。

表 8-11 有关成本费用资料

单位：元

项 目	直接材料	直接人工	制造费用	合计
月初在产品成本	1 480	660	230	2 370
本月发生的生产成本	28 600	13 900	6 780	49 280
B 产品分离后继续加工成本		600	780	1 380
合计	30 080	15 160	7 790	53 030

表 8-12 产量及售价资料

产品名称	产量/千克	单位售价/元	单位销售税费/元	扣减后的单位售价/(元/千克)	固定单价/(元/千克)
A 产品	8 260				
B 产品	770	20	8.5	11.5	
C 产品	135				4
D 产品	1				

表 8-13 完工产品成本计算表

单位：元

成本项目	月初在产品成本 ①	本月发生费用 ②	联合成本合计 ③	比重/% ④	C 产品成本 ⑤	B 产品成本 分离前 ⑥	B 产品成本 分离前 ⑦	B 产品成本 合计 ⑧	A 产品成本 分离前 ⑨
直接材料	1 480	28 600	30 080	58	540	4 336.5	—	4 336.5	25 203.5
直接人工	660	13 900	14 560	28		2 093.5	600	2 693.5	12 466.5
制造费用	230	6 780	7 010	14		1 046.7	780	1 826.7	5 963.3
合计	2 370	49 280	51 650	100	540	7 476.7	1 380	8 856.7	43 633.3

注：C 产品成本=135×4=540(元)；

B 产品分离前总成本(11.5-1 380÷770)×770≈7 476.7(元)

③=①+②；⑧=⑥+⑦；⑨=③-⑤-⑥

三、等级产品的成本计算

等级产品是指企业使用相同原材料，经过同一生产过程，生产出的品种相同但等级或质量有差别的产品。等级产品按照导致产品质量差别的原因可分为两种：一种是由于经营管理不善、工人操作不当等主观原因导致的等级品，如布匹印染过程中的搭色、漏印的次品布等；另一种是由于原材料质量或工艺过程要求不同等客观原因导致的等级品，如洗煤过程中产生的精煤、洗块煤、煤泥等。

需要注意的是，等级品不同于废品，等级品是合格品，而废品为非合格品。等级产品与联产品、副产品也存在异同。相同点是它们都是使用同种原材料，经过同一生产过程生产出的产品。不同点是等级品是品种相同而质量不同的产品；而联产品与副产品则是不同品种的产品。

等级产品的成本计算，应根据不同情况进行。对于由主观原因导致的等级品，其单位成本与合格产品成本相同，各等级产品单位水平一致，低等级产品由于降价销售导致的损失，反映了企业管理中需要努力改正之处；对由于客观原因造成的等级品，一般可以按计划售价作为分配标准，将各等级产量折合为标准产量，采用系数比例法分配计算各等级产品成本。

第三节 成本计算方法的综合运用

制造型企业产品生产类型和成本管理要求的多样性，决定了成本计算的多样性。前面，我们介绍了产品成本计算的三种基本方法——品种法、分批法和分步法，以及在基本方法的基础上为了简化成本核算工作而采用的分类法，这是几种典型的成本计算方法。在实际工作中，一个企业总是将几种方法同时应用或结合应用。

一、在一个企业或车间中几种成本计算方法的同时应用

一个企业可能有若干个生产车间，各个生产车间的生产特点和成本管理要求并不一定相同，同一个生产车间所生产的各种产品的生产特点和成本管理要求也不一定相同，因此在一个企业或企业的生产车间中，往往同时应用几种不同的产品成本计算方法。

在一个企业，其基本生产车间与辅助生产车间的生产特点和成本管理要求不同，可能同时采用多种成本计算方法。基本生产车间可能采用品种法、分批法、分步法和分类法等多种方法计算产品成本；辅助生产车间的供水、供电、供气和机修等采用品种法计算产品成本，自制设备等可以采用分批法计算产品成本。

在企业一个生产车间内部，由于产品的生产组织方式不同，也可以同时采用多种成本计算方法。大量大批生产的产品可以按实际情况灵活采用品种法、分步法或分类法；单件小批生产的产品则应采用分批法计算产品成本。

二、在一种产品中几种成本计算方法的结合应用

一个企业或企业的生产车间，除了可能同时采用几种成本计算方法以外，在计算某一种产品成本时，还可以以一种成本计算方法为主，结合采用几种成本计算方法。原因是即

使是同一种产品，由于该产品所经过的生产步骤不同，其生产特点和成本管理要求也不同，所以采用的成本计算方法也就不同。

例如，在小批单件生产的机械制造企业，产品的生产需要经过铸造、机械加工和装配等相互关联阶段的不同操作才能完成。从产品生产的某个阶段来看，铸造车间可以采用品种法计算各种铸件的成本。从铸造与机械加工两个阶段的成本结转来看，可以采用逐步结转分步法将铸造成本从铸造车间结转到机械加工车间。装配车间则采用分批法计算产品成本。这样，该企业就是在采用分批法的基础上结合采用了品种法与分步法来进行产品成本计算，以满足企业加强成本管理的需要。

在构成一种产品的不同零部件(半成品)之间，可以采用不同的成本计算方法；在一种产品的各个成本项目之间，也可以采用不同的成本计算方法。

企业采用分类法计算产品成本时，因它是成本计算的辅助方法，应结合品种法、分批法和分步法等成本计算的基本方法加以应用。

总之，企业的实际情况复杂多样，管理要求又各不相同，因而采用的成本计算方法也是多种多样。应根据企业的生产特点和成本管理要求，并结合企业生产规模的大小及管理水平的高低等实际情况，从实际出发，将成本计算的各种方法灵活地加以应用。

本 章 小 结

本章主要介绍了成本计算的辅助方法——分类法。它的特点是不能单独运用于企业的成本计算，必须与产品成本计算的基本方法结合起来应用。

分类法适用于产品品种、规格繁多的企业，可以简化成本计算工作。它是先按照产品的类别归集生产成本，计算各类别产品成本，然后再选择合理的分配标准，在类内各种产品之间分配费用，计算类内各种产品的成本。

产品的分类和分配标准的确定是否适当，是采用分类法的关键。为了简化分配工作，也可以将分配标准折算成相对固定的系数，按照相对固定的系数分配同类产品内各种产品的成本。

联产品是指企业使用同种原材料，经过同一生产过程，同时生产出两种或两种以上的主要产品；副产品是指企业在生产主要产品的过程中，附带生产出的一些非主要产品，或利用生产中的废料加工而成的产品；等级品是指使用相同原材料，经过同一生产过程生产出来的品种相同但等级或质量有所差别的产品。无论是联产品、副产品还是等级品，都要注意联合成本分配的准确性。

在实际工作中，企业应根据自身的生产特点和成本管理要求，选择适合本企业的成本计算方法，使各种成本计算方法有机结合，以保证企业成本核算的顺利进行。

案 例 链 接

金杉石油公司的 SAP 系统

金杉石油公司在提炼原油时，会同时提炼出柴油、汽油、煤油、润滑油、燃油等联产品，在提炼过程中随时还会产生油渣、石焦油等副产品。另外还有一些不同等级的提炼物。

在整个加工过程中，上述产品的总加工成本为 680 万元。金杉石油公司在定价的过程中咨询了工厂的经理，经理给出的建议是将总成本按照每个成品的重量平均分配到各个产品中。管理层根据这一建议定价后账务处理时发现众多产品中只有个别产品有盈利而且利润率很高，而其他的产品都是亏损的。公司管理层向一些资深的管理会计师咨询，发现问题出在成本分配方法的选择上。对于生产过程中所产生的联产品、副产品和等级品不能单纯地从产成品的数量上对生产成本进行分配，而应用更为科学的方法进行核算。在管理会计师的推荐下，公司引进了 SAP 系统，建立了一体化的管控平台，优化提炼流程，提升效率，保证提炼的质量。SAP 系统对于整个生产流程以及流程中产生的各类成本进行整合和归纳，匡算出了更为精准的价格。特别是对库存管理进行了精确匹配。在之后的经营中，SAP 系统的引入帮公司实现了更为科学的定价模式。

思考与讨论：
(1) 结合案例说明联产品是什么。
(2) 结合案例说明副产品是什么。
(3) 金杉石油公司如何正确计算联产品、副产品和等级品的成本？
(4) 如果不能正确计算联产品、副产品和等级品的成本，对企业的影响是什么？

同步测试题

一、单项选择题

1. 分类法是以(　　)作为成本计算对象，归集各类产品的生产成本，计算各类产品的成本。
　　A. 产品的步骤　　　　　　　B. 产品的批次
　　C. 产品的类别　　　　　　　D. 产品的品种

2. 分类法是在产品品种、规格繁多，但可按一定标准对产品进行分类的情况下，为了(　　)而采用的。
　　A. 简化成本计算工作　　　　B. 计算各批产品成本
　　C. 计算各类产品成本　　　　D. 加强成本的管理

3. 在分类法中，按照系数比例在类内各种产品之间分配费用所采用的方法，称为(　　)。
　　A. 约当产量法　　　　　　　B. 系数法
　　C. 分批法　　　　　　　　　D. 分步法

4. 企业使用同种原材料在同一生产过程中生产主要产品的同时，附带生产出一些非主要产品，或利用生产中的废料加工而成的产品，称为(　　)。
　　A. 等级品　　　　　　　　　B. 联产品
　　C. 次品　　　　　　　　　　D. 副产品

5. 企业使用相同原材料，经过同一生产过程生产出来的品种相同但质量或等级有所差别的产品，称为(　　)。
　　A. 副产品　　　　　　　　　B. 等级品
　　C. 联产品　　　　　　　　　D. 次品

6. 分离后发生的加工成本,因可以分辨其承担主体,所以称为( )。
    A. 联合成本   B. 计划成本
    C. 目标成本   D. 可归属成本

7. 如果等级品是由于生产工人操作不当、技术不熟练或企业经营管理不善造成的,应按( )分配各等级产品应负担的联合成本。
    A. 等级产品的实际产量比例   B. 等级产品的单位售价
    C. 等级产品的生产工时   D. 等级产品的工人工资

8. 企业利用同种原材料,在同一生产过程中生产出的几种主要产品,称为( )。
    A. 等级产品   B. 副产品
    C. 联产品   D. 产成品

9. 采用系数法时,被选定为标准产品的应该是( )。
    A. 成本计算工作量最大的产品
    B. 盈利最多的产品
    C. 产量较大、生产比较稳定或规格适中的产品
    D. 占企业产品成本比重较大的产品

10. 在实际生产中,宜采用分类法计算产品成本的有( )。
    A. 企业生产的产品可按一定标准分类
    B. 企业产品的品种、规格繁多
    C. 企业产品的品种、规格繁多,但可按一定标准分类
    D. 大量大批单步骤生产的企业所生产的多种产品

二、多项选择题

1. 运用分类法计算产品成本时,将某类产品成本分配给各种产品的方法有( )。
    A. 系数分配法   B. 分批法   C. 分步法   D. 定额比例法

2. 下列关于分类法的表述中,正确的有( )。
    A. 是一种成本计算的辅助方法,可以独立计算产品成本
    B. 以产品的类别作为成本计算对象
    C. 需将各类产品生产费用按分配标准在各种产品之间进行分配
    D. 常用的计算方法有系数分配法和定额法

3. 分类法的适用范围包括( )。
    A. 联合产品的生产   B. 副产品的生产
    C. 等级产品的生产   D. 零星产品的生产

4. 在类内各种规格的产品之间分配费用的标准是( )。
    A. 材料预算消耗量   B. 工时预算
    C. 费用预算   D. 产品的售价、重量或体积

5. ( )都是使用相同原材料,经过同一生产过程生产出来的产品。
    A. 主要产品   B. 副产品
    C. 联产品   D. 等级品

6. 联产品的联合成本的分配方法有( )。
    A. 系数分配法   B. 分类法

C. 实物量分配法 D. 销售收入比例分配法

7. 有些联产品分离后还需要进一步加工才能出售，这时，联产品的成本应是其负担的（　　）之和。

  A. 联合成本 B. 预算成本
  C. 计划成本 D. 可归属成本

8. 对分离后仍需进一步加工才能出售的副产品，成本计算方法通常有（　　）。

  A. 如价值较低，只负担可归属成本
  B. 不负担任何成本
  C. 如价值较高，负担分离前联合成本和可归属成本
  D. 负担分离前所有的联合成本

9. 等级品产生的原因通常有（　　）。

  A. 由于生产工人操作不当、技术不熟练造成的
  B. 由于所用材料质量不同造成的
  C. 由于企业经营管理不善造成的
  D. 受目前技术水平限制造成的

10. 以下产品成本计算方法，不能单独使用的有（　　）。

  A. 分批法　　B. 分类法　　C. 分步法　　D. 定额法

三、判断题

1. 分类法与企业生产类型有直接关系，不可以在各种类型的生产中应用。（　　）
2. 采用分类法计算产品成本时，产品分类一定要准确，否则将直接影响成本计算结果的准确性。（　　）
3. 在类内各种规格的产品之间分配费用时，要选择与产品各项耗用有密切联系的分配标准进行分配。（　　）
4. 分类法应根据各类产品的生产工艺特点和成本管理要求，与品种法、分步法和分批法结合运用。（　　）
5. 采用系数分配法在类内不同规格产品之间分配费用时，应选择一种产量较大、生产稳定、规格适中的产品作为标准产品，将其分配标准定为1。（　　）
6. 分类法是以产品的类别为成本计算对象计算成本，可以单独使用。（　　）
7. 在类内各种产品之间分配费用时，各成本项目可以按同一个分配标准进行分配，也可以按照各成本项目的性质，分别采用不同的分配标准进行分配。（　　）
8. 采用分类法计算成本时，由于类内各产品成本是按一定标准分配计算出来的，因而计算结果带有一定的假设性。（　　）
9. 主产品与副产品在分离前应合为一类产品计算成本。（　　）
10. 在一个企业或企业的生产车间中，往往同时应用几种不同的产品成本计算方法。（　　）

四、业务核算题

1. 产品成本计算的分类法。

某企业生产的产品品种、规格较多，根据产品结构特点和所耗用的原材料、工艺技术过程的不同将它们分为A、B两大类，A类产品包括A1、A2、A3三种不同规格的产品。

该企业根据产品的生产特点和成本管理要求，先采用品种法计算出 A、B 两大类产品的完工产品实际总成本，然后再采用系数分配法将各类完工产品总成本在类内各种产品之间进行分配，将两类产品的生产成本在完工产品和在产品之间的分配，都采用定额比例法。

201×年 11 月 A 类完工产品总成本与在产品成本资料、产量资料及定额资料分别如表 8-14～表 8-16。

表 8-14 产品成本计算单

产品类别：A 类　　　　　　　　　　201×年 11 月　　　　　　　　　　单位：元

项 目	直接材料	直接人工	制造费用	合 计
月初在产品成本	5 300	4 200	1 780	11 280
本月发生费用	50 200	14 650	9 440	74 290
生产成本合计	55 500	18 850	11 220	85 570
完工产品成本	48 800	16 100	9 200	74 100
月末在产品成本	6 700	2 750	2 020	11 470

表 8-15 产量资料

产品类别：A 类　　　　　　　　　　201×年 11 月

项 目	计量单位	A1 产品	A2 产品	A3 产品
实际产量	件	800	1 000	600

表 8-16 定额资料

产品类别：A 类　　　　　　　　　　201×年 11 月

产品类别	产品品种	计量单位	原材料消耗定额/千克	工时定额/小时
A 类	A1 产品	件	12	22
	A2 产品	件	10	20
	A3 产品	件	8	14

要求：根据上述资料，采用系数分配法分配费用(A2 产品为标准产品)，其中：直接材料费用按直接材料定额成本系数分配，其他费用按工时定额系数分配。

(1) 确定类内各种产品的系数，将计算结果填入表 8-17。

表 8-17 产品系数计算表

产品类别：A 类　　　　　　　　　　201×年 11 月

产品名称	材料消耗定额/千克	系 数	工时消耗定额/小时	系 数
A1 产品	12		22	
A2 产品	10		20	
A3 产品	8		14	

(2) 计算类内各种产品本月总系数，将计算结果填入表 8-18。

表 8-18 产品总系数(标准产量)计算表

产品类别：A 类　　　　　　　　　　201×年 11 月

产品名称	产品产量/件	材料		工时	
		系　数	总 系 数	系　数	总 系 数
A1 产品					
A2 产品					
A3 产品					
合　计					

(3) 计算 A 类产品中 A1、A2、A3 三种产品的总成本和单位成本，将计算结果填入表 8-19。

表 8-19 产品成本计算表

产品类别：A 类　　　　　　　　　　201×年 11 月　　　　　　　　　　单位：元

产品名称	产品产量/件	材料总系数	直接材料		工时总系数	直接人工		制造费用		产成品总成本	产成品单位成本
			分配率	分配金额		分配率	分配金额	分配率	分配金额		
A1 产品											
A2 产品											
A3 产品											
合　计											

2. 联产品成本的计算。

某企业用某种原材料经过同一生产过程同时生产出甲、乙两种联产品，201×年 9 月份共生产甲产品 2 000 千克，乙产品 1 000 千克。无期初、期末在产品。该月生产甲、乙联产品发生的联合成本分别为：直接材料 40 000 元，直接人工 8 000 元，制造费用 9 000 元。甲产品每千克售价 100 元，乙产品每千克售价 120 元，假设全部产品均已售出。

要求：根据所给资料，分别用系数分配法(甲产品为标准产品，以售价为标准确定系数)、实物量分配法、相对销售收入分配法计算甲、乙产品的成本，并将计算结果填入下列所给的相应的成本计算表(见表 8-20～表 8-22)中。

表 8-20 联产品成本计算表(系数分配法)

　　　　　　　　　　　　　　　　201×年 9 月　　　　　　　　　　　　　　　单位：元

产品名称	产量/千克	系数	标准产量	分配比例	应负担的成本			
					直接材料	直接人工	制造费用	合计
甲产品								
乙产品								
合　计								

表 8-21　联产品成本计算表(实物量分配法)

201×年 9 月　　　　　　　　　　　　　　　　　　　　　　　单位：元

产品名称	产量/千克	联合成本				综合分配率	应负担的成本			
		直接材料	直接人工	制造费用	合计		直接材料	直接人工	制造费用	合计
甲产品										
乙产品										
合计										

表 8-22　联产品成本计算表(相对销售收入分配法)

201×年 9 月　　　　　　　　　　　　　　　　　　　　　　　单位：元

产品名称	产量/千克	销售单价	销售价值	分配比例	应负担的成本			
					直接材料	直接人工	制造费用	合计
甲产品								
乙产品								
合计								

3. 副产品成本计算。

某企业在生产甲主产品的同时，还附带生产出了乙副产品。201×年 8 月份，甲、乙产品的联合成本为 80 000 元，其中直接材料为 48000 元，直接人工 24 000 元，制造费用为 8 000 元。甲、乙产品分离后可直接出售，本月甲产品的产量为 3 500 千克，乙产品的产量为 800 千克，乙产品销售单价扣除销售费用、销售税金及相关利润后为每千克 5 元，乙产品按比例从联合成本的各成本项目中扣除。

要求：计算甲、乙产品的总成本和单位成本，并将计算结果填入表 8-23。

表 8-23　产品成本计算表

201×年 8 月　　　　　　　　　　　　　　　　　　　　　　　金额：元

项　目		直接材料	直接人工	制造费用	合　计
联合成本					
费用项目比重					
乙产品	总成本				
	单位成本				
甲产品	总成本				
	单位成本				

4. 等级产品成本的计算。

某企业 201×年 9 月份生产甲产品，在生产中出现不同等级质量的产品。该企业本月生产的甲产品实际产量为 1 000 件，其中：一等品 600 件，二等品 300 件，三等品 100 件。各等级品的市场售价分别为：一等品售价 100 元，二等品售价 60 元，三等品售价 35 元。本月甲产品的联合成本为 32 000 元，其中：直接材料 20 000 元，直接人工 8 000 元，制造费用 4 000 元。

要求：

(1) 假设不同质量等级的甲产品，是由于企业经营管理不善造成的。请采用实物量分配法计算各等级产品成本。并将成本计算结果填入下表，如表 8-24 所示。

表 8-24 等级产品成本计算表

201×年 9 月　　　　　　　　　　　　　　　　　　　　　金额：元

产品等级	实际产量/件	分配比例/%	应负担的成本				单位成本
			直接材料	直接人工	制造费用	合计	
一等品							
二等品							
三等品							
合　计							

(2) 假设不同质量等级的甲产品，是由于材料质量的原因造成的。请采用系数分配法计算各等级产品成本，并将成本计算结果填入表 8-25。

表 8-25 等级产品成本计算表

201×年 9 月　　　　　　　　　　　　　　　　　　　　　金额：元

产品等级	实际产量/件	售价	系数	总系数	分配比例(%)	应负担的成本				单位成本
						直接材料	直接人工	制造费用	合计	
一等品										
二等品										
三等品										
合　计										

微课视频

扫一扫，获取本章相关微课视频及本章同步测试题答案。

　8 分类法　　　　本章同步测试题答案

第九章 作业成本法

【教学目的与要求】
- 了解作业成本法产生的原因。
- 理解作业成本法的相关概念。
- 理解作业成本法的实施要点。
- 掌握作业成本法的计算过程。
- 理解单一法和作业成本法的不同。

第一节 作业成本法概述

20 世纪 80 年代，以"作业"为核心的作业成本法(ABC 法)在美国企业中导入并发展，现已普及并应用于全球各领先企业之中。这种方法可以更好地解决占产品成本比重越来越大的制造费用问题。

一、作业成本法产生的原因

作业成本法的思想最初是由美国的会计学者科勒(Kohler)教授在 1941 年的《会计论坛》上首先提出的，他首次提出了作业、作业账户、作业会计等概念。1971 年斯托布斯(Staubus)教授在《作业成本计算和投入产出会计》一书中，进一步对"作业""作业成本计算"等概念进行了解释和阐释；20 世纪 80 年代末 90 年代初，芝加哥大学的库珀(Cooper)和哈佛大学的卡普兰(Kaplan)首次全面提出作业成本法(Activity-Based Costing，ABC)的概念，从而为作业成本法的研究奠定了重要的基础。

(一)制造费用占产品成本的比重越来越大

20 世纪 70 年代以来，科学技术有了日新月异的发展，在高新技术的基础上形成了生产的高度自动化。随着电子计算机技术的普及、计算机整合生产体系和弹性生产体系的普及，使得生产制造过程的自动化程度不断提高，产品技术含量增加，极大地改变了产品成本的结构，直接人工成本比例大大下降，制造费用占比明显上升。有资料表明，20世纪80年代制造费用占比在日本高达50%~60%，在美国高达75%。产品成本结构发生如此重大的变化，如何科学合理地分配制造费用成为一个重要问题。

(二)现代企业的产品个性化、多样化(Product Diversity)程度越来越高

随着社会经济的发展，人们对生活质量的要求越来越高，日益追求个性化的消费。这就要求企业必须提高适应性，及时向消费者提供更加多样化、个性化的产品和服务。企业需要采用柔性制造系统，而不是传统的大规模批量生产方式。传统成本计算方法适应于产品品种单一化、常规化和批量化的企业，而需求的个性化、多样化，迫使企业改变其生产模式。准确地计算产品成本是企业的经营基础，于是企业需要更科学的成本计算方法来应对产品多样化的现状，也就越发需要作业成本法来精确计算产品的成本。

(三)传统成本计算方法的缺陷

传统的成本计算方法下，制造费用按照单一的标准，如直接人工工时比例、直接人工工资比例、机器工时比例等作为制造费用的分配标准。在当时，构成产品成本最重要的因素是直接材料和直接人工，而制造费用数额较少，制造费用的发生与直接人工成本有一定的相关性，并且直接人工工资或直接人工工时的数据又很容易取得，故容易成为制造费用的分配标准。

然而，自20世纪70年代以来，计算机技术使得生产自动化程度不断提高，产品成本的结构中直接人工成本比例大幅度下降，而制造费用所占比例大幅度上升，倘若企业仍以日趋减少的直接人工工资比例或直接人工工时比例作为分配标准来分配日趋增大的制造费用，其结果往往是使得高产量、低技术含量的产品成本偏高，而低产量、高技术含量的产品成本偏低，从而导致经营决策失误。

二、作业成本法的相关概念

作业成本法是以作业为制造费用的归集对象，确认和计量耗用企业资源的所有作业，将耗用的资源成本计入作业，将所有作业成本按照与作业存在因果关系的作业动因(成本动因)分配给产品或服务的一种成本计算方法。

作业成本法的目标是把所有为不同产品提供作业所耗费的资源价值计算出来，并恰当地把它们分配给每种产品。对于直接成本的确认，作业成本法和传统成本计算并无区别，都是直接追踪到某种特定的产品成本。其差别主要表现在制造费用的归集和分配上，作业成本法要求按作业归集制造费用，对其分配要依据作业动因(成本动因)，采用多种分配标准分配制造费用。

作业成本法涉及的概念主要有：作业、成本动因和作业成本库。

(一)作业

按照乔治·斯托布斯的解释，作业是企业为提供一定量的产品或劳务所消耗的人力、技术、原材料、方法和环境的集合体。换言之，企业整个的生产经营过程可以看作是通过一系列的作业实现的。在作业过程中会对资源进行一定的消耗，对于这些资源的消耗要进

行合理的归集和分配,作业就是最基本的单位。作业过程中的资源消耗的量化就形成了作业成本。作业按不同的等级可以分为以下四类。

1. **单位作业**

单位作业(Unit Level Activity)是指每生产一单位产品就要发生的作业。此类作业是重复性的,所耗成本与产品产量成比例变化,如直接材料、直接人工等。

2. **批别作业**

批别作业(Batch Level Activity)是指使一批产品受益的作业。这些作业的成本与产品的批数成比例变化,如对批次产品的检测、机器调整等。

3. **产品别作业**

产品别作业(Product Level Activity)又称"品种别"作业,是指使某种产品的每个单位都受益的作业。这种作业的成本与产品的产量及批次无关,但与产品的种类数成比例变动,如产品介绍、产品设计等。

4. **维持性作业**

维持性作业(Facility Level Activity)是为了支持和管理生产经营活动而进行的作业,是为公司整个层面服务且为了维持企业总体生产经营能力而进行的作业。该类作业如人事管理、员工培训等。这类作业一般与企业组织部门的规模和战略定位结构有关,有益于整个企业,但并不针对任何具体产品。

(二)成本动因

成本动因又称为成本驱动因素,是指决定成本发生的那些重要的活动或事项。作业是企业生产经营活动中消耗资源的某种活动,作业是由产品引起的,而作业又引起了资源的耗用,这种作业和资源的耗用是由隐藏其后的某种推动力所引起的,这种隐藏的推动力就是成本动因。成本动因支配着成本行为,决定着成本的产生,是成本分配的基础。根据制造业生产经营活动的特点,成本动因一般分为数量基础成本动因和作业量基础成本动因。数量基础成本动因包括直接人工工时、直接材料成本等。作业量基础成本动因包括验收次数、检验次数、调整准备次数等。

(三)作业成本库

作业成本库(Cost Pool)又称为作业成本中心。作业中心是一系列相互联系,能够实现某种特定功能的作业集和。例如,原材料采购作业中,材料采购、材料验收、材料入库、材料仓储保管等都是相互联系的,并且都可以归类于材料处理作业中心。把相关的一系列作业消耗的资源费用归集到作业中心,构成各该作业中心的作业成本库。作业成本库是作业中心的货币表现形式。也可以理解为作业成本库是指按照成本动因将作业进行成本归集,分成若干个作业基础,每个作业基础都是一个作业成本库。每个作业成本库中的成本通过特定的作业基础分配率分配到产品上。

三、作业成本法的成本核算程序

作业成本法下,只要能直接追踪到特定的产品和服务上的成本,就属于直接成本,应该直接计入该成本计算对象,无需分配。需要进行分配的是无法直接追踪到成本计算对象的间接成本。

由于企业可能存在不同类型的间接成本,需将相同类型的间接成本归集到同一个成本库中。企业一般需要设置多个作业成本库,用以归集几种不同类型的作业成本。确定每个作业成本库的成本动因时,每个作业成本库中的间接成本都有一个最合适的成本动因,这个成本动因就是最合适的成本分配基础,据此计算间接成本分配率。依据不同的间接成本分配率将不同作业成本库中的制造费用分配到产品中,从而计算出应该分配给每种产品的间接成本。

所以作业成本法的重点在于确定作业成本库的成本动因和成本分配基础。

第二节 作业成本法和简单法的比较

企业为简化成本分配手续,通常采取一般平均的方法分配间接成本。也就是统一按照单一"成本分配基础",将间接成本平摊给几种相关产品,而不考虑各种产品实际耗费的成本是多少。我们在第五章制造费用的归集与分配中所学的方法主要有五种:生产工时比例法、生产工人工资比例法、机器工时比例法、年度计划分配率分配法、累计分配率法。这五种方法有着共同的特点,即它们都是按照同一个分配基础来分配制造费用的,我们称之为"简单法"。

下面我们就通过例题 9-1 来说明如何使用简单法分配制造费用,然后再将简单法与作业成本法进行比较,以区别两种方法的不同之处,理解作业成本法为何能更精确地分配制造费用。

【例题 9-1】假定洛克斯自动化家具公司仅生产两种规格的桌子:商用会议长桌(以下简称商用长桌)和家庭使用木桌(以下简称家庭木桌)。

依据过去的经验,每年该公司生产并销售大约 12 000 张商用长桌,6 500 张家庭木桌。按照这样的生产水平,制造费用总额平均为每年 4 770 000 元。单位商用长桌的直接材料成本为 170 元,家庭木桌为 80 元。每张商用长桌的直接人工为 600 元,家庭木桌为 360 元。

一、简单法下的间接成本分配

在简单法下,用单一的分配标准分配制造费用到产品中,假定分配标准为直接人工工时。

假设生产一张商用长桌需要 20 个人工工时,一张家庭木桌需要 12 个人工工时。这些制造费用以每直接人工工时(DLH)15 元的分配率分配到产品中。其具体计算如下:

第一步:计算整个工厂的总直接人工工时。

商用长桌	(12 000×20)	240 000 DLH
家庭桌	(6 500×12)	78 000 DLH
工厂的总直接人工工时		318 000 DLH

第二步：计算单位人工工时的制造费用分配率。

制造费用分配率(4 770 000÷318 000)　　　　15 元/DLH

第三步：计算简单法下的单位产品成本。如表 9-1 所示。

表 9-1　简单法下各产品的单位成本

单位：元

项　目	商用长桌	家庭木桌
直接材料	170	80
直接人工(每人工工时 30 元)	600	360
制造费用(每人工工时 15 元)	300	180
单位产品总成本	1 070	620

采用简单法进行成本核算，商用长桌的单位产品成本为 1 070 元，家庭木桌的单位产品成本为 620 元。各产品的总成本与单位成本的计算如表 9-2 所示。

表 9-2　简单法下各产品的总成本与单位成本

单位：元

项　目	商用长桌 年产量 12 000 张		家庭木桌 年产量 6 500 张		总　额
	总成本 (1)	单位成本 (2)=(1)÷12 000	总成本 (3)	单位成本 (4)=(3)÷6 500	(5)=(1)+(3)
直接材料成本	2 040 000	170	520 000	80	2 560 000
直接人工成本	7 200 000	600	2 340 000	360	9 540 000
直接成本总额	9 240 000	770	2 860 000	440	12 100 000
间接成本的分配金额	3 600 000	300	1 170 000	180	4 770 000
总生产成本	12 840 000	1 070	4 030 000	620	16 870 000

二、作业成本法下的间接成本分配

在作业成本法下，制造费用会被归集成多个作业成本库。对于直接成本部分的处理与简单法一样。假定洛克斯的制造费用包括三大部分(作业成本库)：机器成本汇总(Machining costs)、组装成本汇总 (Assembly Costs)和检测调试成本汇总(Inspection Costs)。具体信息如图 9-1 所示。

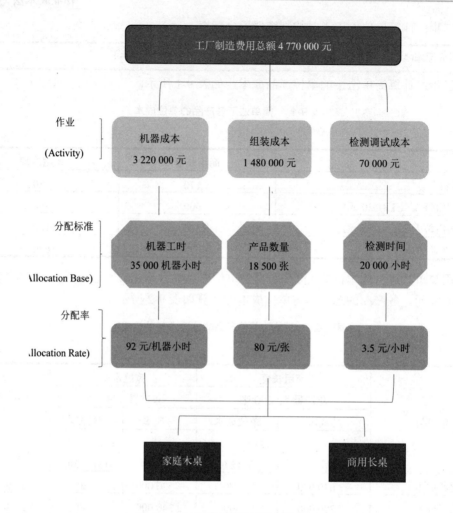

图 9-1 作业成本法下分配制造费用

第一步：细分作业成本汇总。

洛克斯工厂的制造费用总额为 4 770 000 元。根据高管们的观察，制造费用主要由三个作业成本库来共同提供给两个产品线：机器成本汇总、组装成本汇总以及检测调试成本汇总。生产部门的高管向一线的员工收集数据，发现机器小时是机器成本汇总的主要成本动因。机器运转的时间越久，成本则相对应的更高。据信息反馈，组装成本汇总主要是由产品的个数所决定的，生产的产品个数越多，组装成本也会随之越高。检测调试成本则是由检测时间决定的，员工检测的时间越多，相应的成本越高。

第二步：分配作业成本到各产品。

现在要将各个作业成本库中的费用分配至洛克斯自动化家具公司的两种产品中。管理人员已经确定机器成本汇总同时服务两条产品线，且机器小时是最合适的分配基础。整个车间对于机器小时的耗费大约是 35 000 小时，其中 30 000 小时与商用长桌有关，剩下的 5 000 小时与家庭木桌有关。一般情况下，商用长桌从机器成本汇总库中分配到大约 2 760 000 元，而家庭木桌从机器成本汇总库中分配到大约 460 000 元，具体计算过程如下。

分配至商用长桌产品线的成本(92×30 000)	2 760 000 元
分配至家庭木桌产品线的成本(92×5 000)	460 000 元

产品个数被确定为组装成本汇总的分配基础。洛克斯公司每年大概生产商用长桌 12 000 张，家庭木桌 6 500 张。因此组装成本汇总库中 960 000 元分配给商用长桌，520 000 元分配给家庭木桌，具体计算过程如下：

分配至商用长桌产品线的成本(80×12 000)	960 000 元
分配至家庭木桌产品线的成本(80×6 500)	520 000 元

对于检测调试成本汇总库，检测时间被确定为主要的成本动因。因此，检测时间作为将检测调试成本汇总分配至各产品的作业基础。该公司每年大约使用 20 000 个检测小时，其中大约有 16 000 个检测时间是关于商用长桌，4 000 个检测时间是关于家庭木桌。因此，检测调试成本汇总库中有 56 000 元是关于商用长桌，大约 14 000 元是关于家庭木桌的。具体计算过程如下：

分配至商用长桌产品线的成本(3.5×16 000)	56 000 元
分配至家庭木桌产品线的成本(3.5×4 000)	14 000 元

第三步：利用作业成本核算方法确定产品线的单位成本。

在作业成本核算方法下，我们已经将每个作业成本库中的制造费用根据各自的分配基础分配给了两个产品线。在正常的生产能力下，洛克斯公司每年能生产销售 12 000 张商用长桌和 6 500 张家庭木桌。每张商用长桌的费用大约为 1 084.67 元，而每张家庭木桌的费用约为 592.92 元。总成本和单位成本的计算如表 9-3 所示。

表 9-3 作业成本法下的各产品线总成本与单位成本

单位：元

项 目	商用长桌		家庭木桌		
	年产量：12 000 张		年产量：6500 张		
	总生产成本	单位成本	总生产成本	单位成本	总计
成本分类	①	②=①÷12 000	③	④=③÷6 500	⑤=①+③
直接成本：					
直接材料	2 040 000	170	520 000	80	2 560 000
直接人工	7 200 000	600	2 340 000	360	9 540 000
合计	9 240 000	770	2 860 000	440	12 100 000
制造费用：					
机器成本库	2 760 000	230	460 000	70.77	3 220 000
组装成本库	960 000	80	520 000	80	1 480 000
检测调试成本库	56 000	4.67	14 000	2.15	70 000
总制造费用	3 776 000	314.67	994 000	152.92	4 770 000
总生产成本	13 016 000	1 084.67	3 854 000	592.92	16 870 000

三、简单法和作业成本法的比较

我们运用作业成本法计算产品成本，就得到了表 9-3 所示数据。从表 9-3 所显示的比较结果可以看出：对于直接成本来说，无论是简单法还是作业成本法处理方式都是一样的，直接追溯直接成本到产品。

对于间接成本(制造费用)而言，简单法通过一个单一的成本动因归集，一个制造费用分配率将整个间接成本分配到产品上。

作业成本法下，会将间接成本根据不同的成本动因分成若干作业成本库。每个成本库作为一个集合归集，确定一个分配率来将这些间接制造费用分配到产品中。

如果基于过去的简单法进行定价，则商用长桌的定价应该基于单位成本 1 070 元，家庭木桌应该基于 620 元。若按照更加精准分配的作业成本法进行定价，则商用长桌的定价应基于 1 084.67 元的成本，家庭木桌应基于 592.92 元的成本。假定利润率不变，若继续沿用简单法下的成本信息进行定价，则会导致商用长桌的定价过低，家庭木桌的定价较高。若根据作业成本法的成本信息进行定价，可以制定出更加合理的价格，从而赢得更多的市场份额。

作业成本法通过细化成本库，把一个大成本库细化成了 3 个成本库，使得间接成本在商用长桌和家庭木桌间更合理地进行了分配，提高了间接成本分配的精确度。

简单法和作业成本的比较如表 9-4 所示。

表 9-4 简单法和作业成本法的比较

单位：元

项 目	简单法 ①	作业成本法 ②	差额 ③=②-①
直接成本总额	12 100 000	12 100 000	0
间接成本库	1 个大成本库	3 个分类成本库	差 2 个成本库
间接成本总额	4 770 000	4 770 000	0
分配给商用长桌的总成本	12 840 000	13 016 000	176 000
商用长桌单位产品的成本	1 070	1 084.67	14.67
分配给家庭木桌的总成本	4 030 000	3 854 000	-176 000
家庭木桌单位产品的成本	620	592.92	-27.08

随着技术的不断进步和加工步骤的细化，制造费用占比越来越大。制造费用的分摊若仅仅根据单一的分配基础进行分配会导致成本信息的扭曲，所以需要更为科学且细致的作业成本法将制造费用根据不同的作业归集到若干作业成本库中，再依据每个作业成本库的成本因果关系(成本动因)一一进行分配、最后归集到产品中。

可见，运用"简单法"进行的成本计算，对于洛克斯自动化家具公司这样的企业并不合适。因为洛克斯自动化家具公司的间接成本占总成本的比例较大，且间接成本的构成以及成本动因都较为多样，难以统一用单一的成本分配率来分配间接成本。这样的企业使用"简单法"，就容易导致成本计算的较大误差。因此，换言之，作业成本法适用于间接成本占总成本的比例较大，且间接成本的构成以及成本动因都较为多样的企业。服务型企业就是典型的例子。服务型企业是适合使用作业成本法的典型企业。近年来，作业成本法在金融服务型企业(银行等)、医疗服务型企业中(医院等)导入的案例屡见不鲜。

然而不可否认,作业成本法主要有两项缺点:一是在于其计算过程较为烦琐复杂;二是在于确定作业活动的过程还需要企业其他部门的参与,企业需要花费较大的人力物力来执行。例如在洛克斯自动化家具公司的案例中,企业的管理层专门组织生产部门骨干工程师和会计部门骨干开了联席会议,才找出了与间接产品相关的作业活动。

因此,对于一些较为传统的制造型企业来说,更适合使用单一成本分配率的"简单法"分配间接费用。这类企业的间接成本占比较小,而且间接成本的成本动因也较为统一。例如,一般以机械加工制造为主的制造型企业使用单一的机械工时作为分配率,就能够简单而准确地分配间接费用了;而以技术工人生产加工为主的制造型企业则可以使用单一的人工工时作为分配率。这类企业就更加适用我们在第五章所学的方法。

本 章 小 结

本章阐述了作业成本法产生的背景和原因,介绍了作业成本法的相关概念。运用简单法和作业成本法对案例公司进行分析,得出截然不同的单位产品成本,若在此基础上进行定价可能给企业带来的严重后果。作业成本法将制造费用的分配由统一分配改为若干个具有同质或成本动因的成本库进行分配,标准也由单一分配改为多标准分配,因而能够提供更明细化的成本资料,使成本的可追溯性、可归属性大大增强,从而帮助企业优化生产决策、定价决策和长期投资决策。

案 例 链 接

LG电子的作业成本法

LG电子(乐喜金星电子)公司总部位于韩国首尔,是世界上最大的平板电视和手机制造商。对于电子产品的生产,在2012年,公司花费了3 590万美元购买了半导体、金属、连接器和其他的材料加入到电子产品的生产中。过去,LG电子没有一个相对集中的采购中心去利用其规模经济来降低和控制其日益上涨的采购成本。直到2009,LG公司聘请了第一任首席采购官,他采用了作业成本法核算来寻求成本的改进机会。采用了这样的成本核算方法后发现,公司的大部分资金都用在了成本很高的人工行政类的工作中而不是更有利于公司发展的战略性工作,例如降低供应成本。

作业成本法促使LG公司改变了许多采购环节的流程和活动,提高了采购效率,并更加专注于将资源分配给更加增值(Value-added)的业务和活动,譬如产品成本的管控和与供应商之间的议价。通过作业成本法的使用,在2012年LG公司实现了47亿美元直接材料成本的节省。此外,该公司通过在供应商之间实施竞争性招标系统,标准化整个产品线制定创新的采购战略。LG电子的44%的采购都是来自于韩国以外的国家。

(资料来源: Horngren, Datar, Rajan. Cost accounting: A Managerial Emphasis. Pearson, 2019.)

思考与讨论:

(1) LG 电子设立采购中心的目的是什么？

(2) 作业成本法如何帮助 LG 电子节省了 47 亿美元直接材料成本？

(3) LG 电子创新的采购战略给你的启示是什么？

同步测试题

一、单项选择题

1. 根据作业成本法的相关理论，成本动因与成本的发生之间必然具有(　　)。
   A. 理解性　　B. 依赖性　　C. 相关性　　D. 及时性
2. 作业成本可将成本库视为(　　)。
   A. 作业产品　　B. 作业中心　　C. 作业链　　D. 作业成本
3. 下列各项中，随单位产品数量变动而成正比例变动的作业被称为(　　)。
   A. 产品别作业　　B. 维持别作业　　C. 批别作业　　D. 单位别作业
4. 下列各项中，在作业成本法中归集间接费用的对象是(　　)。
   A. 作业　　B. 作业中心　　C. 产品成本　　D. 制造费用
5. 想降低批量层作业成本，则下列各项中需要降低的是(　　)。
   A. 产品数量　　　　　　　B. 单位变动成本
   C. 作业批次数量　　　　　D. 固定成本
6. 对工厂设备盗窃或损毁险的保险费进行分配时，下面各项中最合适的基础是(　　)。
   A. 直接人工工时　　　　　B. 机器工时
   C. 生产空间平方英尺　　　D. 设备价值
7. 采用作业成本核算方法来分配制造费用可以帮助管理人员(　　)。
   A. 进行产品定价　　　　　B. 确定成本动因
   C. 找出无效率的生产工序　D. 以上全部都是
8. 对某个产品的成本高估会导致(　　)。
   A. 损失市场份额　　　　　B. 产品定价过低
   C. 经营有效性　　　　　　D. 更加熟悉产品的总成本
9. 对一个拥有多个产品类型的公司来说，对于某个产品的间接成本低估会导致(　　)。
   A. 错误地将直接人工成本分配到产品上
   B. 错误地将直接材料分配到产品上
   C. 错误地将间接成本分配到其他产品中
   D. 错误地将直接成本分配到其他产品中
10. 作业成本法核算与传统的成本核算方法的区别在于(　　)的处理。
    A. 直接人工成本　　　　　B. 直接材料成本
    C. 主要成本　　　　　　　D. 间接成本

二、多项选择题

1. 下列各项中，符合作业成本法产生的背景的是(　　)。

A. 社会生产力的大幅度提高　　B. 顾客产品需求的多样化
C. 直接人工比重急剧增长　　　D. 制造费用比重急剧增长
E. 直接材料比重急剧增长

2. 下列各项中,可以归属于作业动因的有(　　)。
A. 机器小时　　　　B. 人工小时
C. 检查次数　　　　D. 产品批次数量

3. 下列各项中,反映作业成本计算与传统成本计算明显区别的有(　　)。
A. 成本计算的理论依据不同　　B. 间接费用的分配标准不同
C. 成本核算的对象不同　　　　D. 产品成本的计算结果不同
E. 提供信息对于决策的影响不同

4. 下列关于作业成本法核算的表述中,正确的是(　　)。
A. 作业成本核算的主要目的是更有利于将制造费用分配给产品线
B. 作业成本核算时,从不用直接人工工时作为分配标准
C. 在公司各种产品消耗大约相同数量的制造费用资源而分配的费用数额差异很大时,人们因怀疑现行分配方法而使用作业成本核算方法
D. 作业成本核算方法可以同分批成本核算方法一起使用

5. 下面关于作业成本核算的说法,错误的是(　　)。
A. 作业成本法忽视了营销和分销成本
B. 与传统的成本核算方法相比,如果该公司只生产一个产品而不是多个产品,使用作业成本法可能会导致更多的差距
C. 在作业成本法下间接成本的分配会更加精准
D. 作业成本法的核算方式会比传统的成本核算方式更简单

6. 作业成本法通过确定较为合适的成本动因,不仅能够合理地分配间接成本,还能够(　　)。
A. 提高成本计算的准确性　　B. 有效地提高成本的归属性
C. 使定价更加科学和准确　　D. 有助于企业进行战略管理决策

7. 作业成本管理的过程提供了资源、作业及成本对象的有关信息,可用于(　　)。
A. 成本战略分析　　　　B. 定价决策
C. 多种产品链的决策　　D. 优化价值链

8. 下列关于作业成本法实施的正确步骤有(　　)。
A. 确定成本对象　　　　B. 对于成本对象选择正确的分配标准
C. 计算分配率　　　　　D. 计算产品的总成本

9. 下面各项中,成本和成本分配标准具有很强的因果关系的是(　　)。
A. 行政管理费用和立方英尺　　B. 生产准备成本和平方英尺
C. 机器折旧费用和产成品的数量　D. 机器维修费用和检测次数

10. 当发生下面哪些情况,运用作业成本法会更有价值?(　　)
A. 工厂批量生产单个商品
B. 运用作业成本法的好处超过实施的成本
C. 产品的成本中有绝大部分都是间接成本
D. 生产流程是劳动密集型

三、判断题(共 10 题)

1. 关于间接制造费用的管理,相比传统的成本核算方法,作业成本法更为合理科学。（ ）
2. 作业成本法不仅要考虑间接成本,也要考虑直接成本。（ ）
3. 成本库归集的成本是作业中心的成本。（ ）
4. 作业动因应当反映公司管理与作业成本的因果关系。（ ）
5. 实施作业成本核算方法下,计算产品的间接成本时会区别不同的作业成本库并且每个作业成本库有对应的成本分配率。（ ）
6. 作业成本核算方法和部门成本核算方法对于间接成本的处理完全不一样且永远不能同时使用。（ ）
7. 作业成本核算方式不适用于营销决策。（ ）
8. 作业成本法也可以用于服务型公司的成本核算。（ ）
9. 在作业成本法下,机器的折旧费用可以作为制造型公司的成本动因。（ ）
10. 作业成本法和传统的成本核算方法对于直接成本的处理是一样的。（ ）

四、核算分析题

1. 诺尔公司利用作业成本系统分配制造费用。该公司将制造费用分成了 3 个作业:公用事业成本汇总、维修成本汇总以及生产准备成本汇总。该公司的公用事业成本汇总为 200 000 元,维修成本汇总为 250 000 元,生产准备成本汇总为 55 000 元。该公司有两条生产线:豪华模型和简单模型。公用事业成本汇总按照简单的机器工时在两个生产线之间进行分配,维修成本汇总按照维修申请单的数量来分配,生产准备车间按照生产循环的次数来分配。

(1) 将公用事业成本汇总分配至两条生产线。假设豪华模型用了 5 700 个机器工时,简单模型用了 2 300 个机器工时。

(2) 分配维修成本汇总至两条生产线。假设豪华模型有 60 个维修申请单,简单模型有 140 个维修申请单。

(3) 分配生产准备成本汇总。假设豪华模型有 20 个生产循环,简单模型有 80 个生产循环。

要求:两个产品线分配的总制造费用各自为多少?

2. 美得服饰公司有两条生产线:自动化制造服装线和纯手工制造服装线。该公司预计将有 85 000 元的制造费用要分配到两个成本汇总中:动力成本汇总和检测成本汇总。动力成本汇总预计有 35 000 元,检测成本汇总预计为 50 000 元。两条生产线的其他信息如表 9-5 所示。

表 9-5　两条生产线的其他信息

项　目	自动化制造	纯手工制造
销售收入/元	283 950	169 050
直接材料/元	25 000	22 000
直接人工/元	90 000	80 000
生产销售数量/件	47 325	16 100

续表

项　目	自动化制造	纯手工制造
机器小时数/机器小时	98 000	2 000
生产面积所占平方英尺数/平方英尺	1 300	500
得到的材料申请单数/单	170	90
质量检测小时数/小时	2 000	500

要求:

(1) 将制造费用从作业成本汇总分配到各个生产线。利用所提供的信息,选择最重要的成本驱动因素。

(2) 计算自动化制造和纯手工制造服装的单位成本。

(3) 基于单位成本,哪条生产线的利润更大?为什么?

微课视频

扫一扫,获取本章相关微课视频及本章同步测试题答案。

9-1 作业成本法　　9-2 作业成本法　　本章同步测试题答案
　(含义及分类)　　　　(比较)

第三篇　成本会计在经营管理中的应用

第十章　标准成本法

【教学目的与要求】
- 了解标准成本法的内容。
- 掌握标准成本法的程序,以及直接材料的价格差异与数量差异和直接人工的工资率差异与效率差异的含义与计算。
- 理解并计算变动制造费用和固定制造费用的差异。
- 熟练地应用标准成本法的基本原理解决企业的成本控制,并能依据企业的不同环境选择适合企业的成本控制方法。

第一节　标准成本法概述

1930 年,哈里逊出版《标准成本》一书,这是世界上第一部论述标准成本的专著,它把标准成本同会计账务处理结合起来,逐步形成了完整的标准成本制度。从标准成本制度的形成过程来看,它是从成本控制的角度发展起来的,因而在很大程度上是一种成本控制制度(Cost Control System)。

一、标准成本的含义

标准成本是运用技术测定等科学方法制定的在有效经营条件下应该实现的成本,是根据产品耗费的标准数量和标准价格预先计算的产品成本。

标准成本会计是成本会计的重要组成部分。它是指以预先制定的标准成本为基础,用标准成本与实际成本进行比较,核算和分析成本差异发生的原因,及时向管理层反馈,并就重大的差异事项及时采取措施纠正,也是加强成本控制、评价经济业绩的一种成本控制制度。其具体内容包括标准成本的制定、成本差异的计算与分析、成本差异的处理三个部分。

标准成本的制定是根据已经达到的生产技术水平,通过精密的调查、分析和技术测定,科学地制定单位产品各成本项目的标准支出。

分析成本差异是指通过记录当期发生的实际成本,将根据单位产品各成本项目的标准支出和当期实际业务量计算出的标准成本与实际成本进行比较,确定差异,分析差异形成的原因,明确经济责任。

成本差异的处理是指对差异按照一定的原则和程序进行账务处理,并总结经验教训,进一步明确措施,为后期加强成本控制与管理打下基础。

其中标准成本的制定是采用标准成本法的前提和关键,据此可以达到成本事前控制的目的;成本差异计算和分析是标准成本法的重点,借此可以促成成本控制目标的实现,并据以进行经济业绩考评。

"标准成本"一词在实际工作中有两种含义,具体如下。

一种是指单位产品的标准成本,它是根据单位产品的标准消耗量和标准单价计算出来的,一般称为"成本标准"。

$$成本标准=单位产品标准成本=单位产品标准消耗量×标准单价$$

另一种是指实际产量的标准成本,是根据实际产品产量和单位产品标准成本计算出来的。

$$标准成本=实际产量×单位产品标准成本$$

二、标准成本制度的作用

与实际成本制度相比较,标准成本制度将事前、事中、事后成本控制有机结合起来,形成了一个完整的成本控制体系,对企业加强成本管理、全面提高生产经营成果更具有重要意义。标准成本制度的具体作用主要包括以下几个方面。

(一)有利于加强职工的成本意识

由于在标准成本会计制度下,要对各项标准成本指标进行分解,下达到各个部门及每个员工,形成人人关心成本核算和成本控制,努力达到标准成本的目标。

(二)有利于成本控制

成本控制分为事前、事中、事后控制三个环节。通过事前的成本控制,可以制定出相应的标准成本,对各种资源消耗和各项费用开支规定数量界限,可以事前限制各种消耗和费用的发生;通过事中的成本控制,及时揭示实际成本与标准成本的差异,以便采取措施对成本核算工作加以改进,纠正不利差异,从而达到既定的成本控制目标;通过事后的成本分析,总结经验,找出差异,提出进一步改进的措施。

(三)有利于价格决策

标准成本能提供及时一致的成本信息,消除经营管理工作中由于低效率或浪费以及偶然因素对成本的影响,避免由于实际成本波动而造成价格波动的后果。以标准成本作为定价的基础更加接近实际情况,并能满足竞争时市场对定价的要求。

(四)有利于简化会计核算工作

在标准成本制度下,在产品、产成品和销售成本均按标准成本计价,这样可以减少成本核算的工作量，简化日常会计核算工作。

(五)有利于正确评价成本控制的业绩

在实际成本会计制度下，通过本期的实际成本与上期的同一产品的实际成本相比较，以评估成本超降情况。在标准成本制度下，以标准成本作为评估业绩的尺度，由于标准成本通常是指在正常生产条件下制造产品应达到的成本水平，因此以本期实际成本与标准成本相比较，就能正确评价企业的工作质量。此外，在实行责任会计制度下，各成本中心之间的半成品内部转移价格的确定，也以标准成本或在标准成本基础上加一定比例的内部利润为依据。这样可以避免各成本中心的责任成本受外界因素的影响，从而有利于正确评价它们的工作业绩。

三、标准成本的类型

产品标准成本的制定是实施标准成本制度的起点和成本控制的基础。要制定产品标准成本，以标准成本为依据进行成本控制，首先必须有明确的成本标准。

关于成本标准，通常有以下几种类型。

(一)按制定标准成本所根据的生产技术和经营管理水平分类

1. 理想标准成本

理想标准成本是指企业在最有效的生产经营条件下所达到的成本。这时企业的全部劳动要素都应达到最佳使用状态，不允许有一点儿浪费。但这种情况往往很难达到，所以，将理想标准成本作为短期努力目标不很现实，只能作为考核时的参考指标。

2. 正常标准成本

正常标准成本是指在合理工作效率、正常生产能力和有效经营条件下所能达到的成本。这种成本的实现虽非轻易可以达到，但经过生产者的努力是可以完成的。因此，它有助于提高工作效率，有效控制成本。

(二)按制定标准成本使用时间长短分类

1. 基本标准成本

基本标准成本也称固定标准成本，它是指一经企业制定后，只要生产基本条件变化不大，一般就不予变动的一种标准成本。基本标准成本一经确定，在基本条件没有大的变化的情况下，不经常改变，这样可以使以后各期成本在同一基础上进行比较，以观察成本变动的趋势。但企业的基本条件经常会发生变化，因而，这时还采用基本标准成本，就不能有效发挥成本控制的作用。

2. 现行标准成本

现行标准成本是根据企业当前生产基本条件下确定的标准成本，并且随着企业生产条件的变化，现行成本标准将随之变动，通常每年制定一次。现行标准成本反映了生产条件的变动对标准成本的影响，便于企业及时对标准成本差异进行分析和考核。

在一般情况下，标准成本必须既先进，又切实可行。如果确定的标准成本可以轻易地达到，那么在成本控制方面就失去了意义；反之，如果标准制定得过高，从而难以完成，生产人员就会把标准看作高不可攀，以致失去信心。至于标准成本多长时间制定一次，应根据实际情况来确定。如果修订频繁，既花费人力，又不利于评价企业内部各成本核算单位的工作成绩。不过，假若多年修订一次，由于产品生产技术、工作效率和经营条件的不断变化，这种标准成本便会过时，不能有效地发挥成本控制的作用。所以，标准成本应当以每年修订一次为原则。

四、标准成本制定方法及实施程序

(一)标准成本制定方法

1. 工程技术测算法

工程技术测算法是根据一个企业的机器设备、生产技术的先进程度，对产品生产过程中的投入产出比例进行估计而计算出的标准成本。这是因为产品成本的高低同机器设备的先进程度和先进生产工艺的应用密切相关，先进的机器设备能提高产品的成品率、降低人工费。

2. 预测法

实际上，企业在生产过程中许多因素都会随着时间的变化而不断变化，如机器设备的更新、生产工艺的改进、工人技能和工资水平的提高；此外，市场物价水平和汇率的变化都会影响企业的成本水平。因此，在制定产品标准成本时，仅依据历史成本，考虑当前的生产条件是不够的，还应适当考虑未来企业内外因素的变化对标准成本的影响，这就是所谓的预测法。

3. 期望法

作为标准成本，应能够从某种程度上反映企业管理层对成本耗费的期望，这种期望是可以通过引进先进设备、提高技术水平或加强企业管理来实现的较高要求。例如，企业为了跟踪国际国内先进企业，常常以这些企业的成本水平作为自己的标准成本进行考核。要注意的是，这种方法包含着一种主观理想的因素，在具体使用时，必须与以上几种方法配合使用，才能制定出先进而又可行的标准成本。

制定标准成本的方法很多，在实际工作中，一个产品的单位标准成本往往是利用以上两种或两种以上方法结合起来计算的。

(二)标准成本实施程序

实施标准成本制度应包括如下几个步骤。
(1) 制定单位标准成本。
(2) 计算实际成本。
(3) 计算实际产量的标准成本(实际产量×单位标准成本)。
(4) 计算标准成本差异。
(5) 标准成本及差异的账务处理。

五、标准成本各成本项目的制定

标准成本制度由于是在标准成本的基础上计算产品成本的,因此,制定产品的标准成本,是进行标准成本计算和进行成本控制、分析的基础。在一般情况下,标准成本可以按零件、部件和各生产阶段成本项目制定,即分别按直接材料、直接人工和制造费用制定。对于其中的制造费用,还可分为变动费用和固定费用两类。在零部件较少的情况下,可以先制定零件的标准成本,在此基础上制定部件和产品的标准成本;在零部件较多的情况下,可以不制定零件的标准成本,而先制定部件的标准成本,再制定产品的标准成本,或直接制定产品的标准成本。

(一)直接材料标准成本的制定

直接材料的标准成本是根据产品或零件、部件的标准耗用量和材料的标准单价计算的,其计算公式如下。

直接材料标准成本=产品或零件、部件某种材料标准耗用量×该种材料标准单价

上式中材料的标准耗用量可从工程技术部门提供的制造单位产品所需要的各种原材料的消耗量中取得,材料的标准单价可由供应部门提供。

将产品的零部件各种材料的标准成本相加,即可计算出产品的直接材料标准成本。

(二)直接人工标准成本的制定

直接人工的标准成本是根据零件、部件的标准工时和小时工资率计算的,其计算公式如下。

直接人工标准成本=产品或零件、部件单位产品的标准工时×小时标准工资率

上式中的标准工时应按加工工序来制定,制定标准工时应考虑直接加工工时和工人必要的间歇和停工时间等,单位产品消耗的各工序标准工时由技术部门和生产部门提供;小时标准工资率通常采用预算工资率,一般由人力资源部门提供。

将产品各种零件、部件的标准工资相加,即可计算出产品的直接人工标准成本。

(三)制造费用标准成本的制定

制造费用一般是按责任部门编制制造费用预算的形式进行的,并且分固定制造费用和变动制造费用分别编制,其中变动制造费用一般应按不同的生产量来计算,以适应数量的变动。

制造费用的标准成本是根据零件、部件的标准工时和固定(或变动)制造费用标准分配率计算的,其计算公式如下。

固定(或变动)制造费用标准成本=产品或零件、部件单位产品的标准工时×固定(或变动)制造费用标准分配率

上式中固定制造费用标准分配率和变动制造费用标准分配率的计算公式如下。

$$固定制造费用标准分配率 = \frac{固定制造费用预算总额}{标准总工时}$$

$$变动制造费用标准分配率 = \frac{变动制造费用预算总额}{标准总工时}$$

其中工时标准的含义与直接人工工时标准相同。

将产品各种零件、部件的固定(或变动)标准制造费用相加，即可计算出产品的制造费用标准成本。

在制定标准成本时，无论是哪一个成本项目，都需要分别确定其用量标准和价格标准，两者相乘后得到成本标准。

用量标准包括单位产品材料消耗量、单位产品直接人工工时等，主要由生产技术部门主持制定。价格标准包括原材料单价、小时工资率、小时制造费用分配率(制造费用标准分配率)等，由会计部门和其他有关部门共同研究确定。采购部门是材料价格的责任部门，人事部门和生产部门负责小时工资率的制定，各生产车间对小时制造费用率承担责任。

【例题 10-1】万林企业生产甲产品，直接耗用两种材料：A 材料的标准消耗量为 10 千克，标准单价为 35 元；B 材料的标准消耗量为 21 千克，标准单价为 24 元。甲产品的单位标准工时为 50 小时，其中第一工序为 30 小时，第二工序为 20 小时；小时标准直接人工工资率第一工序为 8 元，第二工序为 9 元；小时固定制造费用率第一工序为 6 元，第二工序为 4 元；变动制造费用率第一工序为 7 元，第二工序为 8 元。

根据上述资料，计算甲产品的单位标准成本如下。

直接材料的标准成本=10×35+21×24=854(元)

直接人工的标准成本=30×8+20×9=420(元)

变动制造费用标准成本=30×7+20×8=370(元)

固定制造费用标准成本=30×6+20×4=260(元)

每一单位产品标准成本合计=854+420+370+260=1 904(元)

第二节　标准成本差异的计算和分析

一、成本差异的种类

标准成本差异是指生产经营过程中发生的实际成本偏离预定的标准成本所形成的差异，即实际成本与标准成本之间的差额。如果实际成本超过标准成本，其差异为不利差异，表示成本的超支；如果实际成本低于标准成本，其差异为有利差异，表示成本的节约。计算和分析成本差异的目的在于明确差异的程度，找出差异产生的原因，并决定采取纠正差异的措施和确定责任的归属。

无论是标准成本还是实际成本，产品成本都是由直接材料、直接人工和制造费用组成，因此，成本差异按照成本项目分类，可以分为直接材料成本差异、直接人工成本差异和制造费用成本差异等。又由于每个成本项目均以数量和价格相乘求得，所以每一项成本差异可以归结为价格脱离标准造成的价格差异与用量脱离标准造成的数量差异两类。

标准成本差异=实际成本-标准成本

　　　　　=实际数量×实际价格-标准数量×标准价格

　　　　　=实际数量×实际价格-实际数量×标准价格+实际数量×标准价格-标准数量×标准价格

　　　　　=实际数量×(实际价格-标准价格)+(实际数量-标准数量)×标准价格

　　　　　=价格差异+数量差异

成本差异的分类如图 10-1 所示。

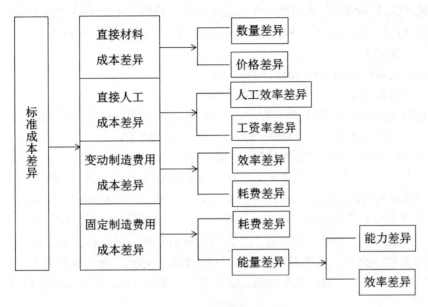

图 10-1　标准成本差异分类图

二、直接材料成本差异的计算和分析

直接材料成本差异是指直接材料实际成本与其标准成本的差异，它由直接材料数量差异和直接材料价格差异两部分组成。

(一)直接材料数量差异

直接材料数量差异是指生产过程中直接材料实际耗用数量与其标准用量的差异而导致的直接材料成本差异。其计算公式为

直接材料数量差异=(材料实际用量-材料标准用量)×材料标准价格

直接材料用量差异的形成原因是多方面的，有生产部门的原因，也有非生产部门的原因。用料的责任心强弱、技术技艺状况、废品废料率的高低、设备工艺状况等，是材料用量差异形成的主要原因；材料质量状况、材料规格的适应程度等，也会导致材料用量差异。正因为此，材料用量差异的责任需要通过具体分析方能明确，但其主要责任部门往往是生产部门。

(二)直接材料价格差异

直接材料价格差异是指由于直接材料实际价格与其标准价格的差异而导致的直接材料成本差异。其计算公式为

直接材料价格差异=(材料实际价格-材料标准价格)×材料实际用量

材料价格差异是直接材料成本差异中不应由生产部门负责的成本差异。计算和分析材料价格差异，可以区分部门责任。

材料价格差异的形成原因较为复杂，有主观原因也有客观原因，如市场价格的变动、供货厂商的变动、运输方式及其路线的变动、采购批量的变动等，都可能导致材料的价格

差异。但由于它与采购部门的工作情况关系更密切,所以其主要责任部门是采购部门。

【例题 10-2】瀚海工厂本月投产甲产品 800 件,使用 A 种材料 3 200 千克,其实际价格为每千克 40 元。该产品 A 材料的用量标准为 3 千克,标准价格为 44 元/千克。其直接材料成本差异计算如下。

直接材料实际成本=3 200×40=128 000(元)

直接材料标准成本=800×3×44=105 600(元)

直接材料成本差异=直接材料实际成本-直接材料标准成本=+22 400(元)

其中:直接材料数量差异=(3 200-800×3)×44=+35 200(元)

直接材料价格差异=(40-44)×3 200=-12 800(元)

通过以上计算,可以看出,甲产品本月耗用 A 材料发生 22 400 元超支差异。其中,由于生产部门耗用材料超过标准,导致超支 35 200 元,应该查明材料用量超标的具体原因。材料数量差异形成的具体原因有许多,如操作疏忽造成废品和废料增加、新工人上岗造成多用料等,发现原因有助于以后改进工作,节约材料耗费。从材料价格而言,由于材料价格降低节约了 12 800 元,从而抵消了一部分由于材料超标耗用而形成的成本超支,这是材料采购部门的工作成绩,也应查明原因,以便巩固和发扬成绩,但必须严控材料质量关。

三、直接人工成本差异的计算和分析

直接人工成本差异是指直接人工实际成本与直接人工标准成本之间的差额,包括直接人工效率差异(数量差异)和直接人工工资率差异(价格差异)。

(一)直接人工效率差异

直接人工效率差异即直接人工的用量差异("量差"),是指因生产单位产品实际耗用的直接人工工时与标准工时差异所形成的直接人工成本差异部分,反映着效率的高低。其计算公式为

直接人工效率差异=(实际人工工时-标准人工工时)×标准工资率

直接人工效率差异的形成原因也是多方面的,工人技术状况、工作环境和设备条件的好坏等,都会影响效率的高低,但其主要责任部门还是生产部门。

(二)直接人工工资率差异

直接人工工资率差异即直接人工的价格差异("价差"),是指因直接人工实际工资率与标准工资率差异所形成的直接人工成本差异部分。人工的价格表现为小时工资率。其计算公式为

直接人工工资率差异=(实际工资率-标准工资率)×实际人工工时

工资率差异的形成原因亦较复杂,工资制度的变动、工人的升降级、加班或新工人的增加等,都将导致工资率差异。一般而言,这种差异的责任不在生产部门,劳动人事部门更应对其承担责任。

【例题 10-3】三姗工厂本月投产甲产品 800 件,本月实际用工 1 000 小时,实际应付直接人工工资 11 000 元。该产品工时标准为 1.5 工时/件,标准工资率为 10 元/工时,则工资标准为 15 元/件。其直接人工成本差异计算如下。

直接人工成本差异=11 000-800×15=-1 000(元)
其中：直接人工效率差异=(1 000-800×1.5)×10=-2 000(元)
直接人工工资率差异=(11 000÷1 000-10)×1 000=+1 000(元)

通过以上计算可以看出，该产品的直接人工成本总体上节约了1 000元。其中人工效率差异节约了2 000元，但工资率差异超支1 000元。工资率超过标准，可能是为了提高产品质量，调用了一部分技术等级和工资级别较高的工人，使小时工资率增加了1(即11 000÷1 000-10)元。但也因此在提高产品质量的同时，提高了工作效率，使工时的耗用由标准的1 200(即800×1.5)小时降为1 000小时，节约工时200小时，从而导致了最终的成本节约。可见生产部门在生产组织上的成绩是应该肯定的。

四、变动制造费用成本差异的计算和分析

变动制造费用成本差异，是指变动性制造费用实际发生额与变动性制造费用的标准成本之间的差异，由效率差异(数量差异)和耗费差异(价格差异)两部分组成。

(一)效率差异

变动制造费用效率差异即变动制造费用的用量差异("量差")，它是因实际耗用工时脱离标准而导致的成本差异。其计算公式为

变动制造费用效率差异=(实际工时-标准工时)×变动制造费用标准分配率

公式中的工时既可以是人工工时，也可以是机器工时，这取决于变动制造费用的分配方法；式中的标准工时是指实际产量下的标准总工时。

变动制造费用效率差异的形成原因与直接人工效率差异的形成原因基本相同。

(二)耗费差异

变动制造费用耗费差异即变动制造费用的价格差异("价差")，它是因变动制造费用的实际分配率脱离标准而导致的成本差异，也称变动制造费用分配率差异。其计算公式为

变动制造费用耗费差异=(变动制造费用实际分配率-变动制造费用标准分配率)×实际工时

变动制造费用耗费差异是变动制造费用开支额或工时耗费发生变动的情况下出现的成本差异，其责任往往在于发生费用的部门。

【例题10-4】瀚海工厂本月投产甲产品800件，本月实际发生变动制造费用4 000元，实际用工1 000工时。其工时标准为1.5工时/件，标准费用分配率为3.50元/工时。其变动制造费用成本差异计算如下。

变动制造费用成本差异=4 000-800×1.5×3.50=-200(元)
其中：变动制造费用效率差异=(1 000-800×1.5)×3.50=-700(元)
变动制造费用耗费差异=(4 000÷1 000-3.50)×1 000=+500(元)

通过以上计算可以看出，甲产品制造费用节约200元，是由于提高效率，工时由1 200(即800×1.5)小时降为1 000小时。费用分配率由3.50元提高为4(即4 000÷1 000)元，使变动制造费用发生超支，从而抵消了一部分变动制造费用的节约额。应该查明费用分配率提高的具体原因。

五、固定制造费用成本差异的计算和分析

固定制造费用成本差异是实际固定制造费用与实际产量标准固定制造费用的差异。其计算公式为

固定制造费用成本差异=实际固定制造费用-实际产量标准固定制造费用

=实际固定制造费用-实际产量×工时标准×标准费用分配率

=实际固定制造费用-实际产量标准工时×标准费用分配率

式中的成本差异是在实际产量的基础上算出的。由于固定制造费用相对固定,一般不受产量影响,因此,产量变动会对单位产品成本中的固定制造费用发生影响:产量增加时,单位产品应负担的固定制造费用会减少;产量减少时,单位产品应负担的固定制造费用会增加。这就是说,实际产量与设计生产能力规定的产量或预算产量的差异会对产品应负担的固定制造费用发生影响。也正因此,固定制造费用成本差异的分析方法与其他费用成本差异的分析方法有所不同,通常有两差异分析法和三差异分析法两种分析方法。

(一)两差异分析法

两差异分析法将固定制造费用成本差异分为耗费差异和能量差异两种成本差异。

固定制造费用成本差异=实际固定制造费用-实际产量标准固定制造费用

=实际固定制造费用-预算固定制造费用+预算固定制造费用-
实际产量标准固定制造费用

=固定制造费用耗费差异+固定制造费用能量差异

固定制造费用耗费差异是指实际固定制造费用与预算固定制造费用之间的差异。预算固定制造费用是按预算产量和工时标准、标准费用分配率事前确定的固定制造费用。这种成本差异的计算公式为

固定制造费用耗费差异=实际固定制造费用-预算固定制造费用

=实际固定制造费用-预算产量×工时标准×标准费用分配率

=实际固定制造费用-预算产量标准工时×标准费用分配率

固定性制造费用与变动性制造费用不同,其总额并不因业务量的变动而变动,所以,在考核时不考虑业务量的变动,以原来的预算数作为标准,实际数超过预算数即视为耗费过多,因此耗费差异也称为预算差异。

固定制造费用能量差异是指由于设计或预算的生产能力利用程度的差异而导致的成本差异,也就是实际产量标准工时脱离设计或预算产量标准工时而产生的成本差异,反映未能充分利用生产能力而形成的损失。其计算公式为

固定制造费用能量差异=(预算产量标准工时-实际产量标准工时)×标准费用分配率

【例题 10-5】瀚海工厂本月甲产品预算产量为 1 040 件,实际产量为 800 件,实际固定制造费用为 19 000 元。工时标准为 1.5 工时/件,标准费用分配率为 12 元/工时。其固定制造费用成本差异计算如下:

固定制造费用成本差异=19 000-800×1.5×12=+4 600(元)

其中:固定制造费用耗费差异=19 000-1 040×1.5×12=+280(元)

固定制造费用能量差异=(1 040×1.5-800×1.5)×12=+4 320(元)

通过以上计算可以看出,该企业甲产品固定制造费用超支 4 600 元,主要是由于生产能力利用不足,实际产量小于预算产量所致。固定制造费用超支,不论是耗费差异,还是能

量差异，一般均应由有关的管理部门负责。

两差异分析法比较简单。但从上述计算公式可见，两差异分析法没有反映和分析生产效率对固定制造费用成本差异的影响。计算能量差异时，使用的都是标准工时，它说明的是按标准工时反映的生产能力利用情况。如果实际产量标准工时和预算产量标准工时一致，则能量差异为零。但是，实际产量的实际工时可能与其标准工时存在差异，而生产能力的实际利用情况更取决于实际工时而非标准工时。实际工时与标准工时之间的差异，属于效率高低的问题。因此，固定制造费用成本差异分析更多地采用将能量差异划分为能力差异和效率差异的三差异分析法。

(二)三差异分析法

三差异分析法将固定制造费用的成本差异区分为耗费差异、能力差异和效率差异三种成本差异。其中耗费差异与两差异分析法相同，其计算公式仍为

固定制造费用耗费差异=实际固定制造费用-预算固定制造费用

能力差异是指实际产量实际工时脱离预算产量标准工时而引起的生产能力利用程度的差异而导致的成本差异。其计算公式为

固定制造费用能力差异=(预算产量标准工时-实际产量实际工时)×标准费用分配率

机器故障、劳动力不足、临时停工待料、生产组织不善、工人技术水平、季节变动、停电和生产任务不饱和等会引起生产能力利用差异。

效率差异是指因生产效率差异导致的实际工时脱离标准工时而产生的成本差异。其计算公式如下：

固定制造费用效率差异=(实际产量实际工时-实际产量标准工时)×标准费用分配率

【例题 10-6】仍以上例中的企业本月甲产品有关数据为基础，计算其固定制造费用成本差异如下：

固定制造费用成本差异=19 000-800×1.5×12=+4 600(元)
其中：
固定制造费用耗费差异=19 000-1 040×1.5×12=+280(元)
固定制造费用能力差异=(1 040×1.5-1 000)×12=+6 720(元)
固定制造费用效率差异=(1 000-800×1.5)×12=-2 400(元)

三差异分析法的耗费差异等于两差异分析法的耗费差异。

三差异分析法的能力差异与效率差异之和，等于两差异分析法的能量差异。采用三差异分析法，能够更好地说明生产能力利用程度和生产效率高低所导致的成本差异情况，并且便于分清责任，能力差异的责任一般在于管理部门，而效率差异的责任则往往在于生产部门。

第三节 标准成本法的账务处理

一、标准成本法的账户设置

把标准成本纳入账簿体系不仅能够提高成本计算的质量和效率，使标准成本发挥更大功效，而且可以简化记账手续。为了同时提供标准成本、成本差异和实际成本三项成本资料，标准成本系统的账务处理具有以下特点。

(一)"生产成本"和"库存商品"账户登记标准成本

通常的实际成本系统,从原材料到库存商品的流转过程,使用实际成本记账。在标准成本系统中,这些账户,主要包括"生产成本""库存商品"和"主营业务成本"用标准成本进行核算,无论是借方还是贷方均登记实际数量的标准成本,其余额亦反映这些资产的标准成本。

(二)设置成本差异账户分别记录各种成本差异

在标准成本系统中,要按成本差异的类别设置一系列成本差异账户,如"材料价格差异""材料数量差异""直接人工效率差异""直接人工工资率差异""变动制造费用耗费差异""变动制造费用效率差异""固定制造费用耗费差异""固定制造费用效率差异""固定制造费用能量差异"等。差异账户的设置,要同采用的成本差异分析方法相适应,为每一种成本差异设置一个账户。

在需要登记"生产成本"和"库存商品"账户时,应将实际成本分离为标准成本和有关的成本差异,标准成本数据记入"生产成本"和"库存商品"账户,而有关的差异分别记入各成本差异账户。这些成本差异科目的借方登记超支差异,贷方登记节约差异和差异转出额(超支差异用蓝字转出,节约差异用红字冲减转出)。

为了便于考核,各成本差异账户还可以按责任部门设置明细账,分别记录各部门的各项成本差异。

二、标准成本法的账务处理程序

(一)登记各项标准成本账户

对于日常发生的各项实际成本,都应当将其分离为标准成本和成本差异两部分,并以标准成本分别登记"生产成本""库存商品"和"主营业务成本"等各相关账户。

(二)登记各项成本差异账户

对于实际成本脱离标准成本而形成的各项成本差异,应当按照不同的类型,分别登记各有关的成本差异账户。对超支差异应借记有关差异账户,节约差异则贷记相应账户。为了便于考核,各成本差异账户还可以按照其责任部门设置有关的明细账,分别记录各部门的各项成本差异数额。

(三)期末处理各项成本差异

各差异账户的累计发生额,反映了本期成本控制业绩,在月末或年末,标准成本差异的处理,应根据具体情况采用不同的方法进行。

1. 结转本期损益法

结转本期损益法是将差异全部计入当期损益。采用这种方法处理时,在期末,应将归集在各种差异账户中的标准成本差异,全部计入当期的损益账户中,结平这些差异账户。如果是有利差异,则应增加当期的收益;如果是不利差异,则应冲减当期的收益。视同于主营业务成本的调整项的一种成本差异处理方法。

在这种方法下,本期差异体现本期成本控制的业绩,在本期利润上予以反映。其优点是比较简单,使当期经营成果与成本控制的业绩直接挂钩。其缺点是当标准成本过于陈旧或实际成本水平波动幅度过大时,就会因差异额过高而导致当期利润失真,同时会使存货成本水平失真。

2. 调整主营业务成本与存货成本法

调整主营业务成本与存货成本法是将标准成本差异根据当期销售产品成本、在产品成本和库存产品成本的比例进行分摊。在分摊时,是根据各种销售产品、在产品和库存产品的标准成本的比例进行分配的。采用这种方法的依据是税法和会计原则均要求以实际成本反映存货成本和主营业务成本。本期发生的成本差异,应由存货和主营业务成本共同负担。其缺点是进行差异的分配会增加计算工作量,并且也有一定的不合理性。例如,生产能力闲置差异是一种损失,并不能在未来换取收益,把它作为资产计入存货成本明显不合理,可以作为期间费用与当期损益匹配。

西方应用标准成本控制系统的企业多采用结转本期损益法处理各项成本差异。

下面以结转本期损益法为例,介绍标准成本的账务处理程序。标准成本的账务处理程序如图10-2所示。

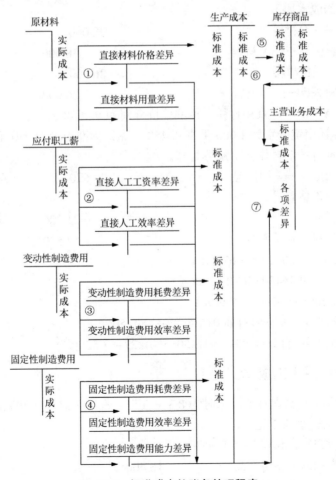

图 10-2　标准成本的账务处理程序

三、标准成本账务处理举例

(一)材料购入及领用

对材料价格差异有两种处理方法。一是购入时将材料标准成本记入"原材料"账户,而将其价格差异记入"材料价格差异"账户,此时该账户核算的是购入材料的价格差异;二是购入时"原材料"账户登记实际成本,领用时,将领用材料的价格差异从"原材料"账户转入"材料价格差异"账户,而将材料标准成本转入生产成本,此时,"材料价格差异"账户核算的是领用材料价格差异。以下例题采用后一种方法。

【例题 10-7】瀚海企业 2020 年 4 月购入 A 材料 4 000 千克,买价 8.9 元/千克,运费 0.6 元/千克;购入 B 材料 1 000 千克,买价 25.1 元/千克,运费 0.9 元/千克。该企业增值税税率为 13%,以银行存款支付,收到材料并已验收入库。则有关账务处理如下。

借:材料采购——A 材料　　　　　　　　38 000
　　　　　　——B 材料　　　　　　　　26 000
　　应交税费——应交增值税(进项税额)　 8 320
　贷:银行存款　　　　　　　　　　　　72 320

结转材料采购成本如下。

借:原材料——A 材料　　　　　　　　　38 000
　贷:材料采购——A 材料　　　　　　　38 000
借:原材料——B 材料　　　　　　　　　26 000
　贷:材料采购——B 材料　　　　　　　26 000

甲产品耗用 A、B 两种直接材料,标准单价分别为 9 元和 27 元,实际单价分别为 9.5 元和 26 元,实际耗用量分别为 1 000 千克和 450 千克,标准用量为 950 千克和 560 千克。

领用时,根据有关资料作如下账务处理。

借:基本生产成本——甲产品　　　　　　23 670
　　直接材料价格差异　　　　　　　　　　　50
　贷:原材料　　　　　　　　　　　　　21 200
　　　直接材料数量差异　　　　　　　　 2 520

标准成本=950×9+560×27=23 670(元)
实际成本=1 000×9.5+450×26=21 200(元)
成本差异=21 200-23 670=-2 470(元)
直接材料价格差异=(9.5-9)×1 000+(26-27)×450=50(元)
直接材料数量差异=(1 000-950)×9+(450-560)×27=-2 520(元)

(二)生产中耗用人工成本

【例题 10-8】甲产品本月实际工时为 8 300 工时,标准工时为 8 200 工时,实际工资率为 2.25 元,标准工资率为 2 元。

根据有关计算资料,作账务处理如下。

借:基本生产成本——甲产品　　　　　　16 400
　　直接人工工资率差异　　　　　　　　 2 075

直接人工效率差异　　　　　　　　　　　　　200
　　　　贷：应付职工薪酬　　　　　　　　　　18 675
　甲产品的标准直接人工费用=8 200×2=16 400(元)
　甲产品的实际直接人工费用=8 300 ×2.25=18 675(元)
　成本差异=18 675-16 400=2 275(元)
　甲产品直接人工工资率差异=(2.25-2)×8 300=+2 075(元)
　甲产品直接人工效率差异=(8 300-8 200)×2=+200(元)

(三)归集和结转变动制造费用

【例题10-9】本月实际发生的变动制造费用为10 258 元，标准变动制造费用分配率为1.3 元，根据例题10-8资料。

实际工作中发生各项变动制造费用时，作以下账务处理。
　借：制造费用(变动)　　　　　　　　　　10 258
　　　贷：银行存款(或相关科目)　　　　　10 258
结转变动制造费用根据前例有关资料计算，作以下账务处理。
　借：基本生产成本——甲产品　　　　　　10 660
　　　变动制造费用效率差异　　　　　　　　 130
　　　贷：制造费用(变动)　　　　　　　　10 258
　　　　　变动制造费用耗费差异　　　　　　 532
成本差异=10 258-1.3×8 200=-402(元)
A 产品变动制造费用耗费差异=10 258-8 300×1.3=-532(元)
A 产品变动制造费用效率差异=(8 300-8200)×1.3=+130(元)

(四)归集和结转固定制造费用

【例题10-10】本期生产中，固定制造费用总额为27 805 元，预算金额为27 720 元，预计产量为880 件，实际产量为820 件，预算总工时为8 800 工时。实际工时、标准工时同例题10-8。

实际工作中发生各项固定制造费用时，作以下账务处理。
　借：制造费用(固定)　　　　　　　　　　27 805
　　　贷：银行存款(或相关科目)　　　　　27 805
根据前例资料计算，结转固定制造费用时，作以下账务处理。
　借：基本生产成本——甲产品　　　　　　25 830
　　　固定制造费用耗费差异　　　　　　　　　85
　　　固定制造费用能力差异　　　　　　　1 575
　　　固定制造费用效率差异　　　　　　　　315
　　　贷：制造费用(固定)　　　　　　　　27 805
固定制造费用标准分配率：27 720÷8 800=3.15(元/工时)
甲产品标准固定制造费用=8 200×3.15=25 830(元)
固定制造费用实际分配率=27 805÷8 300=3.35(元/工时)

成本差异=27 805-25 830=1 975(元)
固定制造费用耗费差异=27 805-27 720=+85(元)
固定制造费用能力差异=27 720-8 300×3.15=+1 575(元)
固定制造费用效率差异=(8 300-8 200)×3.15=+315(元)

(五)结转完工入库产品、已销产品标准成本

【例题 10-11】 根据例题 10-7 到例题 10-10 的相关资料，完工入库全部产品的标准成本如下。

直接材料	23 670
直接人工	16 400
变动制造费用	10 660
固定制造费用	25 830
合计	76 560

账务处理如下。

借：库存商品——甲产品　　　　　　　　　　76 560
　　贷：基本生产成本——甲产品　　　　　　　　76 560

【例题 10-12】 根据例题 10-7 到例题 10-11 的相关资料，销售了本月所产全部产品 820 件，单价为 180 元，相关账务处理如下。

借：应收账款　　　　　　　　　　　　　　166 788
　　贷：主营业务收入　　　　　　　　　　　147 600
　　　　应交税费——应交增值税(销项税额)　 19 188

产品销售收入=820×180=147 600(元)

【例题 10-13】 结转已销产品标准成本。

作账务处理如下。

借：主营业务成本　　　　　　　　　　　　76 560
　　贷：库存商品——甲产品　　　　　　　　76 560

(六)月末汇总各项成本差异并结转

【例题 10-14】 根据上述资料汇总各项成本差异，如表 10-1 所示。

表 10-1　各项成本差异汇总表

单位：元

账户名称	借方余额	贷方余额
直接材料价格差异	50	
直接材料数量差异		2 520
直接人工工资率差异	2 075	
直接人工效率差异	200	
变动制造费用耗费差异		532
变动制造费用效率差异	130	
固定制造费用耗费差异	85	

续表

账户名称	借方余额	贷方余额
固定制造费用能力差异	1 575	
固定制造费用效率差异	315	
合计	4 430	3 052

月末将各项成本差异转入当期销售成本。

借：主营业务成本　　　　　　　　　　4 430
　　贷：直接材料价格差异　　　　　　　　50
　　　　直接人工工资率差异　　　　　　2 075
　　　　直接人工效率差异　　　　　　　　200
　　　　变动制造费用效率差异　　　　　　130
　　　　固定制造费用耗费差异　　　　　　 85
　　　　固定制造费用能力差异　　　　　1 575
　　　　固定制造费用效率差异　　　　　　315
借：直接材料数量差异　　　　　　　　2 520
　　变动制造费用耗费差异　　　　　　　 532
　　贷：主营业务成本　　　　　　　　　3 052

本 章 小 结

标准成本系统是进行成本计划和控制的系统，包括标准成本的制定、标准成本差异的计算与分析和标准成本法的账务处理。标准成本是数量标准和价格标准的乘积，所以各项目成本差异可归纳为由数量因素形成的差异(即数量差异)和由价格因素形成的差异(即价格差异)两大类，而固定制造费用成本差异有二差异分析法和三差异分析法。本章描述了完整的标准成本法的计算以及相应的账务处理程序。

案 例 链 接

虹利医药公司的标准成本法

虹利(Honley)医药公司的静脉注射产品分部经理米利·安得森(Millie Anderson)对该分部去年的业绩十分满意。在去年年初，分部引进了新的聚氨酯导管生产线，取代了旧的铁氟龙导管，销售额也因此翻了3倍多。

市场对新导管的反应实质上重演了历史上的一幕：在静脉注射产品市场上，虹利医药公司再一次确立了主导地位。

大约30年前虹利医药公司创始人林戴·虹利(Lindell Honley)就预见到，会有其他材料取代金属针管进行长期静脉注射。金属针管容易导致身体不适，并会损伤经脉。由此，虹利发明了铁氟龙导管，铁氟龙是一种润滑塑料，并且很容易插入静脉。这项创新在医学界中反映良好，并由此导致了一家公司的诞生。公司的业务也扩张到了多种医药用品。多年来，新技术使得虹利公司居于市场主导地位。然而，专利期满后，其他公司生产的铁氟龙导管进入市场，加剧了市场竞争，铁氟龙导管的价格被迫下降，利润也越来越少。

不断下降的利润使米利和其他高层管理人员研究铁氟龙导管继续生存的可能性。多年以前，医学家就曾指出，在连续使用铁氟龙导管24小时以后，注射点附近区域很容易感染。虹利公司的研究人员已经发现，问题在于人体的血液和组织与铁氟龙的不相容性。进一步研究表明，人体对不同的塑料会产生不同的反应。寻找比铁氟龙更具有生物相容性的材料的研究工作立即开展起来，进而发明了聚氨酯导管。此导管可以留在人体内72小时，而铁氟龙导管只能连续使用24小时。

米利清醒地知道，未来历史会重演，即其他公司还会生产具有相似生物相容性的导管。实际上，虹利公司的研究人员预计，竞争对手在3年内就会生产出与之竞争的导管。然而，这次米利决心要保住分部的市场份额。由于绝大多数病人都不需要注射72小时以上，因此进一步提高生物相容性，不大可能产生与过去相同的市场收益。价格竞争更为重要。过去，由于居于市场主导地位，分部并不注意控制产品的生产成本。现在，米利相信通过实施成本控制措施，当几年后竞争重演时，分部将在价格上更具有竞争力。下面是她与分部会计长瑞德(Reed)进行商讨时的谈话。

米利："瑞德，预算体制是我们唯一尝试采取的控制生产成本手段吗？"

瑞德："是的。但实际上它所起的作用并不大。预算是将上年的成本加上考虑通货膨胀因素而增加的一些预算而得到的。我们从未认真确定过去成本应该是多少，也没有要求经理对成本负责。我们的盈利一直很好，资源也很充足。我想就因为我们一直很成功，所以忽视了成本控制。"

米利："是的，如果我们没有开发聚氨酯导管，那么资源也不会这么充足了。我担心，如果现在不采取行动控制生产成本，那么未来我们的资源就会短缺。如果可以通过改进成本控制获得更高的利润，我们就应该去做。我希望我的工厂和生产经理们能够意识到他们对成本控制的责任。你有什么建议吗？"

瑞德："我们应该使预算体制更加规范。第一，预算要反映成本应当是多少，而不是一直是多少。第二，我们要让经理们参与确定有效的成本水平，在此基础上编制预算，并把奖金和晋级与预算体制相结合，使经理人员树立成本意识。然而，我认为我们还可以再进一步，通过建立标准成本制度来达到控制成本的目的。"

米利："这不是要明确材料和人工的单位价格和用量标准吗？"

瑞德："从本质上说，正是这样。使用单位价格和用量标准，就可以确定每生产一个单位产品所使用的人工、材料和制造费用的预计成本。这些标准是用来定预算的，一旦有实际成本的介入，就可以使用单位价格和用量标准把预算差异分解为价格差异和效率差异。标准成本制度比使用正常成本计算的预算制度提供了更为详细的信息。我们可以让经理们对达到确定的标准负责。"

米利："我认为我们分部需要这种成本制度，是让经理们树立成本意识的时候了。"

(资料来源：许丹，孙爱丽. 成本会计[M]. 3版. 大连：大连理工大学出版社，2018: 209~210.)

思考与讨论：

(1) 是什么促使米利实施更加规范的成本控制体系？
(2) 为什么标准成本制度提供了更为详细的控制信息？
(3) 怎样使用标准成本进行成本控制？
(4) 为了实现企业价值最大化，会计人员应具备怎样的职业技能？

同步测试题

一、单项选择题

1. 以资源无浪费、设备无故障、产出无废品、工时都有效的假设前提为依据而制定的标准成本是(　　)。

　　A. 未来标准成本　　　　　　　　B. 理想标准成本
　　C. 正常标准成本　　　　　　　　D. 现行标准成本

2. 直接人工效率差异是一种(　　)。

　　A. 数量差异　　B. 价格差异　　C. 质量差异　　D. 综合差异

3. 责任成本是由各个责任中心可以直接控制和调节的(　　)。

　　A. 实际成本　　B. 作业成本　　C. 标准成本　　D. 可控成本

4. 当实际成本超过标准成本，其成本差异表现为(　　)。

　　A. 正数，称顺差　　　　　　　　B. 负数，称顺差
　　C. 负数，称逆差　　　　　　　　D. 正数，称逆差

5. 计算数量差异要以(　　)为基础。

　　A. 标准价格　　B. 实际价格　　C. 标准成本　　D. 实际成本

6. 下列情况中，需要对基本标准成本进行修订的是(　　)。

　　A. 重要的原材料价格发生重大变化　　B. 工作方法改变引起的效率变化
　　C. 生产经营能力利用程度的变化　　　D. 市场供求变化导致的售价变化

7. 下列关于制定正常标准成本的表述中，正确的是(　　)。

　　A. 直接材料的价格标准不包括购进材料发生的检验成本
　　B. 直接人工标准工时包括直接加工操作必不可少的时间，不包括各种原因引起的停工工时
　　C. 直接人工的价格标准是指标准工资率，它可以是预定的工资率，也可以是正常的工资率
　　D. 固定制造费用和变动制造费用的用量标准可以相同，也可以不同。例如，以直接人工工时作为变动制造费用的用量标准，同时以机器工时作为固定制造费用的用量标准

8. 在实际工作中广泛应用的最切实可行的标准成本种类是(　　)。

　　A. 理想标准成本　　　　　　　　B. 现实标准成本
　　C. 基本标准成本　　　　　　　　D. 平均标准成本

9. 下列方法中，将固定成本作为期间成本直接计入当期损益的是(　　)。

A. 标准成本法　　B. 变动成本法　　C. 作业成本法　　D. 品种法

10. 标准成本法下，各成本差异科目月末结转时，应转入(　　)。
　　A. "生产成本"科目　　　　　　　　B. "库存商品"科目
　　C. "主营业务成本"科目　　　　　　D. "管理费用"科目

二、多项选择题

1. 在制定标准成本时，根据所要求达到的效率的不同，所采取的标准有(　　)。
　　A. 理想标准成本　　　　　　　　　B. 正常标准成本
　　C. 现实标准成本　　　　　　　　　D. 历史成本

2. 标准成本制度包括(　　)等环节。
　　A. 标准成本制度　　　　　　　　　B. 成本差异的计算分析
　　C. 成本差异的处理　　　　　　　　D. 产品成本计算方法的选择

3. 产生材料价格差异的原因，可能会有(　　)。
　　A. 进料数量未按经济定货量办理　　B. 购入低价材料
　　C. 折扣期内延期付款，未获优惠　　D. 增加运输途中耗费
　　E. 发生退货

4. 固定制造费用的成本差异包括(　　)。
　　A. 效率差异　　B. 耗用差异　　C. 能力差异　　D. 价格差异

5. 下列项目中属于价格差异的有(　　)。
　　A. 人工效率差异　　　　　　　　　B. 材料价格差异
　　C. 工资率差异　　　　　　　　　　D. 变动制造费用耗用差异

6. 在进行标准成本差异分析时，通常把变动成本差异分为价格脱离标准造成的价格差异和用量脱离标准造成的数量差异两种类型。下列标准成本差异中，通常应由生产部门负责的有(　　)。
　　A. 直接材料的价格差异　　　　　　B. 直接人工的数量差异
　　C. 变动制造费用的价格差异　　　　D. 变动制造费用的数量差异

7. 下列关于固定制造费用差异的表述中，正确的有(　　)。
　　A. 在考核固定制造费用的耗费水平时以预算数作为标准，不管业务量增加或减少，只要实际数额超过预算即视为耗费过多
　　B. 固定制造费用闲置能量差异是生产能量与实际产量的标准工时之差与固定制造费用标准分配率的乘积
　　C. 固定制造费用能量差异的高低取决于两个因素：生产能量是否被充分利用、已利用生产能量的工作效率
　　D. 固定制造费用的闲置能量差异计入存货成本不太合理，最好直接结转本期损益

8. 标准成本按所依据的生产技术和经营水平分类，分为(　　)。
　　A. 理想标准成本　　　　　　　　　B. 未来标准成本
　　C. 现实标准成本　　　　　　　　　D. 正常标准成本

9. 下列方法中，属于完全成本法的有(　　)。
　　A. 分步法　　B. 作业成本法　　C. 变动成本法　　D. 标准成本法

10. 标准成本法下，下列科目中应按标准成本记账的有( )。
    A. 在制品   B. 半成品   C. 产成品   D. 销售成本

三、判断题

1. 正常标准成本一般是指根据过去较长时期的实际数据的统计平均值制定的标准成本。（ ）
2. 标准成本法下，较常使用的标准成本是理想标准成本。（ ）
3. 直接材料标准成本根据直接材料用料标准和直接材料标准价格计算。（ ）
4. 作为计算直接人工标准成本的用量标准，必须是直接人工生产工时。（ ）
5. 当直接人工效率差异为正数时，表示由于标准工资率上升引起的超支。（ ）
6. 固定制造费用差异由耗费差异、能力差异和效率差异组成。（ ）
7. 各种成本差异类账户的借方核算发生的有利差异，贷方核算发生的不利差异。（ ）
8. 制造费用成本标准应区分变动制造费用和固定制造费用项目分别确定。（ ）
9. 标准成本法下，当期发生的全部成本差异均作为期间费用处理。（ ）
10. 正常标准成本通常应大于理想标准成本。（ ）

四、核算题

1. 红枫服装厂对各项产品均建立标准成本制度，本年度女士套装的标准成本及实际成本资料分别如表 10-2 和表 10-3 所示。

   该厂在本会计年度共生产女士套装 4 800 件，其标准总成本为 88 704 元，实际总成本为 96 384 元，两者的差异为 7 680 元。该企业固定制造费用不存在差异。

   表 10-2　单位标准成本资料表

成本项目	用量标准	价格标准	标准成本/元
直接材料	4 米	2.1 元/米	8.4
直接人工	1.6 工时	4.5 元/工时	7.2
变动制造费用	1.6 工时	1.8 元/工时	2.88
合计			18.48

   表 10-3　单位实际成本资料表

成本项目	用量标准	价格标准	实际成本/元
直接材料	4.8 米	2.2 元/米	10.56
直接人工	1.4 工时	4.65 元/工时	6.51
变动制造费用	1.4 工时	2.15 元/工时	3.01
合计			20.08

   要求：分析上述成本差异产生的原因，并说明各影响因素产生的影响大小。

2. 长江公司预算固定制造费用为 44 200 元，实际固定制造费用为 48 000 元；预算工时为 6 800 小时，实际工时为 6 000 小时；预计完成产量为 3 400 件，实际产量为 3 000 件。

   要求：计算并分析固定制造费用的各项差异。

微课视频

扫一扫，获取本章相关微课视频及本章同步测试题答案。

10-1 标准成本(差异)　　10-2 标准成本(课程思政)　　本章同步测试题答案

第十一章 本量利分析

【教学目的与要求】
- 理解本量利分析的意义，掌握其在保本及盈利状态下的应用。
- 掌握贡献毛益、保本分析、安全边际等重要概念及其应用、意义。
- 学会使用本量利分析预测利润。
- 在经营活动中应用本量利分析。

第一节 本量利分析概述

一、本量利的概念

本量利分析是企业把握盈亏状况的有效工具，为现代企业生产经营进行预测、决策、计划和控制提供依据。

本量利分析是成本、业务量和利润之间的依存关系分析的简称，也称CVP(Cost-volume-profit)。它是在成本性态分析的基础上，通过对成本、业务量和利润三者关系的分析，建立数量化的会计模型，进而揭示变动成本、固定成本、销量、销售单价、销售收入和利润等变量之间的内在规律，为利润预测和规划，为企业经营决策和控制提供会计信息。

按照成本习性分类，可将成本分为变动成本和固定成本。所谓成本习性，就是成本总额与产量(销量)之间的关系。

变动成本是指成本总额随着业务量的变动而成正比例变动的成本。无论产量(销量)如何变化，单位变动成本都是固定的，如直接材料、直接人工、单位变动制造费用等。

固定成本是指成本总额随着业务量的变动不发生变化的成本，也就是说在生产能力范围内，无论产量如何变化都不会导致成本总额变化的成本。企业的厂房折旧、车间管理人员的工资等都是固定成本。 在企业的生产能力范围内，这些成本不随着业务量的变化而变化，相对来说是固定的。若就单位产品而言，这一类成本则是变动的，随着业务量的增加，每一单位产品应负担的固定成本将随之减少。

二、本量利分析的基本方程式

把成本、业务量与利润之间的依存关系用等式来表达，即构成本量利分析的基本公式，表述如下。

因为，

$$总成本=变动成本+固定成本$$
$$营业利润=销售收入-总成本$$

所以，

$$营业利润=销售收入-(变动成本+固定成本)$$
$$=销量\times销售单价-销量\times单位变动成本-固定成本$$
$$=销量\times(单价-单位变动成本)-固定成本$$

设销售单价为 p，销售量为 x，固定成本总额为 a，单位变动成本为 b，利润为 P，则这些变量之间的关系可用下式表达：

$$P = px - bx - a = (p-b)x - a$$

式中：P 在我国主要指营业利润，而在西方财务会计中指息税前利润(Earning Before Interest and Tax，EBIT)。

该方程式为最基本的形式，明确表达了销售量、单价、单位变动成本及固定成本总额与税前利润之间的变量关系，给出方程式右侧的参数变量就能确定营业利润

【例题 11-1】九鼎公司生产甲产品，每月固定成本为 9 000 元，销售单价为 40 元，单位变动成本为 22 元，本月计划销量为 2 000 台，那么公司预计能获得多少营业利润？

$$营业利润=销量\times(单价-单位变动成本)-固定成本$$
$$=2\ 000\times(40-22)-9\ 000$$
$$=27\ 000(元)$$

三、本量利分析的基本方程式的变形

在预计的目标营业利润和其他条件已知的情况下，可以分别确定等式右侧的销售量、单价、单位变动成本及固定成本总额等参数值。

(一)确定销量

在已知销售单价、固定成本、单位变动成本及目标营业利润的情况下，可以确定销售量，其计算公式如下。

$$销售量 = \frac{固定成本+目标营业利润}{销售单价-单位变动成本}$$

(二)确定单价

在已知销量、固定成本、单位变动成本及目标营业利润的情况下，可以确定销售单价，其计算公式如下。

$$销售单价 = \frac{固定成本+目标营业利润}{销售量} + 单位变动成本$$

(三)确定单位变动成本

在已知销售单价、销量、固定成本及目标营业利润的情况下，可以确定单位变动成本，其计算公式如下。

$$单位变动成本 = 销售单价 - \frac{固定成本 + 目标营业利润}{销售量}$$

(四)确定固定成本

在已知销售单价、销量、单位变动成本及目标营业利润的情况下，可以确定固定成本，其计算公式如下。

$$固定成本 = 销售单价 \times 销量 - 单位变动成本 \times 销量 - 目标营业利润$$

四、贡献毛益

贡献毛益(Contribution Margin)是指企业的销售收入减去变动成本后的余额，也称边际贡献或贡献边际，是会计领域中的一个重要概念。贡献毛益首先用于补偿固定成本总额。余额是对企业的贡献。如果贡献毛益额大于固定成本，企业经营盈利；如果贡献毛益额等于固定成本，企业盈亏持平；如果贡献毛益额小于固定成本，企业会发生经营亏损。

贡献毛益有三种表现形式，分别为单位贡献毛益、贡献毛益总额和贡献毛益率。单位贡献毛益是指产品的销售单价减去单位变动成本之后的金额，也可以用贡献毛益总额除以有关销量求得。贡献毛益率是指贡献毛益总额占销售收入总额的百分比，又等于单位贡献毛益占销售单价的百分比。计算公式为

单位贡献毛益=销售单价-单位变动成本

贡献毛益总额=单位贡献毛益×销量=销售收入总额-变动成本总额

$$贡献毛益率 = \frac{贡献毛益总额}{销售收入} \times 100\% = \frac{单位贡献毛益}{单价} \times 100\%$$

【例题 11-2】 以例题 11-1 的资料为例进一步分析，确定甲产品单位贡献毛益、贡献毛益总额和营业利润。

单位贡献毛益=销售单价-单位变动成本=40-22=18(元)

贡献毛益总额=单位贡献毛益×销量=18×2 000=36 000(元)

贡献毛益总额=销售收入总额-变动成本总额=40×2 000-22×2 000=36 000(元)

$$贡献毛益率 = \frac{贡献毛益总额}{销售收入} \times 100\% = \frac{36\,000}{80\,000} \times 100\% = 45\%$$

$$贡献毛益率 = \frac{单位贡献毛益}{单价} \times 100\% = \frac{18}{40} \times 100\% = 45\%$$

45%的贡献毛益率表明了每一元的销售收入可以有 0.45 元用来补偿固定成本以及获得利润。

产品贡献毛益与固定成本总额之间的差额为营业利润，也就是说产品贡献毛益在补偿固定成本后，其余额即为营业利润。

营业利润=贡献毛益总额-固定成本总额

=销量×单位贡献毛益-固定成本总额

营业利润=36 000-9 000=27 000=2 000×18-9 000=27 000(元)

有了贡献毛益和贡献毛益率的概念，就可以将基本损益方程进一步变形，得到一些派生公式。

$$营业利润=销售收入-变动成本-固定成本$$
$$=(销售单价×销量)-(单位变动成本×销量)-固定成本$$
$$=(销售单价-单位变动成本)×销量-固定成本$$
$$=单位贡献毛益×销量-固定成本$$

$$销售量=\frac{固定成本+税前利润}{单位贡献毛益}$$

在企业管理部门规划利润的时候，通常把销售单价、单位变动成本和固定成本视为比较固定的常量，而把销量和利润视为两个自由变量。管理者确定了销量，就可以利用方程式直接算出税前利润；而确定了目标利润，就可以直接计算出要想获得目标利润，企业应该达到多少销量。

第二节 盈亏临界分析

公司是以盈利为目的的经济组织，追求利润最大化是企业的必然选择。由于盈利是在保本的基础上，所以盈亏临界分析是本量利分析的重要内容。

一、盈亏临界点的确定

盈亏临界点(Breakeven Point)又称保本点或损益平衡点，是指当企业达到总收入与总成本相等时，利润为零，处于不盈不亏的时点。盈亏临界分析就是分析企业恰好处于盈亏临界点时的本量利关系；分析企业在现有的成本和售价水平下，当企业恰好处于盈亏临界点时，企业应达到的销量和销售收入，盈亏临界点的高低是反映企业经营状态和风险的重要指标。

(一)盈亏临界点的销售量

根据基本方程式：
$$营业利润=销售收入-总成本$$
$$=销售收入-(变动成本+固定成本)$$
$$=销量×销售单价-销量×单位变动成本-固定成本$$

盈亏临界点即令营业利润为0，此时的销量即为盈亏临界点的销量，则有
$$0=盈亏临界点销量×销售单价-盈亏临界点销量×单位变动成本-固定成本$$

因此，
$$盈亏临界点销量=\frac{固定成本}{销售单价-单位变动成本}=\frac{固定成本}{单位贡献毛益}$$

【例题11-3】以例题11-1的资料为例进一步分析，要求确定甲产品盈亏临界点的销售量。

$$盈亏临界点销量 = 9\,000 \div 18 = 500(件)$$

盈亏临界点销量适用于单一产品分析。

(二)盈亏临界点的销售额

$$盈亏临界点销售收入 = 盈亏临界点销量 \times 销售单价$$

另外，我们还可以使用贡献毛益率来更快速简便地计算盈亏临界点销售收入。贡献毛益率是单位贡献毛益和销售单价之比。

于是，上述公式可以进一步推导如下。

$$\begin{aligned}盈亏临界点销售收入 &= 盈亏临界点销量 \times 销售单价 \\ &= \frac{固定成本}{单位贡献毛益} \times 销售单价 \\ &= \frac{固定成本}{单位贡献毛益 \div 销售单价} \\ &= \frac{固定成本}{贡献毛益率}\end{aligned}$$

也就是：

$$盈亏临界点销售收入 = \frac{固定成本}{贡献毛益率}$$

【例题 11-4】 以例题 11-1、例题 11-2 的资料为例进一步分析，要求确定甲产品盈亏临界点的销售收入。

$$盈亏临界点销售收入 = 9\,000 \div 45\% = 20\,000(元)$$

(三)多品种条件下的盈亏临界分析

分析单一产品的本量利关系比较简单，即在售价和成本水平确定的情况下，确定企业销售多少件产品能够保证企业不亏损。但是在现实经济生活中，大部分企业生产经营的产品通常较为多样。企业在产销多种产品的情况下，该如何计算企业盈亏临界点的整体销量和销售收入呢？计算多品种产品的生产企业的盈亏临界点的方法主要有加权平均贡献毛益率法。

加权平均贡献毛益率法是指将各种产品的贡献毛益率按照其各自的销售比重这一权数进行加权平均，得出企业的加权平均贡献毛益率。

$$\begin{aligned}加权平均贡献毛益率 &= \frac{贡献毛益总额}{销售收入总额} \times 100\% \\ &= \frac{\sum(某种产品销售收入 \times 该产品贡献毛益率)}{销售收入总额} \\ &= \sum(该产品贡献毛益率 \times 某种产品的销售比重)\end{aligned}$$

式中：$某种产品的销售比重 = \dfrac{该种产品的销售收入}{全部产品的销售总额} \times 100\%$

那么，$企业盈亏临界点销售收入 = \dfrac{企业固定成本总额}{加权平均贡献毛益率}$

$$某种产品的盈亏临界点销售收入 = 企业盈亏平衡销售收入 \times 该种产品的销售比重$$

【例题 11-5】 九鼎公司生产甲、乙两种产品,每月固定成本为 9 360 元,甲产品销售单价为 40 元,单位变动成本为 22 元,本月计划销量为 2 000 台;乙产品销售单价为 50 元,单位变动成本为 26 元,本月计划销量为 2 400 台。相关资料如表 11-1 所示。

表 11-1 甲、乙产品相关资料

单位:元

项目	甲产品	乙产品	合计
产销量/台	2 000	2 400	
单价	40	50	
单位变动成本	22	26	
单位贡献毛益	18	24	
贡献毛益总额	36 000	57 600	93 600
贡献毛益率/%	45	48	
销售收入	80 000	120 000	200 000
销售比重/%	40	60	

要求:确定企业的加权平均贡献毛益率、贡献毛益总额、综合保本销售收入、各种产品保本销售收入。

加权平均贡献毛益率=93 600÷200 000×100%=46.8%

=40%×45%+60%×48%=46.8%

贡献毛益总额=200 000×46.8%=93 600(元)

综合保本销售收入=固定成本总额÷加权平均贡献毛益率=9 360÷46.8%=20 000(元)

各种产品保本销售收入=综合保本销售收入×各种产品销售比重

甲产品保本销售收入=20 000×40%=8 000(元)

乙产品保本销售收入=20 000×60%=12 000(元)

二、安全边际

安全边际是指销量或者销售收入超过盈亏临界点销量或盈亏临界点销售收入的部分。该指标反映企业经营的安全程度。安全边际越大,即超过盈亏临界点的销售量或销售额越大,盈利的安全程度越高;反之,安全边际越小,即销售量或销售额越接近盈亏临界点,则盈利的安全程度越低。如果销售量或销售收入低于盈亏临界点销售量或销售额,企业就会亏损。管理层可以使用安全边际来衡量企业的运营风险。

衡量企业安全边际大小的指标有安全边际销量、安全边际额和安全边际率。

(一)安全边际销量

安全边际销量是正常或实际销售量超过盈亏临界点销售量的水平,其计算公式为

安全边际销量=实际或预计销量-盈亏临界点销量

(二)安全边际额

安全边际额是正常或实际销售收入超过盈亏临界点销售收入的差额,其计算公式为

安全边际额=实际或预计销售收入-盈亏临界点销售收入

(三)安全边际率

为便于不同企业或不同产品的比较，还需要用相对数表示的安全边际率。安全边际率是指安全边际销售量(额)与计划或实际销售量(额)的比值，其计算公式为

$$安全边际率 = \frac{安全边际销售量(额)}{实际或预计的销售量(额)} \times 100\%$$

【例题 11-6】 以例题 11-1、例题 11-2、例题 11-3、例题 11-4 的资料为例进一步分析，要求分别计算甲产品的安全边际销量、安全边际销售收入和安全边际率。

安全边际销量=2 000-500=1 500(台)

安全边际额=40×2 000-20 000=60 000(元)

安全边际率=1 500÷2 000=75%=60 000÷80 000=75%

也就是说，九鼎企业可以承受销量下降 1 500 台或者销售收入下降 60 000 元，超过这个安全边际企业就会产生损失。

参照西方国家管理的成功经验进行分析，企业经营安全的经验数据如表 11-2 所示。

表 11-2 经营安全检测标准

安全边际率	10%以下	10%~20%	20%~30%	30%~40%	40%以上
安全程度	危险	值得注意	比较安全	安全	很安全

第三节 本量利分析的应用

企业经营管理的目标是营业利润最大化，由于各参数值变化会影响利润水平的高低，所以努力增加销售量、提高单价、尽量减少固定成本总额或降低单位变动成本是增加营业利润的必经途径。盈亏临界点分析是基于保本的角度，但企业经营绝对不能仅满足于保本，而必须要为实现既定利润对各项工作作出部署和安排。

一、各因素变动对利润的影响

企业在进行生产经营活动之前，应该清楚各因素在现有水平下所决定的利润，并分析每个因素的改变可能对利润产生的影响，从而判定某个行为在经济上是否具有可行性。

【例题 11-7】 青山公司产销甲产品，单价为 10 元，单位变动成本为 4 元，固定成本总额为 5 000 元，目前的产销量为 2 000 件。

当前甲产品营业利润 = 2 000 ×(10-4)-5 000=7 000(元)

如果上述因素中的一个或多个发生变化，就有可能使营业利润改变。盈利企业希望赚得更多，亏损企业渴望扭亏为盈，没有企业愿意被动地接受环境带来的不利影响，多数企业则迎难而上，主动出击，以化解外部环境带来的不利影响。

外部环境对各个企业的影响是公平的。当外部环境发生利好变化时，本企业利润增加的同时其他企业的利润也会增加，本企业并无特别的优势可言。当外部环境恶化时，企业

应主动调整战略,从而将不利影响降到最低程度。

(一)扩大产品影响力

【例题11-8】仍沿用例题11-7的资料,假设该公司为扩大甲产品的影响,拟作广告宣传,由于知名度提高,销售量会增加20%,确定广告费用的上限。

改变后的营业利润=2 000×(1+20%)×(10-4)-5 000 = 9 400 (元)

增加的营业利润= 9 400 - 7 000 = 2 400(元)

从短期效应来看,实施广告宣传增加的2 400元营业利润是广告费用的上限,该公司本次广告宣传费如果超过2 400元,将得不偿失。但需要说明的是,广告可能会带来长期的社会影响,甚至会沉淀为品牌文化,仅从一朝一夕的效果上进行分析是不够的。

(二)提高产品质量

【例题11-9】仍沿用例题11-7的资料,假设该企业拟对员工进行技术培训,工作效率的提高预计使产品的单位变动成本下降3%,试确定职工培训费的上限。

改变后的营业利润=2 000 ×[10-4×(1-3%)]-5 000=7 240 (元)

增加的营业利润=7 240-7 000=240 (元)

由于培训员工使效率提高,利润增加240元。如果培训费不超过240元,就能够在当年增加的营业利润中得到补偿。当然,员工技术水平提高不仅仅会影响当年利润水平,所以即使员工培训费高于240元,企业也应当统筹考虑。

(三)提高产品价格

【例题11-10】仍沿用例题11-7的资料,该企业一直以来委托经销商销售甲产品,现在该公司准备以业务提成的方式鼓励本企业员工自行销售。这样做减少了中间环节,可以使单价可以提高15%,又因为员工努力推销,甲产品销售量还将增加5%,试确定业务员提成的上限。

改变后的营业利润=2 000 ×(1+5%)× [10 ×(1+15%)-4]-5 000=10 750(元)

增加的营业利润=10 750-7 000=3 750(元)

积极的推销政策的采用使企业营业利润增加了3 750元,这是推销人员努力的结果,如果兑现承诺,企业支付给推销员的提成应不超过3 750元。由于产品推销的影响是短期效应,通常不会增加企业的未来价值,所以应谨慎对待业务提成。

在经营过程中,企业所采取的任何行动都要付出代价,所以企业必须权衡利弊得失,力争使每一分钱的支出都物有所值。

二、目标利润的实现

大多数企业会事先制定利润计划,并将其作为目标加以管理,为此,企业应整合现有资源,争取最大限度地实现利润目标。

(一)目标利润下各因素应达到的水平

为实现既定的利润目标,可以提高单价、增加销售量、减少固定成本或降低单位变动成本。如果借助单一渠道就能够顺利达到利润目标，说明企业尚有潜力可以挖掘，企业可以进一步提高利润水平，全面提升自己的管理水平。

【例题 11-11】 仍沿用例题 11-7 的资料，若该公司不满足现状，拟提高利润 30%，达到 9 100 元，可采取如下相应措施。

1. 提高单价

因为：$9\,100 = 2\,000 \times 单价 - 2\,000 \times 4 - 5\,000$

$$目标单价 = 单位变动成本 + \frac{固定成本 + 目标利润}{销售量}$$

$$= 4 + (5\,000 + 9\,100) \div 2\,000$$

$$= 11.05(元)$$

如果其他条件不变，单价至少要提高到 11.05 元，才能够确保目标利润的实现。

2. 增加销售量

$$目标销售量 = \frac{固定成本 + 目标利润}{单价 - 单位变动成本}$$

$$= (5\,000 + 9\,100) \div (10 - 4)$$

$$= 2\,350(件)$$

因为：$9\,100 = 销售量 \times (10-4) - 5\,000$

如果其他条件不变，销售量增加到 2 350 件，就能够实现目标利润。

3. 减少固定成本

因为：$9\,100 = 2\,000 \times (10-4) - 固定成本$

$$目标固定成本 = 销售量 \times (单价 - 单位变动成本) - 目标利润$$

$$= 2000 \times (10 - 4) - 9\,100 = 2\,900(元)$$

如果企业能将固定成本控制在 2 900 元以内，即使不改善其他条件，预计的目标利润也能实现。

4. 降低单位变动成本

因为：$9\,100 = 2\,000 \times 10 - 2\,000 \times 单位变动成本 - 5\,000$

$$目标单位变动成本 = 单价 - \frac{固定成本 + 目标利润}{销售量}$$

$$= 10 - (5\,000 + 9\,100) \div 2\,000$$

$$= 2.95(元)$$

如果其他条件不变，单位变动成本控制在 2.95 元以内，增加 30%的利润的目标也能够顺利实现。

(二)采取综合措施实现目标利润

在现实生活中，影响利润的各因素是相互作用的，一个指标的改变往往会带来一系列的变化。这种方向不同、影响不一的变化使企业很难完全借助单一措施实现目标利润，往往需要多管齐下，充分调动各部门的积极性，让大家共同参与到为实现目标利润而做的努力中来。

青山公司为了充分利用闲置生产能力,准备将产品降价出售,为了提高产品的市场占有率,企业拟采取"薄利多销"的措施,拟将价格下调10%,为此,销售量必须达到2 820件。其计算过程如下。

$$目标销售量 = \frac{固定成本+目标利润}{新单价-单位变动成本}$$
$$= (5\,000 + 9\,100) \div [10 \times (1-10\%) - 4]$$
$$= 2\,820(件)$$

销售部门认为尽最大努力也仅能销售2 500件,并鼓励生产部门共同参与,为落实目标利润,单位变动成本应控制为3.36元。其计算过程为

$$目标单位变动成本 = 新单价 - \frac{固定成本+目标利润}{新销量}$$
$$= 9 - (5\,000 + 9\,100) \div 2\,500$$
$$= 3.36(元)$$

生产部门经过初步分析后认为,以现有的生产技术,目前只能将单位变动成本控制在3.6元,欲完成9 100元的目标利润,还需要从降低固定成本入手。

$$目标固定成本 = 新销量 \times (新单价 - 新单位变动成本) - 目标利润$$
$$= 2\,500 \times (9-3.6) - 9\,100 = 4\,400(元)$$

如果降价10%是必需的,要想完成9 100元的目标利润,至少要同时达到销售量2 500件,单位变动成本控制在3.6元,固定成本减少到4 400元。否则,需要各部门再次协商,进一步寻求增加销售量或降低成本费用的途径。经多轮反复后,如果确实难以完成目标利润,应对目标利润进行实事求是的修正。

虽然本量利分析是基于一些假定条件进行的,但它可以解决企业经营中的利润规划、经营风险的控制和短期决策等问题。

本 章 小 结

本量利分析基本模型揭示出影响营业利润的因素有产销量、单价、单位变动成本和固定成本总额,其基本方程式为营业利润=销量×(单价-单位变动成本)-固定成本。通过公式可以计算达到盈亏平衡点的销量或销售收入,以及达到目标利润的销量或销售收入。计算安全边际和安全边际率指标则进一步使管理者从影响利润的多视角去客观评价经营的安全程度和寻求提高利润的途径。

本量利分析可以帮助管理者决策盈亏平衡的产销量,或者面对既定的市场份额,了解和决策能够实现目标利润的成本底线。

案 例 链 接

案例一:幸福生活酒店的本量利分析

幸福生活酒店总部坐落在美国加利福尼亚州北部,拥有并经营28个酒店,在网络公司

泡沫消失及"9·11"事件后,其首席执行官科林对公司经验做了如下总结:"在美国旅馆市场的历史上,没有一家旅馆的收入曾经像旧金山和硅谷的旅馆一样急剧下滑,平均起来,旅馆收入下降40%~50%。值得庆幸的是,我们公司的盈亏平衡点要低于我们的竞争者,但是旅馆的业务是一项固定的业务,于是在收入急剧下滑而我们的成本是固定的情况下,我们就会亏损。"

对于酒店公司而言,需要投入高额的租赁费、房屋装修费和人工成本等,这些成本作为固定成本在酒店经营成本中占很大比重,那么酒店公司如何盈利呢?一个值得思考的问题是倘若酒店通过促销,一味追求客房入住率,是不是明智的做法呢?其实不然,酒店公司实现盈利需要提高销售收入,但是高入住率会加剧设备损耗,并且带来额外的生活用品消耗、水电费和人工费等,长期如此可能会使酒店的服务质量下降,顾客满意度下降。

酒店公司想要实现目标利润并且保证酒店服务质量,需要事先进行本量利分析。本量利分析方法是在成本习性分析和变动成本法的基础上发展起来的,主要研究成本、销量数量、价格和利润之间的数量关系。本量利分析作为公司经营决策和目标控制的有效的定量分析工具,实际运用于盈亏平衡点的计算、成本控制和降价策略等多个方面。

思考与讨论:
(1) "盈亏平衡点要低于我们的竞争者"意味着什么?
(2) 固定成本对企业的盈利影响是什么?
(3) 如何通过本量利分析来实现目标利润?

(资料来源:尹美群. 成本管理会计[M]. 北京:高等教育出版社,2020.)

案例二:聚焦物流顽疾

从1987年开始,"贷款修路、收费还贷"PPP项目管理成为中国公路建设的新模式。目前,全球70%的收费公路在中国,未来还要发展6万千米的收费公路。中国目前已形成纵横交错、遍布全国的公路网络。高速公路对大力发展经济起到了重要作用。但是,除了过路过桥费,上路行驶的司机们还经常要承受另一笔巨额费用——公路罚款。

公路罚款中原因最多的是超载,货主选择超载也是无奈之举。以从内蒙古鄂尔多斯运煤到河南西峡县为例,每吨煤的运费为345元,如果按照规定装载30吨,跑一趟需要运费10 350元,如果刨去1 600元的过路费,5 000元的油费,两名司机900元的工资,3天450元的饭费,200元的装卸费,还能剩下2 200元。但是,算上汽车的折旧费、保养费、车险、轮胎消耗费用,这2 200元所剩无几,甚至还要赔本。司机把成本、利润、业务量这三者之间的关系运用在应对公路运输罚款中,因此,在权衡利弊之后,几乎所有的大货车都会超载。由于道路通行费用太高,90%的从事长途货运的大货车都存在超载、超限现象,运输水泥、工业盐、矿石、煤的大货车更是100%超载。超载似乎成为他们唯一的选择,因为超载可使单位运输费用降低。

多拉快跑是货主、司机摊薄运输费用的共同选择,交通运政、公安交通管理局等部门加大对超载的处罚力度,虽经治理,情况有所好转,但并未从根本上解决这一难题。

(资料来源:聚焦物流顽症 公路罚款每辆车一年罚三万. 根据经济半小时(CCTV2)改编.)

思考与讨论：
(1) 根据案例资料确定运输量的保本点。
(2) 司机如何把本量利分析运用在应对公路运输罚款中？
(3) 根据案例相关资料，你认为解决超载的途径是什么？能否根治？

同步测试题

一、单项选择题

1. 单价单独变动时，会使安全边际( )。
   A. 不变　　　B. 不一定变动　　　C. 同方向变动　　D. 反方向变动
2. 生产多品种产品企业测算综合盈亏平衡销售额=固定成本总额÷( )。
   A. 单位贡献毛益　　　　　　　　B. 贡献毛益率
   C. 单价-单位变动成本　　　　　　D. 综合贡献毛益率
3. 计算贡献毛益率，可以用单位贡献毛益除以( )。
   A. 单位售价　　B. 总成本　　　C. 销售收入　　D. 变动成本
4. 根据本量利分析原理，只提高安全边际而不会降低保本点的措施是( )。
   A. 提高单价　　　　　　　　　　B. 增加产量
   C. 降低单位变动成本　　　　　　D. 降低固定成本
5. 已知企业只生产一种产品，单价为 5 元，单位变动成本为 3 元，固定成本总额为 600 元，则盈亏平衡销售量为( )。
   A. 200 件　　B. 300 件　　　C. 120 件　　　D. 400 件
6. 某企业只生产一种产品，单位变动成本是 36 元，固定成本总额是 4 000 元，产品销售单价为 56 元。要使安全边际率达到 50%，该企业的销售量应达到( )。
   A. 400 件　　B. 222 件　　　C. 143 件　　　D. 500 件
7. 下列因素中导致盈亏平衡销售量上升的是( )。
   A. 销售量上升　　　　　　　　　B. 固定成本下降
   C. 产品单价下降　　　　　　　　D. 产品单位变动成本下降
8. 已知产品销售单价为 24 元，盈亏平衡销售量为 150 件，销售额可达 4 800 元，则安全边际率为( )。
   A. 33.33%　　B. 20%　　　C. 50%　　　D. 25%
9. 某企业每月固定成本为 1 000 元，产品销售单价为 10 元，计划销售量为 600 件，欲实现目标利润 800 元，其单位变动成本为( )元。
   A. 10　　　B. 9　　　　C. 8　　　　D. 7
10. 销售量不变，盈亏平衡点越高，则能实现的利润( )。
    A. 越大　　B. 不变　　　C. 越小　　　D. 不一定

二、多项选择题

1. 安全边际率=( )。
   A. 安全边际量÷实际销售量　　　　B. 保本销售量÷实际销售量

C. 安全边际额÷实际销售额   D. 保本销售额÷实际销售额
E. 安全边际量÷安全边际额

2. 下列因素中导致盈亏平衡销售量下降的是(　　)。
A. 销售量上升   B. 固定成本下降
C. 产品单价下降   D. 产品单位变动成本下降

3. 贡献毛益率的计算公式可表示为(　　)。
A. 1-变动成本率   B. 贡献毛益÷销售收入
C. 固定成本÷盈亏平衡销售量   D. 固定成本÷盈亏平衡销售额
E. 单位贡献毛益÷销售单价

4. 下列各项中，能够同时影响盈亏平衡点、保利点的因素为(　　)。
A. 单位贡献毛益   B. 贡献毛益率   C. 固定成本总额
D. 目标利润   E. 所得税率

5. 下列指标中，会随单价同方向变动的有(　　)。
A. 盈亏平衡点   B. 保利点   C. 变动成本率
D. 单位贡献边际   E. 贡献边际率

6. 下列因素单独变动时，对保利点产生影响的是(　　)。
A. 单价   B. 目标利润
C. 成本水平   D. 销售量

7. 贡献毛益可以有三种表现形式，分别为(　　)。
A. 单位贡献毛益   B. 贡献毛益总额
C. 贡献毛益率   D. 1-变动成本率

8. 企业希望盈利可以根据实际情况，从(　　)方面着手。
A. 扩大产品影响力   B. 提高产品质量
C. 提高产品价格   D. 降低固定成本

三、判断题

1. 因为本量利分析的各种模型是建立在各种假定的前提条件下，因而它们都存在一定的局限性。(　　)
2. 贡献毛益首先用于补偿固定成本，之后若有余额，才能为企业提供利润。(　　)
3. 企业的贡献毛益应当等于企业的营业毛利。(　　)
4. 所谓盈亏平衡是指企业的贡献毛益等于固定成本。(　　)
5. 超过盈亏平衡点以上的安全边际所提供的贡献毛益就是利润。(　　)
6. 销售利润率可通过贡献毛益率乘以安全边际率求得。(　　)
7. 单价、单位变动成本及固定成本总额变动均会引起盈亏平衡点、保利点同方向变动。(　　)
8. 若单价与单位变动成本同方向同比例变动，则盈亏平衡点业务量不变。(　　)
9. 在进行本量利分析时，不需要任何假设条件。(　　)
10. 基本的损益方程式中的利润是税后利润。(　　)

四、计算题

1. 三善公司 2019 年销售甲产品 10 000 件,该产品变动成本率为 50%,安全边际率为 20%,单位贡献毛益为 300 元。

要求:

(1) 计算该公司的盈亏平衡销售额。

(2) 2019 年该公司可获得多少营业利润?

2. 九鼎企业只产销一种产品,2019 年销售量为 80 000 件,单价为 24 元,单位成本为 18 元,其中单位变动成本为 15 元,该企业计划 2020 年利润比 2019 年增加 10%。

要求:运用本量利分析原理进行规划,从哪些方面采取措施,才能实现目标利润(假定采取某项措施时,其他条件不变)。

微课视频

扫一扫,获取本章相关微课视频及本章同步测试题答案。

11 本量利分析

本章同步测试题答案

第十二章 成本报表与成本分析

【教学目的与要求】
- 了解成本报表的作用、种类和特点。
- 掌握全部产品生产成本表、主要产品单位成本表和制造费用明细表的编制方法。
- 掌握成本分析的一般方法和程序。

第一节 成本报表概述

成本报表是企业根据成本管理的要求,依据日常成本核算和计量的有关资料编制的,用来反映企业某一时期的产品成本构成及其变化,以及企业费用预算和产品成本计划执行情况的书面性报告文件。按照财政部最新颁布的《企业产品成本核算制度(试行)》的要求,企业应当按月编制产品成本报表,全面反映企业生产成本、成本计划执行情况、产品成本及其变动情况。

成本报表的编制和披露过程实质上是将企业日常核算所形成的大量分散的成本信息,进行全面分类、概括、综合并使其系统化的过程。成本报表是归纳和整理成本会计数据和信息的一项工具,而成本分析就是对成本报表所反映的成本数据和信息进行分析,为成本信息的使用者定期了解和掌握企业全面的成本信息提供了可能,使企业管理当局能及时把握各项成本的变动和发展趋势,并采取必要的改进措施以降低成本。尽管我国企业会计准则对企业是否编制成本报表没有要求,但成本报表和成本分析为企业的成本管理和经营业绩评价奠定了基础。

一、成本报表的特点

成本报表反映的是一定会计期间内成本和费用的实际构成以及与计划的比较。成本报表无须对外披露,是企业内部成本管理的报表。作为企业的内部报表,成本报表具有以下特点。

(一)成本报表的种类、内容和格式具有灵活性

现行制度中对外报送的财务报表,其种类、内容、格式以及报送对象等均由国家统一规定,企业不能随意更改。而属于企业内部报表的成本报表则不同,编制什么样的报表,报表的内容、格式以及编制方法均由企业自行决定。因为成本报表主要是为内部管理服务,所以根据企业管理和经营决策的需要,成本会计人员既可以编制反映企业全面情况的成本报表,又可以仅仅针对某一部门、就某一问题或从某一侧面编制有针对性的成本报表。报表的格式可以灵活多样,只要能清楚地表述出需要的内容即可。总之,成本报表应本着实质重于形式的原则,力求简明扼要,讲求实效。企业主要的成本报表的种类、内容、格式和编制方法等,也可以由主管企业的上级机关会同企业共同制定。

(二)内容具有针对性

企业对外提供的会计报表,包括资产负债表、利润表、现金流量表以及附注,是为政府部门、投资者和债权人以及企业内部经营管理者服务的。财务报表是需要定期编制和报送的,需要全面地反映企业的财务状况和经营成果。在市场经济条件下,成本是商业秘密,不对外公开,成本报表作为内部报表主要是为企业内部经营管理者服务,满足企业领导以及部门、车间和相关责任人员对成本信息的需要,更具针对性。成本报表要能随时满足企业管理者对特定的成本信息的需求,只要管理者需要,成本会计人员就可以有针对性地编制不同种类的成本报表,而不会受到会计准则或兼管部门的任何限制。

(三)成本报表具有时效性

财务报表是需要定期编制和报送的,而作为对内报送的成本报表不单单是为满足定期考核、定期分析的目的而定期编制的一些成本报表。为了及时反馈成本信息,揭示成本工作中存在的问题,还可以采用日报、周报、旬报和不定期的形式,向有关部门和人员编制不同内容的成本报表,尽可能使成本报表所提供的信息和反映的内容在时间上保持一致,顺应企业经营状况和市场形势实时变动,以充分发挥成本报表及时指导生产的作用。过去的成本报表不宜用于现在的成本管理和经营决策,成本报表具有实效性。

二、成本报表的种类

成本报表属于内部报表,主要是为满足企业内部经营管理的需要而编制的,不对外公开。因此,成本报表的种类、格式、项目、指标的设计和编制方法、编报日期、具体报送对象等,国家都不做统一规定,而由企业自行决定。主管企业的上级机构或部门为了对本系统所属企业的成本管理工作进行领导或指导,也可以同企业共同商定企业成本报表的种类、格式、项目和编制方法。

企业的成本报表种类繁多,但一般分为两类:一类是日常的生产成本报表,这是企业最主要的成本信息,直接关系到企业产品在市场上的竞争力和企业一定时期的盈利水平。这类成本报表又分为以下两部分。

1. 反映产品成本情况的报表

这类报表主要反映企业为生产一定种类和一定数量产品所支出的生产成本及其构成情况,并与计划、历史最好水平或同行业同类产品先进水平相比较,反映产品成本的变动情

况和变动趋势。属于此类成本报表的有全部产品生产成本报表、主要产品单位成本报表等。

2. 反映费用支出情况的报表

这类报表反映了企业在一定时期内的各种费用的总额及构成情况，并与计划(或预算)进行对比，反映各项费用支出的变动情况和变动趋势。属于此类成本报表的有制造费用明细表、销售费用明细表、管理费用明细表和财务费用明细表等。

上述这些日常成本报表之间都有一定的内在联系，它们之间相互补充，从而构成了一个完整的反映企业生产成本计划和相关费用预算执行情况的报表体系。

另一类是根据企业成本管理的特殊要求编制的成本报表，主要是用来考核和分析企业有关成本管理目标的完成情况，一般没有统一的格式，完全根据企业不同时期的成本管理要求和目标编制，在编制时间上也是灵活的。这类报表主要有总成本变动因素分析报告、部门成本分析报告、项目成本决策分析报告等。

由于企业成本管理的要求是多方面的，所以用于特殊管理目标的成本报表的编制可能永远都没有标准的种类和固定的格式，成本会计人员应该根据企业管理当局和不同成本信息使用者的要求编制不同种类的成本报表，并要根据客观经济环境的变化和企业及部门成本管理要求的发展，及时修正成本报表的编制格式，以满足企业管理的要求。

成本报表按编制的时间分为年度报表、半年度报表、季度报表、月度报表以及旬报、周报、日报和班报。为了及时地向企业管理部门提供成本信息资料，成本报表除了年度报表、半年度报表、季度报表、月度报表外，应突出采用旬报、周报、日报和班报等形式，满足企业生产经营管理者对于成本的控制和考核方面的需要。

三、成本报表的作用

正确、及时地编制成本报表是企业成本会计工作的一项重要内容，作为企业成本信息的重要载体，成本报表具有以下作用。

(一)成本报表是评价和考核成本计划完成情况的依据

成本报表能够综合反映企业在成本报告期内的成本费用水平、项目构成及升降情况，为检查成本计划的制订及执行情况提供依据，为进一步提高成本管理水平提供数字依据。

(二)成本报表是进行成本分析的依据

成本报表作为内部报表，其内容通常是根据各个企业的具体情况以及管理需要进行设计。成本报表通常会体现项目构成、计划执行、行业比较等分析内容，为揭示产品成本变动的原因提供有效的数据研究，为企业进一步从生产技术、生产组织和经营管理等方面挖掘提高产品质量、降低产品成本的潜力提供参考。

(三)成本报表是进行成本预测、决策以及编制成本计划的依据

成本报表提供的数据既反映了各期生产成本的实际情况、计划执行情况等，也为进一步进行成本预测、决策和制订可行的成本计划提供了依据。

四、成本报表的编制要求

为了提高成本信息的质量,充分发挥成本报表的作用,成本报表的编制应符合下列基本要求。

(一)数字准确

成本报表的指标数字必须能如实地反映企业成本工作的实际情况,不得以计划数、估计数代替实际数。编报前应认真清查财产物资,做到账实相符;应核对各账簿的记录,做到账账相符。编制报表时,应做到账表相符;各种成本报表之间相关指标的数字要一致,做到表表相符。

(二)内容完整

应该编制的成本报表种类必须齐全;应填列的报告指标和文字说明必须全面;表内项目和表外补充资料,不论根据账簿资料直接填列,还是分析计算填列,都应当完整无缺,不得随意取舍。

(三)编制及时

成本报表具有时效性,要按照规定期限报送成本报表,以方便各级管理人员及时利用成本资料信息进行检查、分析等工作;顺应企业经营状况和市场形势实时变动,以充分发挥成本报表及时指导生产的作用。

第二节 成本报表的编制

一、全部产品生产成本表的编制

全部产品生产成本表可以从两个不同角度进行编制。

一是按产品种类编制全部产品生产成本表,反映企业在报告期内所生产的全部产品的总成本和各种主要产品(含可比产品和不可比产品)的单位成本及总成本。利用此表可以定期、总括地考核和分析企业全部产品成本计划的完成情况和可比产品成本降低计划的完成情况,对企业产品成本工作从总体上进行评价,并为进一步分析指出方向。

二是按成本项目编制全部产品生产成本表,汇总反映企业在报告期内发生的、按成本项目反映的全部生产费用和全部产品总成本。利用此表可以定期、总括地考核和分析企业全部生产费用和全部产品总成本计划的完成情况,对企业成本工作从总体上进行评价,并为进一步分析指出方向。下面就具体说明这两个不同角度的全部产品生产成本表的编制。

(一)按产品种类反映的全部产品生产成本表的编制

假定青山公司 2019 年 12 月按产品种类反映的全部产品生产成本表的结构如表 12-1 所示。

青山公司

表 12-1　全部产品的成本报表(按产品种类反映)

2019 年 12 月

单位：元

产品名称	实际产量		单位成本				本月总成本			本年累计总成本		
	本月	本年累计	上年实际平均	本年计划	本月实际	本年累计实际平均	按上年实际平均单位成本计算	按本年计划单位成本计算	本月实际	按上年实际平均单位成本计算	按本年计划单位成本计算	本年实际
	①	②	③	④	⑤	⑥	⑦	⑧	⑨	⑩	⑪	⑫
可比产品	—	—	—	—	—	—	145 000	141 000	139 000	1 799 000	1 751 000	1 743 500
其中：甲产品/件	200	2 600	510	500	485	495	145 000	100 000	97 000	1 326 000	1 300 000	1 287 000
乙产品/件	100	1 100	430	410	420	415	43 000	41 000	42 000	473 000	451 000	456 500
……												
不可比产品：	—	—	—	—	—	—		40 000	41 600		500 000	516 000
丁产品/台	80	1 000	—	500	520	516		40 000	41 600		500 000	516 000
全部产品的生产成本	—	—	—	—	—	—		181 000	180 600	1 799 000	2 251 000	2 259 500

补充资料(本年累计实际数)：(1) 可比产品成本降低额：55 500 元　　(2) 可比产品成本降低率：3.09%

1. 基本报表部分

该表分为基本报表和补充资料两部分，基本报表部分应按可比产品和不可比产品分别填列。可比产品是指企业过去曾经正式生产过，有完整的成本资料可以进行比较的产品；不可比产品是指企业本年度初次生产的新产品，或虽非初次生产，但以前仅属试制而未正式投产的产品，缺乏可比的成本资料。在成本计划中，对不可比产品只规定有本年的计划成本；而对可比产品，不仅规定有计划成本指标，而且规定有成本降低计划指标，即本年度可比产品计划成本比上年度(或以前年度)实际成本的降低额和降低率。补充资料部分一般根据基本报表数据及其他成本资料确定。

产品生产成本表的基本报表部分应反映各种可比和不可比产品本月及本年累计的实际产量、实际单位成本和实际总成本。表中项目中的本月数，应根据本月产品成本明细账中的有关记录填列；本年累计实际产量和累计实际总成本应根据本月数加上上月本表的累计数计算填列，累计实际平均单位成本应根据累计实际总成本除以累计实际产量计算填列。

为了反映企业当年全部产品成本计划完成情况，基本报表部分还应反映各种可比产品和不可比产品本月和本年累计按计划单位成本计算的总成本。计划单位成本应根据本年成本计划填列，本月和本年累计计划总成本应根据计划单位成本分别乘以实际产量和本年累计实际产量计算填列。

为了计算可比产品成本降低额和降低率，基本报表部分还反映可比产品本月和本年度按上年实际平均单位成本计算的总成本。上年实际平均单位成本应根据上年度12月份本表全年累计实际平均单位成本填列，本月和本年累计实际总成本应根据平均单位成本分别乘以本月实际产量和本年累计实际产量计算填列。不可比产品由于过去没有正式生产过，没有成本资料可供比较，因而不必填写。

2. 补充资料部分

补充资料部分只填列本年累计实际数。

1) 可比产品成本降低额

可比产品成本降低额是指可比产品累计实际总成本比按上年实际平均单位成本计算的累计总成本降低的数额，超支额用负数表示。其计算公式如下。

可比产品成本降低额=可比产品按上年实际平均单位成本计算的总成本-可比产品本年累计实际总成本

2) 可比产品成本降低率

可比产品成本降低率是指可比产品本年成本降低额与按上年实际平均单位成本计算的累计总成本的比率，超支率用负数表示。其计算公式如下。

$$可比产品成本降低率 = \frac{可比产品成本降低额}{可比产品按上年实际平均单位成本计算的总成本} \times 100\%$$

(二)按成本项目反映的全部产品生产成本表的编制

假定青山公司2019年12月按成本项目反映的全部产品生产成本表的结构如表12-2所示。

按成本项目反映的全部产品成本表，是按成本项目汇总反映企业在报告期内发生的全部生产成本的报表。

表 12-2 全部产品生产成本表(按成本项目反映)

青山公司　　　　　　　　　　　2019 年 12 月　　　　　　　　　　单位：万元

项目	上年实际数	本年计划数	本月实际数	本年累计实际数
直接材料	4 800	4 600	500	4 550
直接人工	3 100	2 900	286	2 975
制造费用	51	49	5	50
小计	7 951	7 549	791	7 575
加：在产品、自制半成品期初余额	38	36	35	34
减：在产品、自制半成品期末余额	40	42	41	40
产品生产成本合计	7 949	7 543	785	7 569

表中生产成本部分反映报告期内发生的直接材料、直接人工和制造费用各项的小计金额。在此基础上，加上在产品、自制半成品的期初余额，减去在产品和自制半成品的期末余额，就计算出产品生产成本的合计金额。各项成本，还可以按上年实际数、本年计划数、本月实际数、本年累计实际数分栏计算并反映。本年计划数应根据成本计划的有关资料填列；本月实际数应根据各种产品成本明细账所记录的本月生产费用合计数，按成本项目分别汇总填列；本年累计实际数应根据本月实际数，加上上月份本表的本年累计实际数填列；期初、期末在产品、自制半成品余额，应根据各种产品成本明细账的期初、期末在产品成本和各种自制半成品明细账的期初、期末余额，分别汇总填列。

二、主要产品单位成本报表的编制

主要产品单位成本表是反映企业在报告期内生产的各种主要产品单位成本的构成情况和各项主要技术经济指标执行情况的报表。

假定青山公司 2019 年 12 月按成本项目反映的主要产品单位成本表的结构如表 12-3 所示。

表 12-3 主要产品单位成本表

本月计划产量：30 件　　　　　　　　　　　　　　　　　　　本年累计计划产量：380 件
本月实际产量：35 件　　　　　　　　　　　　　　　　　　　本年累计实际产量：400 件
产品名称：丙产品　　　　　　　　　　　　　　　　　　　　　　　　　单位：元

成本项目	本年计划	本月实际	上年同期实际	本年累计实际	上年实际平均	历史先进水平(20××年)	国内同业水平	国外同业水平
直接材料	4 080	4 050	4 100	4060	4 150	4000	3 900	3 400
直接人工	396	388	410	395	408	353	340	296
制造费用	225	232	230	240	230	207	168	156
合计	4 701	4 670	4 740	4 695	4 788	4 560	4 408	3 852

主要产品单位成本表应按每种主要产品分别编制。由于本表是全部产品成本报表的补充，所以该表中按成本项目反映的"本年计划""本月实际""本年累计实际""上年实际平均"的单位成本，应当与全部产品成本报表(按产品种类反映)中相应的单位成本的数字分别相等；产量，本月及本年累计计划产量应根据生产计划填列；本月及本年累计实际产

量应根据产品成本明细账或产成品成本汇总表填列；单位成本，历史先进水平应根据历史上该种产品单位产品成本最低年度本表的实际平均单位成本填列；上年实际平均单位成本应根据上年度主要产品单位成本表累计实际平均单位成本填列；本年计划单位成本应根据本年度成本计划填列；本月实际单位成本应根据产品成本明细账或产成品成本汇总表填列；本年累计实际平均单位成本应根据该种产品成本明细账所记自年初至报告期末完工入库产品实际总成本除以累计实际产量计算填列。

三、各种费用明细表的编制

各种费用是指企业在生产经营过程中，各个车间、部门为进行产品生产，组织和管理生产经营活动所发生的制造费用、销售费用、管理费用和财务费用。前面一种属于产品成本的组成部分，后三种属于期间费用。编制上述四种费用报表的作用在于反映各该费用计划的完成情况、分析引起各种费用变动的原因及其对产品成本和当期损益的影响。

(一)制造费用明细表的编制

制造费用明细表是反映企业在报告期内发生的各项制造费用及其构成情况的报表。该表一般按制造费用项目分别反映企业制造费用的本年计划数、上年同期实际数、本月实际数、本年累计实际数。通过制造费用明细表，可以了解报告期内制造费用的实际支出水平，考核制造费用预算的完成情况，分析差异是不利差异还是有利差异，以便寻找差异产生的原因，及时采取措施纠正差异，加强对制造费用的控制和管理。

假定青山公司2019年12月制造费用明细表的结构如表12-4所示。

制造费用明细表按制造费用项目分别反映本年计划数、上年同期实际数、本月实际数、本年累计实际数。其中，本年计划数应根据成本计划填列；上年同期实际数应根据上年制造费用明细表的累计实际数填列；本月实际数应根据"制造费用"总账所属各基本生产车间制造费用明细账的本月合计数汇总计算填列；本年累计实际数应根据车间制造费用明细账的本月末累计数汇总计算填列。

表12-4 制造费用明细表

青山公司　　　　　　　　　　　2019年12月　　　　　　　　　　　单位：元

项目	本年计划数	上年同期实际数	本月实际数	本年累计实际数
职工薪酬				
折旧费				
修理费				
办公费				
水电费				
机物料消耗				
劳动保护费				
租赁费				
运输费				
……				
合计				

(二)销售费用明细表的编制

销售费用明细表是反映企业在报告期内发生的涉及产品销售方面的费用及其构成情况的报表。该表一般按照费用项目分别反映各该费用的本年计划数、上年同期实际数、本月实际数、本年累计实际数。

假定青山公司 2019 年 12 月销售费用明细表的结构如表 12-5 所示。

表 12-5　销售费用明细表

青山公司　　　　　　　　　　　2019 年 12 月　　　　　　　　　　　单位：元

项目	本年计划数	上年同期实际数	本月实际数	本年累计实际数
职工薪酬				
业务费				
运输费				
装卸费				
包装费				
保险费				
展览费				
广告费				
差旅费				
……				
合计				

本年计划数应根据本年销售费用计划填列；上年同期实际数应根据上年销售费用明细表的累计实际数填列；本月实际数应根据销售费用明细账的本月合计数填列；本年累计实际数可以根据上月本表该栏数字和本月实际数汇总相加填列或根据销售费用明细账的本月末累计数填列。

(三)管理费用明细表的编制

管理费用明细表是反映企业在报告期内发生的管理费用及其构成情况的报表。该表一般按照费用项目分别反映本年计划数、上年同期实际数、本月实际数、本年累计实际数。假定青山公司 2019 年 12 月管理费用明细表的结构如表 12-6 所示。

本年计划数应根据管理费用计划填列；上年同期实际数应根据上年同期管理费用明细表的累计实际数填列；本月实际数应根据管理费用明细账的本月合计数填列；本年累计实际数可以根据上月本表该栏数字和本月实际数汇总相加填列或根据管理费用明细账的本月末累计数填列。

表 12-6 管理费用明细表

青山公司　　　　　　　　　　　2019 年 12 月　　　　　　　　　　　　　单位：元

项目	本年计划数	上年同期实际数	本月实际数	本年累计实际数
职工薪酬				
折旧费				
业务招待费				
印花税				
办公费				
咨询费				
保险费				
排污费				
坏账损失				
物料消耗				
……				
合计				

(四)财务费用明细表的编制

财务费用明细表是反映企业在报告期内发生的财务费用及其构成情况的报表。该表一般按费用项目分别反映各该费用项目的本年计划数、上年同期实际数、本月实际数、本年累计实际数。

假定青山公司 2019 年 12 月财务费用明细表的结构如表 12-7 所示。

表 12-7 财务费用明细表

青山公司　　　　　　　　　　　2019 年 12 月　　　　　　　　　　　　　单位：元

项目	本年计划数	上年同期实际数	本月实际数	本年累计实际数
利息支出				
汇兑损失				
手续费				
……				
合计				

本年计划数应根据财务费用计划填列；上年同期实际数应根据上年同期财务费用明细表的累计实际数填列；本月实际数应根据财务费用明细账的本月合计数填列；本年累计实际数可以根据上月本表该栏数字和本月实际数汇总相加填列或根据财务费用明细账的本月末累计数填列。

第三节 成本分析

成本分析是成本会计的重要组成部分，它以成本核算资料提供的数据为主，结合成本计划资料及其他有关资料，运用一系列专门方法，揭示企业成本计划和费用预算的完成情况及原因，计算各种因素变化的影响程度，寻求降低成本、节约费用的途径，充分挖掘企业内部降低成本的潜力。

一、成本分析的内容

成本分析包括事前分析、事中分析和事后分析三部分内容，以事后分析为主，主要包括以下几个方面：技术经济指标变动对单位成本影响的分析；主要产品成本计划完成情况的分析；成本效益分析；降低成本的主要措施分析。

成本分析按照一定的成本分析的方法，比如比率分析法、因素分析法，能比较客观地反映企业的成本水平；查找差异产生的原因，得出成本分析结论，提出可行性措施建议，以成本分析报告的形式表达出来，为企业采取措施改善成本，提高成本管理水平以及为企业管理者决策提供依据。

二、成本分析的方法

成本分析方法多种多样，具体选用哪种方法取决于企业成本分析的目的、费用和成本形成的特点以及成本分析依据的资料性质等。常用的成本分析方法有比较分析法、比率分析法和因素分析法等。

(一)比较分析法

比较分析法是通过实际数与基数的对比来揭示实际数与基数之间的差异，借此了解经济活动的成绩和问题的一种分析方法。

对比的基数由于分析目的不同而有所不同，一般有计划数、前期实际数、以往年度同期实际数，以及本企业历史先进水平和国内外同行业的先进水平等。

比较分析法只适用于同质指标的数量对比。在采用这种分析法时，应当注意指标的可比性。进行对比的各项指标，在经济内容、计算方法、计算期和影响指标形成的各指标等方面，应有可比的共同基础。

(二)比率分析法

比率是用倍数或比例表示的分数式，比率分析法是通过计算比率进行分析的方法。在成本分析中，常用的比率分析法有相关比率分析法、构成比率分析法和趋势比率分析法等。

1. 相关比率分析法

相关比率分析法是对两个性质不同而又相关的指标的比率进行分析的方法。在实际工作中，由于企业规模不同等，单纯地对比产值、销售收入或利润等绝对数，不能说明企业经济效益的好坏和成本管理的优劣，如果将成本与产值、销售收入和利润分别进行对比，即可计算产值成本率、销售收入成本率和成本利润率，这些相对指标就可以反映企业的经济效益状况。

产值成本率、销售收入成本率和成本利润率的计算公式如下：

$$产值成本率 = \frac{产品生产成本}{产品产值} \times 100\%$$

$$销售收入成本率 = \frac{销售成本}{产品产值} \times 100\%$$

$$成本利润率 = \frac{利润总额}{成本费用总额(或销货成本)} \times 100\%$$

产值成本率和销售收入成本率这两个指标是越低越好，而成本利润率指标则是越高越好。

【例题 12-1】 2020 年度，A 企业利润总额为 450 000 元，成本、费用总额为 5 000 000 元。B 企业 2020 年度利润总额为 320 000 元，成本、费用总额各为 4 000 000 元。试分析哪一个企业的经营状况较好。

解：从绝对数来看，A 企业实现的利润总额大，但其成本费用总额也大，我们无法直接进行判断，因此可利用相关比率分析法进行分析。

A 企业成本费用利润率为

成本费用利润率=450 000÷5 000 000×100%=9%

B 企业成本费用利用率为

成本费用利润率=320 000÷4 000 000×100%=8%

从以上计算可以看出，A 企业的成本费用利润率较高，说明 A 企业的经营状况较好。

2. 构成比率分析法

构成比率分析法也称比重分析法，是计算某项指标的各个组成部分占总体的比重，即部分与全部的比率。通过这种分析，可以反映产品成本的构成是否合理。

产品成本构成比率的计算公式如下。

$$产品成本构成比率 = \frac{直接材料(或直接人工、制造费用)}{产品成本总额} \times 100\%$$

$$期间费用构成比率 = \frac{管理费用(或财务费用、销售费用)}{期间费用总额} \times 100\%$$

$$制造费用构成比率 = \frac{某费用项目数额}{制造费用总额} \times 100\%$$

在计算费用的构成比率时，管理费用、财务费用、销售费用与制造费用构成比率的计算公式相同。产品成本(或期间费用等)的构成比率之和等于1。

3. 动态比率分析

动态比率分析又称趋势比率分析，是指对某项经济指标不同时期的数值进行对比，求出比率，揭示该项成本指标的发展方向和增减速度，以观察变化趋势的一种分析方法。通常趋势比率的计算主要有两种方法：一是环比比率，是当期数据与前期数据之比，即今年第 n 月的数据与今年第 $n-1$ 月的数据相比。环比比率表明了成本数据在连续的会计期间内的变化情况。二是同比比率，即今年第 n 月的数据与去年第 n 月的数据相比。同比比率主要是为了消除季节变动的影响，用以说明本期成本水平与去年同期的成本水平对比而产生的变化。具体计算公式为

$$环比比率 = \frac{当期实际数}{上期实际数} \times 100\%$$

$$同比比率 = \frac{当期实际数}{去年当期实际数} \times 100\%$$

通过比率计算,可以给外部或内部决策者在选择决策方案时提供比较分析。但也存在不足,指标比率只反映比值,不能说明其绝对数额的变动,也无法说明指标变动的具体原因,具有局限性。

(三)因素分析法

因素分析法就是将综合经济技术指标分解为各个原始因素,并确定各个因素变动对该项经济指标的影响方向和影响程度。在成本分析中,连环代替法以及连环代替法的简化形式——差额计算法就属于因素分析法,下面分别进行介绍。

1. 连环代替法

连环代替法是根据因素之间的内在依存关系,依次测定各因素变动对经济指标差异的影响的一种分析方法。运用此方法可以解决比较分析法和比率分析法不能解决的问题,即可以测算各因素的影响程度,其分析程序如下。

(1) 分析指标因素并确定因素排列顺序。将影响某项经济指标完成情况的因素按其内在依存关系分解,并按一定的顺序排列这些因素。

(2) 逐次替代因素。按顺序逐次将各因素由基期数(计划数)替换成报告期数(实际数),有几个因素就需要替换几次,直到所有因素全部变为报告期数(实际数)为止。

(3) 确定影响结果。每个因素替换以后的结果,与前一次的计算结果相比较,两者之差即为某个因素变动对综合指标的影响数额。

(4) 汇总影响结果。将已计算出来的各因素的影响额汇总相加,其代数和应等于综合指标报告期数(实际数)与基期数(计划数)的总差异。

社会生产中有许多指标体系能表达为经济方程式。

例如:

生产总值=产量×出厂价格
总成本=产量×单位成本
销售额=销售量×销售价格
利税额=销售量×销售单价×利税率
材料费用=产品单量×单耗×单价

根据这些公式,我们可以逐一分析各个因素对总指标的影响程度。假设:经济指标 N 由 A、B 两个因素的乘积构成,则

分析模型为:$A \times B = N$

基数:$A_0 \times B_0 = N_0$ ①

第一次替换:$A_1 \times B_0 = N_1$ ②

第二次替换:$A_1 \times B_1 = N_2$ ③

②-①:$N_1 - N_0 = D_A$,即 A 因素变化影响综合指标的结果;

③-②:$N_2 - N_1 = D_B$,即 B 因素变化影响综合指标的结果;

合计:$D = D_A + D_B = ③-①$,即 A、B 两因素变化对综合指标的影响。

为了具体说明连环替代法的原理,现举例说明如下。

【例题 12-2】 某企业生产甲产品，2019 年 10 月，有关产量、材料单耗、材料单价和材料总成本如表 12-8 所示。

表 12-8 成本分析材料表

产品名称：甲产品　　　　　　　　　2019 年 10 月

项目	单位	上年数	本年数	差异
产品产量	台	200	220	20
材料单耗	千克	20	19	-1
材料单价	元	10	11	1
材料总成本	元	40 000	45 980	5 980

运用连环替代法分析产品产量、单位产品材料消耗量和材料单价三个因素对甲产品材料成本的影响，其计算过程如下。

材料总成本差异=45 980-40 000=5 980(元)

上年材料总成本=200×20×10=40 000(元)　　A

第一次替代：220×20×10=44 000(元)　　B

第二次替代：220×19×10=41 800(元)　　C

第三次替代：220×19×11=45 980(元)　　D

$B-A$ 即产品产量增加使材料总成本增加：

44 000-40 000=4 000(元)

$C-B$ 即材料单耗节约使材料总成本节约：

41 800-44 000=-2 200(元)

$D-C$ 材料单价上升使材料总成本增加：

45 980-41 800=4 180(元)

因产品产量、材料单耗和材料单价三个因素变化对甲产品材料总成本的影响额为：

4 000+(-2 200)+4 180=5 980(元)

此结果正好与材料总成本的总差异相等。

2. 差额计算法

差额计算法是连环替代法的简化形式，它是根据各因素本期实际数值与标准数值(本期计划数值或前期实际数值)的差额，直接计算各因素变动对经济指标影响程度的方法。它不是一种独立的分析方法，而是采用数学提取公因数的原理简化计算程序得来的，其遵循的原则和应该注意的问题与因素分析法相同，计算结果也完全一致。

A 因素变动的影响：$D_A = (A_1 - A_0) \times B_0$

B 因素变动的影响：$D_B = A_1 \times (B_1 - B_0)$

影响合计：$D = D_A + D_B$

【例题 12-3】 根据例题 11-2 提供的资料，运用差额计算法的分析过程如下。

单位甲产品材料总成本差异：

45 980-40 000=5 980(元)

由于产品产量增加使材料总成本增加：

(220-200)×20×10=44 000-40 000=4 000(元)

由于材料单耗节约使材料成本节约：

220×(19-20)×10=-2 200(元)

由于材料单价上升使材料总成本增加：

220×19×(11-10)=4 180(元)

合计为 4 000-2 200+4 180=5 980(元)

以上计算结果，与连环代替法的计算结果完全相同。

不管是采用连环替代法还是差额计算法，都必须按一定顺序替代各因素，即先数量指标，后质量指标；先实物指标，后价值量指标；先主要指标，后次要指标。否则计算结果就不准确。

三、成本计划完成情况的分析

(一)全部产品成本计划完成情况分析

企业全部产品包括可比产品和不可比产品两大部分。对全部产品进行分析时，因为没有全部产品的上年实际成本，所以只能将本年实际成本与本年计划成本进行比较，确定实际成本较计划成本的降低额和降低率，从而初步了解企业完成成本计划的一般情况。其计算公式如下。

$$全部产品实际成本降低率 = \frac{成本降低额}{按本年计划单位成本计算的产品总成本} \times 100\%$$

$$= \frac{\sum[实际产量 \times (计划单位成本 - 实际单位成本)]}{\sum(实际产量 \times 计划单位成本)} \times 100\%$$

(二)可比产品成本降低任务完成情况分析

由于成本计划中规定了可比产品本年成本比上年成本降低的任务，即计划降低额和计划降低率，因此，在可比产品成本分析中，首先要计算出实际完成的成本降低额和降低率，以便与计划降低额和降低率进行比较，从而了解可比产品成本降低任务的完成情况。计划降低额和降低率、实际降低额和降低率的计算公式如下。

计划降低额=Σ[计划产量×(上年实际单位成本-本年计划单位成本)]

$$计划降低率 = \frac{计划降低额}{\sum(计划产量 \times 上年实际单位成本)} \times 100\%$$

实际降低额=Σ[实际产量×(本年计划单位成本-本年实际单位成本)]

$$实际降低率 = \frac{实际降低额}{\sum(实际产量 \times 本年计划单位成本)} \times 100\%$$

四、费用预算执行情况的分析

制造费用、销售费用、管理费用和财务费用中虽然有的是作为生产费用计入产品成本，有的是作为期间费用直接计入当期损益，但是，它们都是由许多具有不同经济性质和不同经济用途的费用组成的。这些费用支出的节约或浪费，往往与公司(总厂)的行政管理部门和生产车间工作的质量、有关责任制度和节约制度的贯彻执行密切相关。由于上述各种费用都按总公司(总厂)或分厂、车间、部门编制预算加以控制，因而分析各种费用预算的执行情况，查明各种费用实际发生额脱离预算的原因，也只能按总公司(总厂)或分厂、车间部门进行。

在按费用组成项目进行分析时，由于费用项目多，因此每次分析只能抓住重点，对其中费用支出占总支出比重较大的，或与预算相比发生较大偏差的项目进行分析。特别应注意那些非生产性的损失项目，如材料、在产品和产成品等存货的盘亏和毁损，因为这些费用的发生与企业管理不善直接相关。

分析时，除用本年实际与本年预算进行对比，检查预算执行情况外，还应将本月实际与上年同期实际进行对比，从动态上观察、比较各项费用的变动情况和变动趋势，了解企业工作的改进情况，并将这一分析与推行经济责任制相结合，与检查各项管理制度的执行情况相结合，从而推动企业改善经营管理，提高工作效率，降低各项费用支出。

成本报表和成本分析是企业内部管理的重要手段，有助于提高企业的成本管理水平，有助于改进预算和经营决策，有助于对部门或员工进行业绩考核和业绩评价，对加强成本管理，提高经济效益有着重要的作用。企业应该综合使用成本报表和成本分析的方法，使成本管理落到实处。

本 章 小 结

本章主要讲述了全部产品生产成本表、主要产品单位成本表、制造费用明细表、期间费用明细表等成本报表的编制及其分析。成本分析是企业利用成本核算资料以及其他有关资料，对企业成本、费用水平及其构成情况进行分析研究，查明影响成本、费用升降的具体原因，寻找降低成本、节约费用的潜力和途径的一项管理活动。通常运用比较分析法、比率分析法和因素分析法等专门的分析方法，对全部产品的生产成本的计划完成情况、可比产品成本计划完成情况、主要产品单位成本以及经济技术指标变动对产品成本的影响等各方面进行分析，揭示成本差异及其产生差异的原因。

案 例 链 接

汤鲁斯公司的报表分析

汤鲁斯公司生产建筑业用的层压板木梁，这种产品的原材料都是从国外批发商那里购买的白松原木。主要制作流程是将这些白松原木切割成标准的 2.5 英寸厚度、12 英寸宽但长度不一样的模板，之后将这些切割好的模板粘连起来形成一个个建筑用的木梁。这几年，公司决定加大其品牌宣传度，并且巩固与供应商之间的关系，增加原材料的议价能力。经过一段时间的努力，汤鲁斯确实提高了其在这个行业的市场份额和知名度，且订单数量有显著的提高。但是，当财务部门进行年终核算时，却发现销售量的显著提高并没有带来利润的等比上升，并且对比之前的利润数据，增长速度还有所下降。

在年终的职工会上,通过成本报表和预算表的信息发现,原材料的采购价格比预算表中出现的价格要低很多,但是这段时间的实际原材料消耗比预算的原材料消耗要多得多。通过成本表中的信息汇总发现,虽然供应商答应以更低廉的价格成交白松原木,但是在产品的质量上出现了很大的问题,这些白松原木颜色暗淡,满是节疤。虽然在原材料的价格上出现了有利差异,但是在原材料的消耗上出现了大幅度的不利差异。这主要是由于在将白松原木转换成木梁的过程中,要进行打磨,并且将木材的节疤、弯曲、开裂的部分进行切除才能生产出符合标准的木梁,而这些低劣的材料造成了更多的原材料浪费,导致成本的上升。并且工厂工人因为这些低劣的原材料不得不加班加点工作,人工费用也随之上升,从而降低了利润率。

在进行成本分析之后,管理层决定加强原材料的质量管控,消除材料数量上的不利差异,改善工厂的原材料切割技术,避免原材料的浪费,从而降低成本支出,提高利润率。

思考与讨论:
(1) 汤鲁斯公司是如何通过成本报表分析来发现问题的?
(2) 利润增长速度可以用哪些指标来表示?
(3) 汤鲁斯公司通过成本报表分析采取了怎样的对策?

同步测试题

一、单项选择题

1. 企业成本报表的种类、项目、格式等( )。
   A. 由国家统一规定   B. 由企业自行确定
   C. 由企业上级机构统一规定   D. 由财务会计准则规定
2. 成本报表属于( )。
   A. 对外报表   B. 对内报表
   C. 既是对内报表,又是对外报表 D. 对内还是对外由企业决定
3. 下列不属于成本报表的是( )。
   A. 商品产品成本表   B. 主要产品单位成本表
   C. 所有者权益变动表   D. 制造费用明细表
4. 产值成本率是产品生产成本与( )的比率。
   A. 产品产值   B. 存货产值   C. 净产值   D. 公允价值
5. 产量变动之所以影响产品单位成本是由于( )。
   A. 在产品生产成本中包括了一部分变动成本
   B. 在产品生产成本中包括了一部分期间费用
   C. 在产品生产成本中包括了一部分固定成本费用
   D. 产品总的生产成本增长
6. 以下各项中,不包括在期间费用的成本报表中的是( )。
   A. 制造费用明细表   B. 管理费用明细表
   C. 财务费用明细表   D. 销售费用明细表

7. 下列有关企业的成本报表的报送对象的表述中，错误的是(　　)。
   A. 可向董事会报送　　　　　　　B. 可向上级主管单位报送
   C. 可向执行董事报送　　　　　　D. 可向税收部门报送
8. 制造费用明细表的编制中，不需要罗列(　　)。
   A. 本年预算数　　B. 本月实际数　　C. 预算差异　　　D. 上年累计数
9. 全部产品的成本报表可以(　　)。
   A. 按照成本项目和金额大小反映
   B. 按照成本项目和产品品种反映
   C. 按照产品品种和成本金额大小反映
   D. 按照产品产量和产品品种反映
10. 企业编制成本报表，需要谨慎列示的项目是(　　)。
    A. 企业的过去成本　　　　　　　B. 当期的实际成本
    C. 年度预算　　　　　　　　　　D. 月度预算

二、多项选择题

1. 制造企业编报的成本报表必须做到(　　)。
   A. 数字准确　　　　　　　　　　B. 内容完整
   C. 对外报送　　　　　　　　　　D. 编报及时
2. 下列属于成本分析的主要方法的是(　　)。
   A. 与过去比较分析法　　　　　　B. 差异分析法
   C. 产量分析法　　　　　　　　　D. 比率分析法
3. 采用连环替代找差异法，可以揭示(　　)。
   A. 产生差异的因素
   B. 产生差异的因素和各因素之间的因果关系
   C. 产生差异的因素和各因素的变动原因
   D. 实际数与预算数之间的总差异
4. 下列有关企业成本报表的表述中，正确的是(　　)。
   A. 成本报表不是企业财务会计报表的一部分
   B. 成本报表是企业财务会计报表的一部分
   C. 成本报表不具有任何对外披露的责任和义务
   D. 成本报表具有任何对外披露的责任和义务
5. 成本报表的分类方法有(　　)。
   A. 按报表所反映的内容分　　　　B. 按报表的编制范围分
   C. 按报表的编制责任人分　　　　D. 按报表所反映的成本项目分
6. 制造企业编制的成本报表有(　　)。
   A. 全部产品成本表　　　　　　　B. 主要产品单位成本表
   C. 制造费用明细表　　　　　　　D. 成本计算单
7. 成本报表反映的是(　　)。
   A. 实际成本　　　　　　　　　　B. 实际成本和预算的差异
   C. 未来预期成本　　　　　　　　D. 过去最优成本

8. 下列指标中属于相关比率的有(   )。
   A. 产值成本率   B. 成本降低率
   C. 成本费用利润率   D. 营业收入成本率
9. 主要产品单位成本表反映的单位成本,包括(   )单位成本。
   A. 本月实际   B. 本年预算
   C. 同行业同类产品实际   D. 过去实际
10. 下列有关企业成本报表的作用的表述中,正确的是(   )。
    A. 成本报表能分析和考核成本预算的执行情况
    B. 成本报表能揭示成本费用支出的合理性
    C. 成本报表有助于预算的编制
    D. 成本报表有助于投资者了解企业情况

三、判断题

1. 成本报表的种类、格式和内容必须符合国家有关部门的统一规定。   （ ）
2. 成本报表是向企业的所有者和债权人报送的,以利于他们决策的一种会计报表。
                                                                                （ ）
3. 期间费用等明细表应属于对外会计报表。   （ ）
4. 成本分析方法中的差异分析法是指分析预算差异的方法。   （ ）
5. 同比比率是今年第 n 月的数据与今年第 $n-1$ 月的数据相比。   （ ）
6. 环比比率是今年第 n 月的数据与去年第 n 月的数据相比。   （ ）
7. 连环替代差异法是根据成本计算公式中各个因素之间的内在依存关系,依次测定各因素变动对差异数额影响的一种分析方法。   （ ）
8. 连环替代差异法与标准成本差异分析在本质上是不同的。   （ ）
9. 计划差异等于本年(月)计划数减去本年(月)实际数。   （ ）
10. 计算实际成本与计划成本的差异时,结果为正,表示不利差异;结果为负,表示有利差异。   （ ）

四、业务处理题

1. 三善公司耗用材料计划和实际资料如表12-9所示。

表12-9　企业耗用材料计划和实际资料

三善公司　　　　　　　　　2022年4月

指　　标	单　位	年度计划数	本年实际数	差　异
产品产量	件	19	21	+2
单位产品材料消耗量	千克	18	16	−2
材料单价	元	10	11	+1
材料成本总额	元	3 420	3 696	+276

请使用连环替代差异法分析材料成本的计划差异。

2. 某企业成本报表资料如表12-10所示。

表 12-10　全部产品成本报表

××公司　　　　　　　　　　　　　　2022 年 4 月　　　　　　　　　　　　　单位：元

产品名称	计量单位	实际产量		单位成本			本月总成本		本年累计总成本	
		本月数	本年累计	本年计划	本月实际	本年累计实际平均	本年计划单位成本	本月实际	本年计划单位成本	本年实际
可比产品合计							19 860	19 620	281 700	279 950
其中：甲	件	60	700	81	82	81.5	4 860	4 920	56 700	57 050
乙	件	20	300	750	735	743	15 000	14 700	225 000	222 900
不可比产品合计							2 110	2 119	23 550	23 780
其中：丙	件	8	70	125	128	126	1 000	1 024	8 750	8 820
丁	件	3	40	370	365	374	1 110	1 095	14 800	14 960
全部产品成本							21 970	21 739	305 250	303 730

要求：根据上述产品成本表填制分析表，如表 12-11 所示。

表 12-11　本年累计全部产品成本计划完成情况分析表

××公司　　　　　　　　　　　　　　2022 年 4 月　　　　　　　　　　　　　单位：元

产品名称	计划总成本	实际总成本	计划差异	差异占计划的比率/%
可比产品				
其中：甲				
乙				
不可比产品				
其中：丙				
丁				
合　　计				

微课视频

扫一扫，获取本章相关微课视频及本章同步测试题答案。

12　成本报表与成本分析

本章同步测试题答案

参 考 文 献

[1] 尹美群. 成本管理会计[M]. 北京：高等教育出版社，2020.
[2] 崔国萍. 成本管理会计[M]. 北京：机械工业出版社，2021.
[3] 胡玉明. 成本会计[M]. 北京：清华大学出版社，2005.
[4] 于富生. 成本会计学[M]. 北京：中国人民大学出版社，2005.
[5] 中国注册会计师协会. 财务成本管理[M]. 北京：中国财政经济出版社，2019.
[6] 许丹. 成本会计[M]. 大连：大连理工大学出版社，2018.
[7] 赵书和. 成本与管理会计[M]. 北京：机械工业出版社，2021.
[8] 吴贺. 成本会计[M]. 上海：上海交通大学出版社，2016.
[9] 张林. 成本会计[M]. 北京：人民邮电出版社，2011.
[10] 李列坚. 成本会计实务[M]. 北京：中国商业出版社，2019.
[11] 程明娥. 成本会计学[M]. 北京：高等教育出版社，2015.